U0806284

IN SEARCH OF EXCELLENCE

追求卓越

[美] 汤姆·彼得斯　罗伯特·沃特曼◎著
胡玮珊◎译

中信出版社·CHINACITICPRESS ·北京·

图书在版编目（CIP）数据

追求卓越/（美）彼得斯，（美）沃特曼著；胡玮珊译. —北京：中信出版社，2012.9（2024.11重印）
书名原文：In Search of Excellence
ISBN 978-7-5086-3474-6
I. 追… II. ① 彼… ② 沃… ③ 胡… III. 企业管理 IV. F270
中国版本图书馆CIP数据核字（2012）第179650号

IN SEARCH OF EXCELLENCE by Thomas J. Peters and Robert H. Waterman, Jr.
Copyright © 2004, 1982 by Thomas, J. Peters and Robert H. Waterman, Jr.
Simplified Chinese Translation copyright © 2012 by China CITIC Press
Published by arrangement with HarperCollins Publishers USA
ALL RIGHTS RESERVED
本书中文译稿由台湾天下远见出版股份有限公司授权使用

追求卓越

著　　者：[美] 汤姆 · 彼得斯　罗伯特 · 沃特曼
译　　者：胡玮珊
策划推广：中信出版社（China CITIC Press）
出版发行：中信出版集团股份有限公司
（北京市朝阳区东三环北路 27 号嘉铭中心　邮编　100020）
（CITIC Publishing Group）
承 印 者：河北鹏润印刷有限公司

开　　本：787mm×1092mm　1/16　　印　　张：17　　字　　数：286 千字
版　　次：2012 年 9 月第 3 版　　印　　次：2024 年 11 月第32次印刷
京权图字：01-2012-6235
书　　号：ISBN 978-7-5086-3474-6/F · 2696
定　　价：68.00 元

版权所有 · 侵权必究
凡购本社图书，如有缺页、倒页、脱页，由发行公司负责退换。
服务热线：010-84849555　服务传真：010-84849000
投稿邮箱：author@citicpub.com

回顾《追求卓越》付梓以来的20多年，我们满心欢喜。喜的是本书受到广大读者的喜爱，而且书中的主要论述都经得起考验。

尽管书中介绍的某些公司因为偏离了方向，在这些年日益衰败，不过它们长期以来的成功纪录却是值得效法的，如同正处于巅峰时期的运动员一样，有许多值得学习之处。我们写的不是《永恒的卓越》，这就好像期望伟大的运动员都不会老一样奇怪。（不过宝洁的历久不衰却很值得品味。）在这方面，我们要奉告精打细算的批评者：如果你们在本书发行的时候就买了它，并且一直保留到2002年，那么你们的总投资回报率可是1 300%，道琼斯指数也不过是800%，标准普尔500指数则是600%。

我们把理论的部分摆在前面几章——“理性模式”、“渴求激励的人”以及“管理充满模糊和矛盾”，还告诉读者可以跳过这几章，不过现在我们可不这么认为。这几章的内容和当今情况依然息息相关，其关联性绝对不亚于本书当初刚发行的那段时间。

简而言之，我们的重点如下（不过可别因此而跳过这几章不看）：

第一，不同于战略、商业和组织所宣扬的，人和组织其实并不“理性”。如果硬把过于简化、易误导他人的理性主义套在管理方式上，会产生很大的风险。你不可能只靠“看着数字”管理，这是连想都不用想的。

第二，大多数管理系统都把人视为“生产要素”，就如同工业机械里的小螺丝钉一样，这样的假设本身就很令人泄气。每个人都有独特之处，而且很复杂。领导者需要勇于放手让员工去做，而不是试图驾驭他们。

第三，这个世界充满了模糊地带，非常令人困惑。管理最大的挑战在于管理“软性的东西”，特别是文化。因此，领导者若未密切注意所谓的软性要素，终究会沦于失败。

我们非常清楚，其他研究人员如果看同样的数据，可能会选出不一样的卓越要素。尽管如此，我们并不打算更改这八大卓越特质。这八大特质非常明确地说明了卓越企业的独到之处：

采取行动。简单来说，就是“起而行”。这个道理就跟科学实验一样，如果不进行实验，自然什么都无从发现。在企业里，如果不多尝试，勇于经历失败，然后再进行尝试，自然什么也学不到。诀窍在于达成共识，明白哪一种失败是可以接受的，哪一种会导致灾难性的后果，要达到这个地步并不容易。不过不要自欺欺人。分析做得再多（特别是市场研究），都无法激发出真正的创新。

接近顾客。这可能是最难做到的一点，也可能是我们研究的卓越企业（例如国际商业机器公司IBM、惠普、凯马特，甚至麦当劳）偏离正轨的地方。这的确很难。公司要注意的细节多如牛毛，实在很难多加关照顾客，如果顾客还包括了经销商和极为不理性的一般使用者，那就更是难上加难了。尽管如此，宝洁却成功地让公司里的每一个人都和顾客保持密切联系，并且具备强大的创新能力，这样的技巧或许是他们基业长青的主要原因。

自主和创业精神。就算企业规模很大，还是要像个小公司般地运作。组织不过是一群人的组合，而这群人很难与大型的抽象实体建立良好关系。如果你们不了解强生、3M（明尼苏达矿务及制造业公司）、沃尔玛，以及原来的惠普是怎么成功的，只要看看它们如何组织成小型、独立的单位，并以共同的目标和文化规范来整合即可明白。

以人为本。说到员工的重要性，大家都会大谈特谈，可是却没有几家公司真正把员工视为不可或缺的资产。我们见识过最棒的例子就是达美航空倡导的“家的感觉”；1982年，该公司员工团结起来，自愿将薪资总额减少3 000万美元，好让公司可以买下第一款波音767客机，充分展现出“达美精神”。可惜，达美航空后来和西方航空合并之后，就丧失了这种“家的感觉”。

亲身实践，价值驱动。这个理念其实很简单。搞清楚公司究竟代表什么，哪些事情最能让员工感到自豪，接着积极朝着这样的价值体系发展。不过要记住，获利对企业的重要性，犹如呼吸之于生命。卓越企业不光会赚钱，还会创造意义。

坚持本业。除了沃伦·巴菲特的投资控股公司伯克希尔·哈撒韦公司和杰克·韦尔奇的通用电气等极少数特例之外，多元化经营几乎都行不通。特别要当心“协同”这个词，它听起来好极了——谁不希望一加一等于三？可是我们当时和现在的观察结果显示，大型合并案几乎都无法成功。而且，最容易让成功的企业从此一蹶不振的，就是过度快速扩张。

组织单纯，人事精简。企业本身就相当复杂，但我们不能以叠床架屋的组织框架让情况更加繁复。采取简单可行的结构，人们自然会搞清楚接下来该怎么做。员工人数尽量降到最低，把大部分工作外包处理，或是采取有时间限制、项目导向的工作小组（另一种线型组织的形态）。庞大的人员结构好像总是让公司里真正做事的人感觉碍手碍脚。

宽严并济。这章的标题乍看之下似乎让人难以理解，不过却充分凸显出我们要说的重点。经营得有声有色的企业都不是集权或是分权，而是两者巧妙结合。不论是过去还是现在，卓越企业的大多数层面都是“宽松”的，让人员享有极大的自由，自主做事。与此同时，卓越企业的少数几个关键性层面却又是高度中央集权的：以核心价值观塑造公司文化一两个（优先考虑的或是更多的）战略，以及少数关键性的财务指标。

以上就是我们所述的八大特质，不论是当时还是现在都适用。自从《追求卓越》出版之后我们还写了很多书，以不同的方式呈现我们的观察心得，可是没有任何一本书比《追求卓越》写得更加精辟。特质就是特质，并不是原则。在还没有更明确、更好的东西出现之前，我们还是坚持这八大特质。

汤姆·彼得斯

罗伯特·沃特曼

2003年11月

献给

吉恩 · 韦伯和卢 · 扬，他们激发了本书的创作灵感。

献给

朱迪、罗布和肯德尔，他们不断给本书注入灵感。

我们在此要提出的几点说明，可能有助于读者稍后阅读本书各章内容。我们根据本书搜集的资料汇整出八大基本特质，有些读者可能觉得这些特质简单得无须一提，但事实并非如此。每个特质看似老生常谈（接近顾客、以人为本），可是真正能够展现这八大特质的卓越企业（特别是和它们的竞争对手相较之下）却犹如洛杉矶没有烟雾遮掩的日子一样稀罕。

第二点要说的是，第三章和第四章的内容大多都是理论，乍看之下可能让人退避三舍。读者可以跳过这几章（或是等到最后再读），不过我们强烈建议读者就算不仔细思考，也要至少看过一遍。我们如此建议，是因为卓越企业的八大特质并非"因为有用所以有用"，而是因为它们"非常有道理"。卓越企业已经对数以万计的人探索过他们最深层的需求，这些企业的成功更反映出这些道理具备稳健的理论基础（有时候连它们也不自知）。而且我们认为，读者可能会很惊讶地发现，这些理论十分有趣。我们要再次强调，这不是崭新或是没有经过验证的理论，而是经过科学验证的，而且经得起考验，只不过大多数管理者和管理学专家都忽略了这些理论而已。

我们也要在此强调，本书介绍的卓越企业大都不是麦肯锡的客户。麦肯锡支持我们的研究和著作，但是它并未影响我们对于卓越企业的选择。

我们吃完晚饭后，决定在华盛顿多待一晚。一整天的行程结束后，连最后一班飞机都没搭上的我们，事前没有预约旅馆，不过正好在四季酒店附近。以前我们曾经住过这家酒店，感觉不错，于是我们信步走进酒店，在大厅思索该怎么跟前台人员商量一下，帮我们腾出一个房间。原以为这家饭店和其他旅馆一样，对没有事前预约的客人往往会冷眼相待。出乎意料的是，前台的接待小姐抬起头，微笑着向我们问好，还叫出我们的名字——她居然记得我们的名字！这时候我们立刻明白了，为什么四季酒店在华盛顿开业才短短一年，就赢得了“最佳酒店”的美誉，获得备受各界推崇的四颗星评价，这在酒店业界是绝无仅有的。

你们可能会想，很好啊，不过有什么了不起？这件事情引起我们的注意，是因为过去几年我们正好在研究卓越企业的成功之道。我们认为，企业能够爬上巅峰，主要原因就在于一般员工愿意为工作全心全意地付出，这并不是偶然的，而是公司内的普遍现象。于是我们更加相信，这是值得关注的企业现象，而且我们非常确定，这些企业的财务绩效一定跟员工的表现一样亮丽。

说到这儿，我们想起其他的情景。有一回我们在华盛顿跟波音的主管谈到我们的研究，当时我们指出，卓越企业似乎都不厌其烦地促进、培养、支持产品推介人，他们深信自己的构想能够成功，于是努力对抗行政体系，全心全意投入开发计划，最后终于成功地在市场上推出产品。这时候有人高声说：“推介人！我们的问题就是没有办法铲除这些家伙。”鲍勃·威辛顿也在场，他接着说了波音当初如何赢得掠翼B-47合同的故事，该款飞机后来成为极为成功的第一批商用喷气机。他还描述了波音如何赢得B-52的合同。那款飞机之前原本是采用涡轮螺旋桨引擎的设计，直到波音展示B-52作为喷气客机的优点后，一切才为之改观。

我们认为，第一个故事之所以引人入胜，是因为有一小群波音工程师认为掠翼设计具有极大的优点。在盟军占领纳粹实验室那天，他们大规模翻阅德军实验室的档案，证实了他们当初的看法没错。接着，他们在世界另一端的西雅图进行风洞实验之后发现，如果引擎不能放在飞机主体上，悬挂在机翼前面会是最好的设计，因此验证了掠翼设计的优越性。第二个故事里，一小群工程师待在戴顿的一家酒店里，整个周末都没有合眼，夜以继日地重新设计B-52。他们撰写了33页的提案，经过72个小时后，在周一提交给了空军。（而且，这一小群推介人除了提案报告之外，还趁着周末在当地的商店用15美元购买材料，制作了一个精美的模型。）这些故事都说明了少数员工全心投入，为卓越企业缔造出惊人的业绩。3M与IBM等卓越企业与波音的业务虽然大不相同，但模式却非常相似，都是有一小群充满斗志的员工努力对抗行政体系，成为公司创新的源泉。

请看另一个例子。我们有一天到一家电器商店，想买一台可以设计程序的计算机。售货员对产品了如指掌，而且对我们非常有兴趣，充满热情。我们自然也觉得好奇。一问之下我们才发现，他不是这家店的员工，而是惠普科技的开发工程师，28岁，他在这儿是为了直接了解使用者对于惠普产品线的反应。我们先前就听过惠普对其“接近顾客”的程度极为自豪，刚进公司的MBA（工商管理硕士）或是电子工程师，通常会被派去处理产品问世的前线工作。这位惠普工程师的热诚，绝对不亚于任何一个售货员。

我们不论在世界何处，从澳洲乃至欧洲和日本，对麦当劳每一家分店的清洁程度和一贯的服务质量都留下了深刻的印象。并不是每个人都喜欢它们的产品，很多人对于全世界将麦当劳视为美国文化的象征，也颇不以为然。不过，麦当劳在全世界各地实现的质量保证，证明他们的确是服务业的佼佼者。质量控制在服务业特别困难。制造业可以检查生产线最后的产出成品，然后把不合格品淘汰掉。可是在服务业，顾客会当场体验产品——服务，没有时间修改。所以服务业者必须确定公司全体员工都遵守同样的高标准，而且了解公司对质量的要求。

我们回想起多年前某位同事所说的话。某个春光明媚的日子，这位同事在平静如镜的日内瓦湖上泛舟时，曾和友人有过一段有意思的对话。这位同事在洛桑IMEDE商学院教书时，曾去看望一位老朋友。这个朋友因为自己开公司，经常出差，他太太因此相当不高兴。于是他在瑞士开了一家麦当劳分店，虽然因此可以待在瑞士，但也因此与太太离异。（她是在日内瓦出生的，显然无法接受外国的事物。不过后来瑞士人成为麦当劳的忠实顾客，她也终于释怀。）他谈到对麦当劳的最初印象时说："你知道吗？最让我惊讶的是麦当劳对以人为本的注重程度。我在麦肯锡工作7年，从来没有见过任何一家客户对人如此注重。"

另一位朋友告诉我们，他们医院最近采购计算机系统，IBM脱颖而出的原因是："虽然很多其他品牌的科技比IBM先进，软件也更容易使用，可是只有IBM不厌其烦地试图了解我们。IBM的员工拜访我们全公司上上下下的员工。他们不说高深的计算机专业术语，而是以我们能够了解的方式沟通。IBM的价格比别人高出25%，可是它们对于质量和服务的保证，使其他业者无一能望其项背。它们甚至和当地一家钢铁公司联网，让计算机系统万一瘫痪时也有备用系统可用。IBM的产品演示文稿都能切中要点，它们就是成功的保证。虽然我们的预算很紧，但是我们仍然决定购买他们的产品。"

日本企业的做法经常被各界传颂——它们具有独特的文化，开会时常常高唱公司歌曲，高喊口号。很多人对此嗤之以鼻，认为这不符合美国的文化。谁能想象美国企业搞这种活动？可是的确有美国企业会这么做。餐具制造商特百惠公司（Tupperware）每周一晚上都为业务人员举行表彰大会，会场上人们兴奋、欢呼的情景，没有见过的人实在难以想象。玫琳凯化妆品公司类似的庆祝大会，甚至成为《60分钟》节目主持人莫利·塞弗报道的主题。有些人可能会说，他们这么做不过是为了刺激某种产品的销售量。此外，在惠普，各部门主管定期邀请同事饮酒狂欢，借此和大家联谊和保持沟通。我们有个同事早年曾经在IBM接受过销售培训。他说："我们每天早上都会唱歌鼓舞士气，就跟日本企业的员工一样充满热忱。"

我们在为客户或是学生举行的研讨会里，经常会以达美航空公司独特的管理风格为例。我们经常说的例子是，在赶搭飞机时，达美航空登机门的员工怎样提供实质性的帮助。有一次我们提到这个故事，在场有位高层主管举手说：

“现在让我来说说达美真正的独到之处。”他所说的故事，令我们举的例子相形失色。他太太因为搬家错过了优惠票的期限，从技术层面来说，那张票已经失效。她却给公司打电话抗议。达美航空的总裁亲自出面，而且还上门双手奉上新的机票。

只要是在宝洁品牌管理部门待过的人，都会相信宝洁成功的秘诀主要在于它们对产品质量的承诺，而不是传奇性的营销能力。我们最津津乐道的例子是，宝洁一位经理人在斯坦福大学夏季企业经理人座谈会上，声嘶力竭地强调，“宝洁出品的卫生纸质量绝对是市场上最棒的。虽然只是卫生纸、肥皂等等，宝洁出品的，就是比其他业者好。”在大多数卓越企业里，这样的基本价值观都是根深蒂固的。宝洁曾经拒绝采用一种比较劣质的肥皂原料，即使因此未能满足军队在战时（美国内战时期）急切的需求，也在所不惜。

最后，且让我们举菲多利（Frito-Lay）的例子。它们有各式各样的故事，实际的来源已不可考，不过这可能并不重要。这些传奇所说的是人们如何在风吹雨淋中坚持工作的，这些人不是邮递员，而是卖薯片的业务人员。菲多利坚持“99.5%的服务水准”，这也正是该公司引以为傲的原则以及在同业中绽放成功光芒的主要力量。

类似的例子不胜枚举。当我们针对卓越企业进行研究时，挖得越多，就越发觉得卓越企业处处都有这样的传奇事迹，这点让我们惊叹不已。我们开始了解，这些企业的公司文化就跟日本企业一样强大，而且不管它们属于什么产业，其做法大致相同，有时候或许有些陈腔滥调，但是它们会不断重复、大力强调这样的文化，员工如果无法心悦诚服，就只得离去。

此外，我们刚开始进行研究时很惊讶地发现，这些卓越企业的文化其实都只有少数几个主题贯穿而已。不论是铸造、制造汉堡包，还是出租房屋，这些卓越企业几乎清一色把自己界定为服务业。顾客才是最重要的。这些卓越企业绝对不会把没有经过测试的技术交给顾客，或是随便哄抬价格；顾客获得的绝对是经久耐用的产品，以及迅速确实的服务质量。

质量和服务是卓越企业一致的特征。企业要达到质量和服务的标准，不能只靠高层主管的努力，必须人人有责，全体员工都要有杰出的表现。（德纳公司前任董事长麦克弗森表示，公司的关键人物不是少数的害群之马，也不是少数佼佼者，而是一般员工，所以如何关怀、支持以及让其发挥潜力，是管理的首务。）我们称之为“以人为本”。所有的公司都会嘴上说说，真正做到的却寥寥可数。

后来我们发现，不一定非要到日本取经，才能解决美国企业的问题。有许多美国企业是一开始就以顾客、员工、股东以及大众的关怀为出发点，而且始终如一的。我们只是没有注意到它们，也没有试着分析，而这些企业出于直觉的做法和学术理论不谋而合。

近年管理心理学的讨论集中在多种理论和工作丰富化的价值，各种理论大行其道。这些理论固然无法充分解释日本企业或是美国的卓越企业为何能够激发员工士气，不过还是相当实用。譬如心理学家欧内斯特·贝克就曾经提出重要的相关理论，只不过大多数管理分析人员都没有注意到而已。他认为，人类受到“二元论”的驱使，也就是既需要是某个重要组织的一分子，同时又想出人头地。也就是说，一方面是成功团队合群的成员，另一方面自己本身也是个杰出的明星人物。

贝克指出，所谓的成功团队是指“组织……是英雄主义的工具……人们为生命找寻意义，借此超脱死亡……人们所依靠的就是这股强烈的欲望……人不怕死，怕的是死得没有意义……仪式是赋予生命的技巧。人们的自我价值以象征性的方式构成，也就是靠象征和自我价值的抽象概念产生自恋。”他还说：“人们认为，如果要创造自己永恒的价值，就必须付出不自由（衡量服从性的重要指针）的代价。”换句话说，如果人们有崇高的使命感，就算必须戴上朝九晚五的桎梏也甘愿。企业也可以像崇高的团体一样，赋予员工这样的使命感。

不过，每个人都想出类拔萃，在成功的组织中，这种想法更为强烈。我们一再发现，企业只要让员工（工厂工人、业务助理、办公室职员）对自己的命运有些许控制权，就能激发他们强大的动力，死心塌地为公司效力。有个心理学的实验足供佐证。在这项实验中，受试者须解几道谜题和做校对的工作，但是周遭环境很嘈杂：有两个人在说西班牙文，有一个人在说亚美尼亚语，还有一台油印机运作的声音，以及计算器、打字机和街上的噪音。实验人员把受试者分成两组，一组只能照吩咐解谜题和做校对；另一组则可以按按钮把噪音关掉，这是一种控制的象征。可以控制噪音开关钮的受试者，答对谜题的数目是另一组受试者的5倍，校对所发生的错误也只有另一组的几分之一而已。最重要的是，“……可以控制噪音开关钮的那组受试者完全没有用到这个按钮，光是知道自己有这样的控制权，就足以造成明显的差异”。

卓越企业的做法有异曲同工之妙。譬如，有家公司的业务经理掌管100名业务人员。某晚，他们租用新泽西梅多兰兹体育馆，下班之后，业务经理麾下的业务人员从场外鱼贯走入球场，看台上的计分板逐一打出每个人的名字，公司高级主管、其他部门的员工，还有亲朋好友都在场鼓掌叫好。

这家公司就是IBM。通过这样的做法（其他平庸的公司通常认为这种做法太老套、虚浮），IBM不但激发个人追求英雄气概（满足个人想归属于某个成功团体的欲望），还满足个人自我表达的需求（也就是出类拔萃）。IBM成功处理这两种彼此矛盾的需求。卓越企业最可贵的地方，就是化解矛盾的能力。理性的经济学家宣称不可能做到的事情，这些卓越企业却当做家常便饭在执行。

菲多利的薯片和美国第三大家电制造商美泰克（Maytag）的洗衣机都算是普通商品。想要求老店提供99.5%的服务标准似乎有点愚蠢，不过只要看看这两家公司的毛利和市场占有率，你就不会这么想了。美国企业的问题在于太注重管理工具，而且这些工具都过度偏向测量和分析。成本是可以衡量的，可是这些工具无法测量出美泰克或是开拓重工公司（Caterpillar）的员工生产高质量产品的价值，或是菲多利的业务员为了一个普通顾客多跑一英里路所产生的价值。

更糟糕的是，这些工具会迫使我们倾向理性主义，进而藐视卓越企业赖以激发创新的源泉：譬如3M不理性的产品推介人、DEC（数字设备公司）产品线的扩增和重叠、宝洁品牌经理之间激烈的竞争。阿尔弗雷德·斯隆20世纪20年代在通用汽车公司成功地施行产品线重叠政策；IBM故意让各部门产品线大量重叠，借此激发内部竞争，做法也行之有年。可是理性主义者对这种做法嗤之以鼻。他们认为组织一定要清楚，避免叠床架屋；认为计划一定要严谨，不容有错误；喜欢掌握，对所有人和事物了如指掌；更深信组织结构的功能，而且要有庞大的员工队伍。可是以快速推出多项新产品著称的王安公司、3M或是布卢明代尔百货公司（Bloomingdale's）等卓越企业的组织结构却很小。

因为我们的研究证实了个人本身以及在大型团体内的工作方式，所以我们摆脱传统理论的束缚，进而修正一些重要的经济理论，例如公司大小（规模经济）、精确度（局限于分析），以及一般人获得卓越成果的能力（特别是质量）。

这些研究结果传达出一个令人振奋的信息：今天不是只有日本具备卓越的管理经验，美国也有许多卓越的企业值得效法。更重要的是，这些企业善待员工，鼓励他们出人头地、生产高质量的产品。这些公司不是一味地追求经济规模，而是建立一群群斗志高昂的小单位；不愿意精确规划重大研发计划，宁愿有一群孜孜不倦的推介人；不极端管制成本，宁愿着重提高质量；员工彼此主动直呼其名，卷起袖子埋头苦干，为彼此的成就欢呼喝彩，并以项目小组的形态提高组织的弹性，不必按照厚厚的规章行事，只要每个人主动贡献一己之力。如此一来，连管理工作也变得有趣多了，主管不必在象牙塔里尽玩数学游戏，而是塑造公司的价值观，诱导员工产生同样的价值观，共同创造出令人珍惜的产品。本书将会定义“卓越”，并将逐项诠释。我们会说明卓越企业有别于一般企业的做法，并以社会学和经济理论提供佐证。最后，本书将会提供卓越企业实际的案例，来说明一般管理书籍所忽略的重点。

IN SEARCH OF EXCELLENCE

第一部分 定义“卓越”

01 抱残守缺的成功企业

比利时超现实主义画家莱内·马格利特曾以烟斗为主题画了一系列画作，标题却是“这不是烟斗”，这就是见山不是山的境界。同样，组织图不能代表公司，新战略也不是解答企业问题的万灵丹。我们都知道这一点，可是面对问题时，第一反应仍然是拟订新战略，可能还会进行组织重整。但进行重整，通常也仅止于搬搬组织图上的方块而已，结果很可能什么也没变。重整时一开始可能有些混乱，这些混乱或许有些助益，但是过不了多久，昔日的文化又会再度浮现，因为江山易改，本性难移。

大家都心知肚明，大型企业要维持重要的地位以及反应力，光靠政策声明、新战略、计划、预算和组织图是不够的。可是我们采取的行动却又好像不知道这点一样。需要改革的时候，我们就动动战略，要不就是调整结构。现在是改变做法的时候了。

1977 年初，出于对管理效能问题的疑虑，特别是对战略、结构以及管理效能间关系本质的疑虑，我们在麦肯锡咨询公司开始做两组研究，一组探讨公司战略，另一组探讨组织效能。这就是麦肯锡的应用研究。我们是研究组织效能那组的主持人。

第一步自然是和世界各地企业的主管进行深度访谈，这些企业界的领导人以组织设计的技术、经验和智慧闻名于世。我们发现，他们对传统的方式也深感不安。他们担心一般结构性的解决方案，特别是当时走偏锋、复杂的矩阵形态有其限制，但是对于现有工具的效果却又感到怀疑；他们质疑，规模达几十亿美元的企业巨擘是否真能靠这些工具实现振兴、重新找到方向。

最有用的点子其实出自最奇怪的来源。早在 1962 年，现代企业经营史学家艾尔弗雷德·钱德勒在其著作《战略与结构》(*Strategy and Structure*)中提出“结构追随战略”这个强有力的概念。1977年，当我们开始研究工作时，钱德勒的理论是普世认同的真理。先在纸上拟订战略计划，正确的组织结构就可以轻易地跃然纸上。钱德勒的理念很重要，这是毋庸置疑的。不过当钱德勒在构思这个理论时，多元化正大行其道。基于钱德勒的理论，广泛多元化的战略决定分权结构——形式追随功能。在第二次世界大战到1970年左右这段时间，钱德勒的建议足以促使（或是维系）管理做法朝正确的方向进行改革。

不过我们针对这个主题探索后发现，战略似乎很少会支配独特的结构性解决方案。此外，战略中的关键问题大多跟执行和持续调整有关，也就是如何实施战略以及保持弹性。一般而言，其范畴都不只是组织议题（结构、人员等）的战略而已。所以，有关管理效能的问题好像一直都无法获得解决，而且传统思维缺乏实际的佐证，这个问题在1980年越发明显。当时，美国经理人深为企业成长迟滞的问题所苦，于是不顾巨大的文化差异，纷纷采用日式的管理方式。

我们接着转向企业界之外寻求帮助，在1977年开始拜访美国和欧洲十几家商学院（当时日本没有商学院）。我们发现学术界的理论家也有相同的困扰。我们选择的时机很好。当时的理论虽然依旧混沌，但已朝新的共识前进；研究人员几乎不再绕着结构转，特别是绕着当时最新的矩阵理论转。那时最热门的是另外一个思潮，其中心思想是：决策者处理信息以及作出所谓“理性”决定的能力有限，集体（亦即组织）更不可能自动执行理性主义者的复杂战略性设计。

当时研究人员着眼的思潮其实是始于20世纪30年代的哈佛学者埃尔顿·梅奥以及切斯特·巴纳德。这两位学者以各种方式挑战社会学家马克斯·韦伯和弗雷德里克·泰勒的理论，韦伯界定组织的结构形态，而泰勒主张管理可以成为精确的科学。韦伯对魅力领导嗤之以鼻，并大力倡导行政体系，认为这种体系以规则为导向，客观的形态是长治久安的唯一办法。泰勒是擅长动作和时间分析效率的一代宗师，他主张把工作分解为独立、按部就班的步骤，然后以真正最适当的方式把这些步骤组合起来，使工作单位得到真正的顶尖绩效。

梅奥的研究始于理性主义，最后却对这个学派提出许多疑问。在西部电气公司的霍桑工厂里，他为了证明工作地点环境对于劳动生产力具有直接、正面的影响，而把灯光调亮，生产力果真如预期上升。接着，他想把注意力转移到另一个因素，于是例行调暗灯光，结果生产力又再度上升！对我们而言，这项研究的意义极为深远。本书将要探讨的主题是：对生产力影响最大的，是注意员工而非注意工作环境本身。（我们有个朋友观察发现，卓越企业中的许多管理都只是为了创造永无止境的“霍桑效应”。）这跟唯理主义的论点并不兼容。

巴纳德曾经是新泽西贝尔公司的总裁，他从企业主管的观点来看，主张领导者的角色在于协调组织内的社会力量，塑造以及指引价值观。他把优秀的管理者形容为组织内非正式社会特性的塑造者，而不仅是正式奖励和系统的操纵者，单单着眼于狭隘的短期效率而已。

巴纳德的概念虽然很快就为西蒙（他在这方面的努力没过多久就为他赢得了诺贝尔奖）所采纳，但之后却沉寂了30年，当时管理学界的主要争议集中在伴随战后成长的结构上，而这也是当时热门的议题。

不过当大家开始了解到，分权结构并非随时可用的万灵丹，其后发展起来的矩阵理论也不断碰到复杂的问题时，巴纳德和西蒙的理念才引发了一波新思潮。在理论层面，康奈尔的韦克以及抨击理性模式不遗余力的斯坦福学者詹姆斯·马奇为代表人物。

韦克认为，组织学习和适应的速度“非常”缓慢，过度注意固定的内部指示，结果会丧失实际价值。管理系统和各种例行工作的起源早已随着岁月荏苒而模糊不清，重要的战略性商业假设（譬如以控制为主或是以冒险为主）也跟着埋藏其中。说到这儿，我们经常引用某位朋友所说的例子。他早年曾经担任银行的职员，经手的工作是用手将80栏的穿孔卡一一分类。指导他的女员工动作快如闪电，她手里的卡片在转眼间就分门别类叠得整整齐齐。我们这个朋友看得佩服不已。

“你做这个工作有多久了？”他问道。

“大约10年。”她估计说。

“哦，”由于很想要学习，他继续问道，“为什么要这样分类？”

“老实跟你说，”她一边回答，一边又叠好了一堆卡片，“我实在不知道。”

韦克认为，这样的僵化是因为人脑里存有对组织机械式的图像。譬如，“传统以军队形容组织的比喻，让人们一再忽略另外一种组织形态，这种组织重视的是即兴创作，而不是预测；掌握的是机会，而不是限制；探索的是新的行动，而不是仰赖过去的行为；重视的是争论，而不是静默；鼓励质疑和矛盾，而不是一味地信服”。

马奇进一步延伸韦克的理论。他在私下开玩笑时，曾经以垃圾桶比喻组织，并且勾勒出各种问题、解决方案、参与者以及机会的选择随机互动，带领组织迈向未来时，组织从中学习和制定决策的方式。他对大型组织的观察，让人回想起美国总统杜鲁门对继任者即将面临的形形色色的预测错误。哈佛大学肯尼迪学院教授理查德 · 诺伊斯塔特回忆说，杜鲁门坐在这儿，用手敲着桌子强调说：“做这！做那！”结果什么也没有做成。这跟管理军队一点也不像，可怜的杜鲁门倍感挫折。

其他研究人员后来也不断搜集资料证明这些新观点。少数学者研究管理者如何有效运用时间，加拿大麦吉尔大学的亨利 · 明茨伯格是其中之一。他们不像大多数权威人士所主张的，抽出大量的时间从事规划、组织、激励和控制。他们的时间分配其实很零碎，用在一件事上面的时间平均是 9 分钟。英国研究学者安德鲁 · 佩蒂格鲁研究战略性决策的政治面，并深受组织惯性特质的吸引。他指出，企业长达 10 年来对它们的世界始终抱着严重错误的假设，尽管有足够的证据显示，这个世界已经改变，企业很可能也得随之转变。近年来美国产业放松管制，包括航空、卡车运输、银行、储蓄与贷款、电信等产业，便是明显的例子。

我们早期接触的经理人都任职于长期绩效杰出的企业，例如IBM、3M、宝洁、达美航空。进一步探索这种新的理论思想时，我们开始发现，这些经理人所描述的无形要素，其实比较符合韦克和马奇的论点，而不是泰勒或是钱德勒的论点。他们谈的是组织文化、家的感觉、小而美、单纯而非复杂，大力宣扬产品质量。简而言之，我们发现的重点是：**个人依然重要**。他们的理念精华是建立能考虑到个人极限（譬如处理信息的能力）以及长处（譬如从承诺到热情投入的力量）的组织。

成功的标准

头两年，我们主要研究如何超越企业解决问题的传统工具（当时是以战略性和结构性的解决方案为主），对商业问题进行诊断和补救。

其实当时许多朋友都觉得我们应该重新探讨组织结构性的问题。他们说，分权是 20 世纪 50 年代和 60 年代的潮流，70 年代风行的是矩阵模式这种时髦但显然起不了什么作用的结构；80 年代的结构模式会是什么？不过我们选择了另外一条路。我们很快就发现，结构性议题固然重要，但是它在整体管理效能的议题中只是一个小环节。譬如，“组织”（organizing）这个词自然引出“为何组织”的问题。就我们有兴趣的大企业而言，这个问题的答案大多是建立某种重大的、新的企业能力，也就是变得更有创意，加强营销能力，永久改善劳动关系，或是建立企业以往并未具备的各种能力。

麦当劳是个绝佳的例子。麦当劳在美国很成功，但拓展海外市场绝非仅建立国际分公司而已。麦当劳要进军德国，除了具备许多其他要素，还要让当地大众了解汉堡是什么。波音为了降低对政府订单的依赖，必须建立商业市场销售技能，这样的能力是大多数竞争对手远远不及的。建立并增强能力、摆脱旧习惯、真正精通某些新文化并不简单，显然不是只靠结构就能解决的。

所以我们不能只针对结构建立新论点。澳洲炼铝大厂Koppers董事长兼CEO弗莱彻 · 拜罗姆表示，“僵化的组织图假设每个职位上的人都会执行跟前任一模一样的工作，我觉得这样的假设实在荒谬。”这番话充分凸显出我们当时的想法。他说：“所以，组织应该认识到每个职位都会有新人继任的事实，并且随之加以调整、配合。”如果不将人的因素纳入考虑，结构性的解决方案就不可能发挥效果；反之亦然。我们从研究中发现，要明智地进行组织，必须包括至少7 项相互依存的变量：结构、战略、人员、管理风格、系统和程序、指导理念和共同价值观（譬如文化），以及企业目前和未来预期具备的长处或是技能。我们更进一步修饰这个概念，使之成为后来众所周知的麦肯锡 7S 框架（McKinsey 7-S Framework）（参考以下附图）。经过稍加延伸、删减以及修正后，我们把这7 项变量全部以S开头的字母表示，并且发明了一个与之配套的标识。哈佛商学院的安东尼 · 阿索斯鼓励我们这么做，他认为要是开头字母不统一，不方便人们记忆，我们这套理论可能难以说明，也很容易遭到遗忘。

罗列这些首字母“S”的单词起先看来有些做作，不过在世界各地推行 4 年来的经验验证了我们当初的直觉，这套框架不但能具体说明硬件——战略和结构，而且组织的软件——风格、系统、人员、技能以及共同价值观——也因此鲜明起来。

这套框架（有些风趣的同事戏称为“快乐的原子”）似乎正席卷全球，成为实用的组织方式。协助我们建立这套概念的理查德 · 帕斯卡尔以及阿索斯，以此作为《日本的管理艺术》（*The Art of Japanese Management*）的概念基础。北卡罗来纳大学的友人哈维·瓦格纳在决策学领域是位相当杰出的学者。他最近对我们说："你们这套理论让我在班上的神秘感荡然无存。他们（他的学生）只需套上这个框架，案例里所有的议题顿时跃然纸上。"

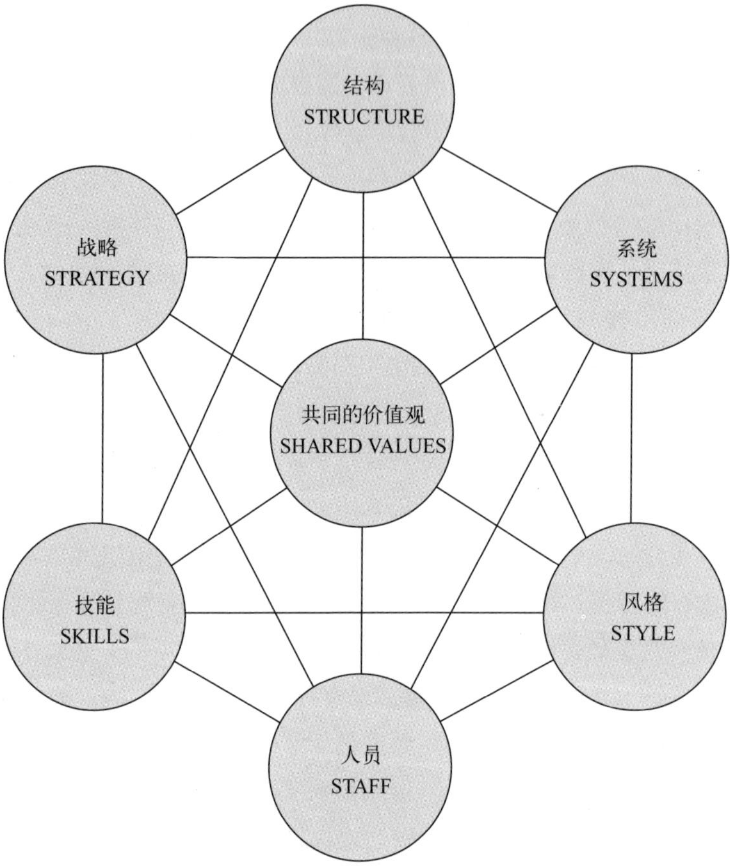

麦肯锡 7S 框架

现在回想起来，这套框架真正的贡献是让全球各地的职业经理人领悟到"软即是硬"的道理。它让我们可以说："你们长期以来斥之为难以驾驭、不理性、直觉、非正式组织的一切事物，其实是可以管理的。这些显然就跟正式的结构和战略一样，与你的公司事情奏效或不奏效的方式，有相同或更大的关系。结果你们却愚蠢到视而不见，不过在此有一个思考方法。我们有些工具可以管理这些事物，实际上就是发展新技能的方法。”

尽管如此，我们还是缺了些东西。没错，我们的诊断工具的确向前跨出了一大步，而且管理者注意到变量有7项，而不是只有两项，因而能完成更多事情。此外，由于认识到大型组织进行真正的变革需要至少七大复杂要素的配合，我们对于彻底改革大型组织的困难度才会持更为谦卑的心态。不过，我们还是缺乏一些实际的设计理念，特别是“软性的S要素”。培养新的企业能力，并不只是说明和理解哪些东西无法奏效。就如同要设计一座好的桥梁，不只需要知道为何有些桥梁设计失败。我们已有更深入的了解，可以直指组织问题的核心，这的确很好；我们也更能判断哪些要素可以不受结构影响发挥效果，哪些则应该舍弃，这就更好了。可是我们需要丰富自己在设计模式和思路方面的“词汇”。

所以我们决定探索卓越的管理本身。我们在展开项目之初就决定这样做，不过后来壳牌集团常务董事请我们帮他们举办一场为期一天的创新座谈会时，我们才获得真正的推动力。为了配合壳牌的要求，我们为“创新”这个名词赋予了双重意义。除了一般人常想到的思路——创意人员开发可以营销的新产品和服务之外，我们还针对大型组织变革为其增加新的意义。我们主张，有创意的企业不仅是特别擅长制造可批量生产或提供的新产品或是服务，还能更加灵敏地持续应对任何环境变化。不同于帕蒂格鲁所说的组织惯性，当环境产生变化，这些公司也会跟着改变。当顾客需求改变、竞争对手实力增强、国际贸易的势力重组、政府法规调整，这些企业会跟着转向、修改、调整、转型以及适应。简而言之，就跟整体的文化一般，它们会创新。

这种创新理念似乎为真正卓越的管理者或管理团队的任务下了定义。拥有这种创新表现的企业就是“卓越企业”。

我们在1979年7月4日为壳牌集团做讲座，如果要说这项研究诞生的日子，应该就是那一天了。不过，惠普、3M等企业（我们在为壳牌准备讲座内容时曾和他们接触）后来的反应让我们更为振奋。他们对我们探讨的主题非常有兴趣，并且鼓励我们继续进行。

因此，几个月后，我们组织了一个项目小组，针对“卓越”的定义（不断创新的大型企业）进行全面性的研究。这个项目主要由麦肯锡公司赞助，有兴趣的客户也会提供一些支持。我们选择75家备受各界敬重的企业，在1979年到1980年冬，和其中半数的企业展开密集、系统的访谈。其余的公司，我们起初是通过次要管道进行研究，也就是研读过去25年的媒体报道以及年报。后来我们对其中20多家公司也展开密集的访谈。（为了进行比较，我们也针对一些表现不尽理想的公司进行研究，不过并未特别深入，因为这些年，身为管理顾问，我们已接触太多这类个案。）

这项研究的发现令人相当惊喜。结果明确显示（明确的程度远超过想象），卓越企业的基本功都非常扎实。他们认为，**思考比工具更重要，发挥才智远优于理性，行动比分析更为迫切**。这些企业在复杂的世界里致力保持单纯，努力不懈，坚持超高的质量水准，重视顾客，尊重员工。他们为"卓越的"创新产品和服务提供很大的发展空间，并容忍迅速展开行动和定期进行实验所带来的一时混乱。卓越、创新的企业具有以下八大特质：

一、采取行动。这些企业在决策过程中或许会进行分析，但并不会因此阻碍行动（许多其他企业在发现真相后就再也没有后续行动）。这类卓越企业的标准运营程序大多是"执行、修改、再尝试"。譬如DEC公司有位资深主管表示："碰到大问题时，我们会把10个资深主管塞到一间办公室里，关一个星期，要他们找出解决办法，然后加以执行。"此外，该公司的实验方式也很高明。他们组成5~25人的小组，对顾客所提的构想进行测试，通常几星期就可以提出价格平易的产品样品让客户试用。最令人折服的是，卓越企业采取各种务实的方式，以维系企业的敏捷度以及克服规模扩大后可能导致的僵化。

二、接近顾客。这些企业会向顾客学习，所提供产品的质量、服务和可靠性（有效而且可以持久的事物）都是一般企业难以抗衡的。它们成功地进行市场细分，譬如薯片厂商菲多利、洗衣机制造商美泰克，或是餐具制造商特百惠这些最大众化的商品制造业者。IBM营销副总裁罗杰斯表示："可惜，在这么多公司里，拥有良好顾客服务的公司犹如凤毛麟角。"不过卓越企业可不会这样，在这样的企业，每个人都会积极投入行动。许多创新企业最棒的产品思路都来自顾客，因为它们会不断仔细倾听顾客的意见。

三、自主和创业精神。创新企业在公司各处培养出许多领导人物和创新人才，这种环境是培养顶尖人才的沃土。3M就是很好的例子，这家公司"积极创新，气氛并不像大企业，反而像是由实验室和办公室隔间组成的松散组织，里面有许多热情的发明家和大胆的创业家，正在充分发挥想象力"。它们不限制每个人的创造力，而是鼓励务实的冒险，支持好的尝试，并且奉行弗莱切·拜伦所说的第九条戒律："务必要有足够的错误次数"。

四、以人为本。卓越企业把一般人员视为质量和生产力的源泉。它们不鼓励等级意识，或是把资本投资视为改善效率的根本。就像IBM前任董事长小托马斯·沃森所说的："IBM的哲学有三个简单的理念。我从最重要的讲起：尊重个人。这是个简单的概念，不过IBM管理层却花很多时间去实践这个原则。"德州仪器董事长马克·谢泼德则表示，每个员工都"被视为创意的源头，而不只是一双手而已"。该公司9 000多个"员工参与计划"（德州仪器的质量圈）对于公司引人注目的生产力的确有所贡献。

五、亲身实践、价值驱动。沃森表示："企业的基本哲学对其成就的影响力，远远超过技术或是经济资源、组织结构、创新和时机。"沃森和惠普的威廉·休利特都是走动式管理的传奇人物。麦当劳创始人雷·克罗克更是经常视察各家分店，并评估这些分店有没有奉行公司坚持的价值观"品质、服务、清洁与价值"。

六、坚持本业。强生前任董事长罗伯特·约翰逊表示："绝对不要收购你不知道如何经营的企业。"宝洁前CEO爱德华·哈尼斯表示："这家公司从来没有偏离基础。我们不愿成为一家大型集团。"除了少数例外，坚持本业的企业通常比较可能缔造出卓越的业绩。

七、组织单纯，人事精简。我们研究过的大多数企业虽然规模庞大，但都不是采取矩阵式的组织结构，就算曾经试过这种结构，也都已放弃。这些卓越企业的基本结构形态和系统都非常简单，高层人事极为精简。规模好几十亿美元的企业里，负责经营的高层主管人数通常都不到百人。

八、宽严并济。卓越企业兼具集权和分权的特色。如前所说，它们让自治精神深入工厂或产品开发小组，另一方面，对于核心价值观却又坚持采取中央集权。3M在产品开发领域表现卓越，但其组织却是一片混沌。不过有个分析师认为："它们好比被洗脑的政治狂热分子，绝不妥协自己坚持的核心理念。"在DEC，组织混乱的局面也极为普遍，有位主管甚至说："这儿没有几个人知道他们是在为谁工作。"尽管如此，DEC对于产品质量的坚持，却远远超过外人的想象。

这八大特质并不新奇，大部分甚至是经营企业的基本常识。但是如同麦克弗森所说的："每个人都认同'人是我们最重要的资产'，可是真正做到的人却少之又少。"卓越企业实践尊重人才的承诺，并以行动为导向——行动远比组织无数的委员会和高达500页的研究报告重要。它们对于服务和质量的执著，在其他精打细算、运用最佳技术的业者看来，是不切实际的梦想。卓越企业重视的是全体员工自动自发采取行动（确实的自治），而非只靠两百位高薪者主动贡献而已。

最重要的是，这样的张力本身来自卓越企业所坚守的信念，我们在进行第一轮访谈期间可以"感觉得到"。受访者谈话的用语不同，对于定期贡献的期望也不一样。我们可以感受到他们对产品和顾客的热忱。在惠普或3M观察人们工作、娱乐的情形时，也能感觉到与官僚机构的悬殊差异。在3M，忙碌的工程师、业务人员、制造部门人员们不拘形式地聚集在会议室里解决问题。而在惠普，部门经理的办公室（规模达1亿美元的部门）设在工厂中，四面没有墙壁，面积狭小，而且还和秘书共享。德纳公司新任董事长杰拉德·米切尔在托莱多的总公司和同事用完午餐后，与对方热情拥抱。这些景象和沉闷的董事会议大不相同——发言者在阴暗的灯光下进行单调的报告，底下的与会者人人拿着只计算器，投影仪不断地运行，将一页接着一页的幻灯片投射到屏幕上。

我们应该强调，并非每个卓越企业都具备这八大特质，或是这些特质全部都如此耀眼，不过它们至少具有其中一项特质。我们相信，今天很多美国大型企业都缺乏这八大特质，纵然有，也被其他种种迹象蒙蔽，让你根本注意不到。大多数经理已不注意经营的基本法则——快速行动、对顾客提供完美服务、务实的创新，以及全员投入。

另一方面，这些特质却是理所当然的。如果对缺乏实务经验的学生讲述这些特质，可能会让他们大打哈欠。我们说"顾客第一、第二、第三"，学生会说"这不是大家都知道的事吗？"另一方面，商场老将对这些特质的反应却十分热烈。他们知道其中的重要性，也知道罗杰斯说得没错，"好的服务是万中选一"。他们也很兴奋地发现，宝洁和IBM的"魔法"不过是掌握基本特质，而不是因为员工的智商比别人高出20点以上。（有时候我们会劝他们别这么兴奋。像卓越企业一样事事坚持基本原则，要比在脑袋里产生"战略性的突破"困难得多。）

阻碍美国企业的因素不仅出在员工身上（这点将在后面的章节加以说明），

结构和系统也会让企业的行动窒碍难行。我们最喜欢用以下由某家新兴高科技公司经理绘制的图来说明这一点。

这张图中的圆圈代表组织里的单位，譬如，MSD的圆圈代表管理学单位(Management Sciences Division)，直线则代表参与推出新产品的正式连接（委员会）。这类正式的连接有223个。不用说，该公司几乎不曾率先在市场上推出新产品。具有讽刺意味而且悲惨的是，这223个连接本身都很有道理，在设计时也是基于正当、理性的理由，譬如，产品推出已到最后阶段，却在销售和营销之间出现问题，为了避免重蹈覆辙，因此成立委员会。问题是，在这样的整体结构里，行动就仿佛飞到蜘蛛网上的苍蝇，动弹不得。可惜当我们以这张图作说明时，没有人大叫“荒谬”。我们只听到叹息的声音、紧张的笑声，以及偶尔有人自告奋勇地说，“如果真的需要出类拔萃的人才，应该运用我们的流程。”

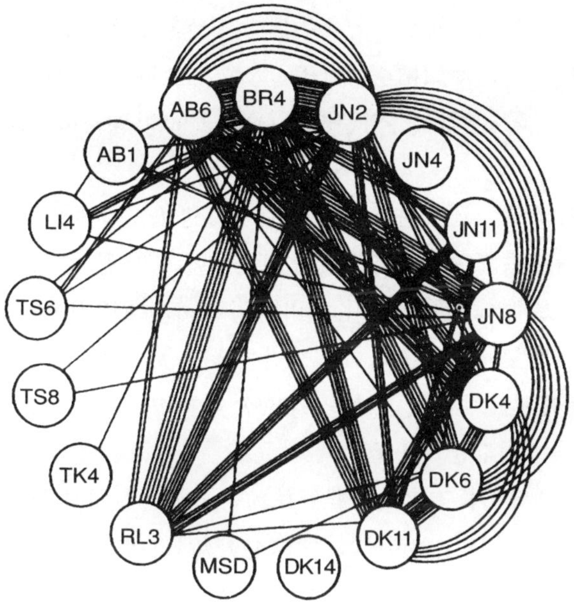

新产品流程图

研究对象

我们虽然认为掌握了相当广泛的研究对象，但从未打算以这62家公司充分代表美国整体的产业状况，也不曾打算从一开始就对“卓越”、“创新”下过于精确的定义。我们担心，如果定义过于精确，就会丧失当初想要追求的精髓。这就跟怀特以青蛙来比喻幽默一样——青蛙虽然可供“解剖”，可是在解剖过程中会死，而且除了真正有心研究科学的人，恐怕没有几个人对青蛙内脏有兴趣。我们起初请一群商界观察家（商人、顾问、商界媒体人士以及管理学院教授）选出他们认为有创意、卓越的企业，这也正是我们想要的。我们把这些企业分类，借此代表我们有兴趣的产业（请参考以下附表）。我们研究的产业包括但不限于：

1. 高科技公司，譬如DEC、惠普、英特尔及德州仪器。
2. 消费品公司，譬如宝洁、旁氏及强生。
3. 一般的工业产品公司，包括开拓重工、德那及3M。
4. 服务业，譬如达美航空、万豪酒店、麦当劳以及迪士尼制片公司。
5. 工程管理公司，譬如柏克德（Bechtel）与福陆工程（Fluor）。
6. 能源公司，譬如阿科、陶氏化工（Dow Chemical）以及埃克森石油等。

从这些取样看来，还有许多产业没有包括进去，本书稍后将会对此进一步说明。我们虽然熟悉金融服务机构（特别是银行），但是这类公司规范严谨、备受保护。这项研究漏掉大多数的化学和制药公司，纯粹因为我们没有接触的渠道。我们也没有密集研究小型公司，因为我们主要研究大型企业如何长治久安以及保持创新的精神。所以，我们取样的公司当中，年营业额几乎都没有低于10亿美元，历史几乎都超过了20年。

选出要深入研究的样本之后，我们认为，不论商界如何推崇，这些企业如果没有引人注目的财务绩效作为后盾，就称不上真正的卓越。所以，我们选了6项长期财务绩效衡量标准，来衡量20年间（1961~1980年）这些公司成长和长期财务创造的成绩，其中3项为衡量资本投资回报和销售业绩。这6项标准如下：

1. 复合资产增长率（衡量年增长数据曲线的“最小平方”）。
2. 复合净值增长率（衡量年增长数据的“最小平方”）。
3. 股票市值和账面值的平均比率。这是经济学家所谓“财富创造”的标准估计值（股票市值：1961 年 12 月 31 日至 1980 年这一期间收盘股价乘以在外流通普通股，除以普通股的账面价值）。

4. 总资本平均回报率（净收益除以总投资资本，总投资资本包括长期债券、不可赎回的优先股、普通股，以及少数股东股权）。

5. 平均资产回报率。

6. 平均销售收入。

这 20 年间，企业在 6 项衡量指标当中，至少要有 4 项居其产业的前 50%，绩效才算是顶尖（事实上，在合格的 36 家公司当中，17 家在 6 项指标中全部都居于前 50%，另外 6 家在 5 项指标中名列前 50%）。所以，企业必须在长期成长衡量指标以及财务状况绝对指标都有突出的表现，才称得上是卓越企业。

最后筛选的程序是对企业的创新程度进行评估。我们请各产业的专家（譬如产业内外的商界人士）对这些公司 20 年来的创新纪录进行评分，根据这些公司推出业界领先产品以及服务和对市场变化的一般响应速度，或是其他外界动态来进行衡量。

经过评估之后，有 19 家遭到淘汰。剩下的 43 家，其中 21 家再接受我们的深度访谈，对剩余的 22 家进行的访谈则没有这么深入。我们也对属于“†”这个类别的 12 家公司进行深度访谈。这些公司虽然没有通过筛选标准，但是非常接近。我们也对此前的 25 年间有关这 62 家公司的文献进行了深入研究。

最后，我们还以另一种方式来筛选这些样本。我们虽然喜欢以具体公司的实际证据来支持论点，但有时候我们也会概括叙述，例如“它们如何如何，所以怎么样……”并没有具体的标准可以挑出这些公司，但是这些公司却都具备稳健绩效和八大特质，包括：柏克德工程、波音、开拓重工、德纳、达美航空、DEC、艾默生电气、福陆、惠普、IBM、强生、麦当劳、宝洁以及 3M。从表面来看，它们好像没有什么共通点，产品线都不一样。其中三家属于高科技产业，一家为消费品，一家制造医疗产品，两家为服务业，两家为工程管理公司，五家为基本工业产品制造商。但是这些公司都是实际制造者，而不是控股公司或是企业集团。虽然它们不是所有的计划都成功，但成功的频率远比失败高得多。

我们花了半年时间完成访谈和研究，然后开始对研究结果进行分析。不过这时候依然有些烦心的问题。我们是以 7S 框架作为基本的访谈结构，所以也以

卓越企

系统访谈加上研究过去 25 年的文献		
高科技	**消费性商品**	**一般工业**
艾伦·布拉德利（Allen-Bradley）†	蓝铃（Blue Bell）	开拓重工（Caterpillar Tractor）*
阿姆达尔（Amdahl）*	伊士曼柯达（Eastman Kodak）*	德纳（Dana Corporation）*
DEC（Digital Equipment）*	菲利多（Frito-Lay，后与百事合并）†	英格索兰（Ingersoll-Rand）
艾默生电气（Emerson Electric）*	通用食品（General Foods）	麦克德莫特（McDermott）
古尔德（Gould）	强生（Johnson & Johnson）*	3M（Minnesota Mining & Manufacturing）*
惠普（Hewlett-Packard）*	宝洁（Procter & Gamble）*	
IBM（International Business Machines）*		
NCR		
罗克韦尔（Rockwell）		
斯伦贝谢（Schlumberger）*		
德州仪器（Texas Instruments）*		
联合技术（United Technologies）		
西部电气（Western Electric）		
西屋（Westinghouse）		
施乐（Xerox）		
有限的访谈加上研究过去 25 年的文献		
数据通用（Data General）*	Atari（Warner Communications）†	通用汽车（General Motors）
通用电气（General Electric）	雅芳（Avon）*	
休斯飞机（Hughes Aircraft）†	百时美施贵宝（Bristol-Myers）*	
英特尔（Intel）*	旁氏（Chesebrough-Pond's）*	
洛克希德（Lockheed）	李维斯（Levi Strauss）*	
美国国家半导体（National Semiconductor）*	玛氏糖果（Mars）†	
瑞侃（Raychem）*	美泰克（Maytag）*	
天合（TRW）	默克（Merck）*	
王安电脑（Wang Labs）*	宝丽来（Polaroid）	
	露华浓（Revlon）*	
	特百惠［Tupperware (Dart & Kraft)］†	

* 通过所有“卓越”绩效的考验，1961~1980。

† 私有公司或是附属公司，没有大量的公开资料可以参考，但估计可以通过所有“卓越”绩效的考验。

此作为说明结论的方式，当时我们找出 22 项卓越特质，让结构过于复杂。有些读者指出这点，我们便回头试着以更简单的方式说明这项研究成果，最后才产生所谓的八大卓越特质。

不过在说明这些研究成果时，有人不断质疑。

第一，有些人因为知道我们认为卓越的企业有某些缺点，而认为我们不应该将其列入。要知道，所有的大公司都有缺陷，虽然其中有些的确相当杰出，但是并非完美无瑕，也曾经犯过一些众所周知的错误。而且，我们认为卓越的企业，别人看来可能是股市地雷。我们不是故意要忽略市场和投资人的观点。

业调查

	服务	工程管理	能源
	达美航空（Delta Airlines）* 万豪（Marriott）* 麦当劳（McDonald's）*	柏克德（Bechtel）† 波音（Boeing）* 福陆（Fluor）*	埃克森（Exxon）
	美国航空（American Airlines） 迪士尼制片（Disney Productions）* 凯马特（Kmart）* 沃尔玛（Wal-Mart）*		阿科（Arco） 陶氏化工（Dow Chemical）* 杜邦（Du Pont）* 标准石油［Standard Oil (Indiana)/Amoco］*

这些企业长期表现都很杰出，这点已经足够了。

第二，有人问我们怎么知道这些企业能够一直维持创新的文化。我们的确不知道。通用汽车那时候看起来的确很不错，后来却出现了严重的问题。不过比起美国其他的汽车业者，通用汽车经受住考验的承受力还是强得多。而且，通用汽车长期表现都很杰出，这点是值得佩服的地方。我们对许多卓越企业都有这样的感觉。

第三，有人问，为什么加入原本不在研究清单上的公司（读者很快就会发现这点）？这是因为我们对于企业创新和卓越的研究是持续不断的，而且大多数研究都是在1979年之后进行的。譬如麦肯锡另一组团队针对美国消费品产业进行卓越企业的特殊研究，另外一组最近则对加拿大的卓越企业进行研究，还有一组正在努力研究卓越的中型企业，也就是“到目前还算不错”的企业。此外，原先的小组持续进行研究之际，会找到更多的补充数据和范例。

我们当初从未想到这项研究会有如此丰富的历程。自从1980年7月《商业周刊》刊登我们的初步研究结果以来，我们进行了200多场演讲，举办了50多场研讨会，而且经常飞到世界各地。我们常碰到研究公司的资深主管（或是重要人物）。在Memorex（光盘设备制造公司），作者之一碰到一位曾经和IBM的沃森合作多年的人物。我们在宝洁品牌管理计划和IBM销售计划中的朋友名单，可以列到像手臂那样长。我们在3M访谈的友人和我们一直保持联系：我们和他针对创新议题促膝长谈了好几天。有时候我们的研究成果会细腻到令人惊讶的地步。譬如，我们对于惠普不拘形式的风气一直赞不绝口。不过有位同人研究过极为成功的Tandem（创办人曾经任职惠普）之后表示：“Tandem员工周五喝啤酒联谊的传统比惠普更为丰富。”我们不断吸收新的事物，并将这些发现不断加入研究成果之中。

最后，还有人问有关演进和变革的问题。这些企业如何演变为现在的局面？它们在所属领域一直都是强大的领导者吗？我们必须承认，从一开始，我们就希望淡化“领导”的重要性，因为大家对于企业的成败好像都以“领导”这两个字作为一切的答案。**我们深信，卓越企业能够达到这样的境界，主要是因为具备独特的文化，而能够从竞争对手中脱颖而出。**如果我们充分了解这些文化特质，在碰到“为什么强生这么杰出？”之类的问题时，就不会拿“领导”这两个字来搪塞。

不过我们发现，几乎所有的卓越企业都受到一两个强大领导者的影响。大部分企业，譬如IBM、宝洁和艾默生电气，是由某位特殊领导者带领建立起本身的基本特质，而且在发展初期就已孕育而成了。不过还是提醒读者几点。卓越企业所培养的文化蕴涵着这些杰出领导者的价值观和做法，所以在初期领导者过世之后，这样的价值观还是可以维系好几十年。如巴纳德所主张的，CEO真正的角色似乎是管理组织的价值观。我们希望以下的说明能让读者了解应该塑造、管理什么样的价值观，同时也希望各位读者看完本书之后，能够顺利解决在管理中碰到的难题。

IN SEARCH OF EXCELLENCE

第二部分 迈向新的理论

02 理性模式

人们常把专业管理与讲求实际的理性主义画上等号。在前ITT（国际电话电报公司）总裁海洛德·吉尼恩寻找“不可撼动的事实”时，我们就发现了这样的现象。在越南战争期间，这更是甚嚣尘上，当时甚至以敌方士兵尸体的数目作为衡量战事成败的标准。福特汽车公司以此为准则，罗伯特·麦克纳马拉（美国肯尼迪总统执政时的国防部部长）更是将其发扬光大。这种模式认为，训练有素的职业经理人可以管理一切，所有的决策都必须是通过客观分析所作的判断。这种观念看似正确，却足以让人犯下致命的错误，受到严重误导。

我们无法从理性主义了解到卓越企业的宝贵经验或是重视顾客的重要性。理性主义也不会让领导者了解，把平常人塑造成英雄或是常胜军有多么重要，或是只要赋予员工一些自主权，他们就会强烈认同自己的工作。理性主义也不会告诉我们：自发性的质量控制比起质检人员的质量管理有效得多；我们应该培养一些产品推介人，有如呵护春天第一朵蓓蕾般呵护他们。理性主义更不会鼓励我们像宝洁一样，进行公司内部产品线的竞争、模仿，甚至不断推陈出新。它也不会鼓励我们尽力追求质量、顾客服务，生产出有效、持久的产品。如哈佛教授阿索斯所说，理性主义也不会显示出“优秀经理人除了会赚钱之外，还会替别人创造意义”。如果依照理性模式来进行管理，我们会错失许多东西。

我们还在念商学院的时候，最热门的是财经系，大多数学生都有工科学位（我们自己也是如此），计量方法课程最受欢迎，而且大多数人都以为唯有能以数字代表的资料才算是“真正的资料”。这些是陈年往事，但后来的情况其实差不多。至少当我们于20世纪60年代在商学院就读时，有些学生可以靠着天资聪颖或是夸夸其谈的功夫过关。如果没有“跟数字打过交道”（作过某些计量的分析），那他们可就惨了。许多商学院的学生生怕考试时计算器临时出故障，不但准备了备用计算器，还准备了备用电池。“战略”这个词以往是指打倒竞争对手的大好点子，不过后来往往成了计量上的突破、分析工具、市场占有率的数字、学习曲线理论，以 4、9 或是 24 方块矩阵（矩阵的概念直接来自数学）来定义公司业务，而且全部都以计算机程序来处理。

探索数字背后的意义

尽管如此，还是有一些希望的。与战略相关的课程开始认识到执行上的问题，并且针对这方面的问题加以处理。制造政策方面的课程（虽然还是以计量为主），至少已开始卷土重来。不过正如某位曾经担任工厂经理的同人所说的，“技术骑士”（technical jocks）依然是美国商学思维的主要力量。财经系在商学院依然大受欢迎。在销售管理以及制造方面的课程（大多数企业的核心领域）中，才华横溢的老师和天资聪颖的学生依然犹如沙漠甘霖般稀有。

不过请不要误会。我们并不是反对量化分析本身。像宝洁、旁氏和奥丽达（Ore-Ida）这些消费品营销的高手，在分析上的功力都很出类拔萃，令竞争对手羡慕不已。事实上，卓越企业也都精通数字、善于分析数字，并以数字来解决问题。只要有一家基础不佳的公司（对顾客、市场和竞争对手缺乏良好计量分析的公司），就有一家政治手法极为错综复杂的公司。

我们反对方向错误、复杂无用、僵化的分析，反对对未知数进行详尽分析。譬如，在新产品的使用还不很明朗之前，就对市场进行周详的预测（计算机最初期的市场研究预测，这个市场只有 50~100 台的需求量）。此外，不曾实际参与操作、只以控制为重心的行政人员更不应该对实际操作人员进行分析。德州仪器的帕特里克 · 哈格蒂坚持“计划应该由实际执行人员拟订”；他著名的战略规划系统只由三名员工监督，都是曾暂时参与前线作业的主管重操旧业。

我们也反对只侧重企划而不去“实验”的情况，也就是大家都很熟悉的“分析瘫痪”症状。我们常见的情况是：一线主管急功近利地提出计划，只是无法以计量方式证明这些计划的确能够奏效，结果老被总部打回，让他们倍感灰心。总部为了安全起见，总以负面观点来看事情。日积月累，整家公司的热情、活力和冲劲就会荡然无存。

最重要的是，我们对“理性”这个名词遭到滥用感到惋惜。理性意味着明智讲理、讲逻辑、正确表达问题并且从中找出结论。不过理性在商业分析上的定义却非常狭隘，讲究“正确”的答案，但却遗漏掉复杂的人性要素。这就好像战略虽佳，却未考虑到沿袭的旧习惯、执行上的障碍，以及单纯的人性矛盾。就拿规模经济来说，如果可以获得最大的流程效率，所有供货商都提供毫无瑕疵的商品，并能够准时交货，如果没有员工缺勤，没有员工互动不佳的问题，大型工厂的生产效益自然能够超越小型工厂。可是如同研究人员约翰·蔡尔德所说的（他以量化的方式来说明这个问题，这是极为少见的方式），员工人数介于10~25人且有工会组织的工厂，每年每千名员工因为劳资纠纷所损失的工作日平均为15天，员工人数至少有1 000人的工厂，则会平均损失2 000天，相当于前者的133倍。再以创新来说，有位研究人员最近指出，研究效益和小团体规模成反比：当人员超过7名时，研究效益就开始走下坡路。我们说过，10人小组能够超越由几百人组成的大型团队，就是明证。

有人说这些事情（小型团队的热情、问题单单出在规模的说法）属于管理的“艺术”领域，我们对这种说法也很排斥。的确，量化这些要素确实很困难，可能也没有用。不过，面对过去的经验，我们绝对能够明智地、合乎逻辑以及精确地看待这些要素。摩托罗拉总裁约翰·米切尔不愿意让工厂规模超过1 000人，主要是因为“有时候人数超过1 000人，有些事情就会出错”。他的看法难道仅是一种管理的“艺术”吗？还是说这是他根据以往经验所作出的明智推论？我看应该是后者。

那么，为什么理性主义的狭隘定义（“不含人性要素的机器”）会盛行这么久？为什么它还能激发出不错的生产力，特别是在第二次世界大战之后的那段时间？部分原因是，当时一切都单纯得多，没有强大的国际竞争对手，而且经济衰退之后，人们只要有份工作就谢天谢地了。此外，美国劳动生产力最高、产品全世界最棒的“骄傲感”也有影响力。

另一个重要因素是，过去25年的管理方式确实有其必要性。正如前面所说的，我们支持稳健的分析，我们所列的卓越企业都具备健全的分析能力和对产品的热爱；这两者都是不可或缺的。在分析模式崛起之前，人们只能在摸索中进行分析，但它并不适用于复杂的世界。学习如何细分市场，考虑金钱的时间价值，进行健全的现金流量预测，长久以来都是企业为了生存所需完成的重要工作。可是如果本末倒置，一味地追求这些技巧，忽略了产品的重要性，麻烦就会随之而来。分析工具是辅助性的，有时候的确能发挥令人赞叹的作用，可是公司不能以此来制造或是销售产品。

不论是什么理由，过去这种理性管理模式仍以美国执牛耳，如乔治 · 吉尔德在《财富与贫困》（*Wealth and Poverty*）中所说的，理性主义大行其道。史蒂芬 · 洛尔在《纽约时报杂志》封面故事里指出，世界各国担心被美国的管理技巧所席卷，而不光是畏惧美国的实验室、工厂或企业规模。他引述一位法国编辑瑟万 · 施赖伯的说法："美国企业之所以在世界领先，并不是因为财力雄厚或是技术高超，而是靠企业的组织能力。幕后的功臣正是美国企业的经理人。"

不过就在施赖伯出版《美国人的挑战》（*The American Challenge*）之后的13年间，情况却急转直下。美国企业陷入经济、政治动荡的泥沼之中，动弹不得，一般认为，主要原因在于欧佩克（石油输出国组织）和美国国内各项规范日益增加。不过事实上，许多其他国家也有这类问题，它们却成功地克服了挑战。有人经常引述许多日本和德国企业证明"可以克服这类问题"，它们受欧佩克影响的程度远超出美国，而且面临更严重的经济限制。比起美国，德国经理人更要持续和工会斡旋，德、日企业也较少运用个人经济激励。如经济学家莱斯特 · 梭罗所说的：

> 美国的竞争对手中，没有一个是靠扩大收入差距来激发工作意愿的。他们的做法正好相反。看看收入最高和最低人口之间的差距，德国人工作努力，但收入不平等的程度比起我们低了36%，日本人工作得更为努力，收入不平等的程度则比我们低了50%。如果收入差距能够促进个人工作的意愿，那么美国应该是干劲十足的国家，因为在工业化国家当中，只有法国收入不平等的程度超越了美国。

施赖伯在《美国人的挑战》一书中指出，美国对管理人才的重视更甚于技术人才。不过有趣的是，史蒂夫 · 罗尔的引述又是从何而来？这是来自一篇名为《美国企业管理》（*Overhauling America's Business Management*）的文章，文中毫不留情地批判美国管理技巧。罗尔表示："形势变化的速度实在太快。现在外国企业主管谈到美国企业，不再带着敬佩的口吻，而是充满了嘲讽。的确，美国企业似乎不乏管理失败的例子。"

1980年年底，不过短短几周，《新闻周刊》、《时代》杂志、《大西洋月刊》、

《邓氏评论》(两次)，甚至《时尚先生》封面报道都指出，该为美国企业困境负责的不是欧佩克，也不是法规，更不是奖金或是微不足道的投资支出，而是管理者。《财富》杂志指出，本田有位副社长表示：

> 我对于美国汽车制造商的投资额真的没有什么意见。请别误会我的意思。美国是技术最先进的国家，也是最富裕的。不过只有资本投资是不够的。不论在什么国家，产品质量和劳动生产力都要看管理的功力。底特律的汽车制造商必须调整管理系统，才可能提升其竞争力。

几周之后，《财富》杂志接着刊登一篇有关本田的文章《欧洲容不下美国的管理风格》(*Europe Outgrows American Management Style*)。文中批评美国短视、频频调整管理人员，而非建立稳定的管理机制，并对本身制造的商品缺乏热情。

对美国管理的批评大致可归纳为 5 大项：

1. 商学院的教育落后；
2. 职业经理人观念不正确；
3. 经理人不认同公司的作为；
4. 管理者对下属不够关心；
5. 高层主管和员工无法脱离自己的分析象牙塔。

以上这 5 项中，尤其以商学院的现象最具代表性，也最容易受到批评，所以经常成为众矢之的。芝加哥大学备受敬重的商业政策教授爱德华·拉普感叹，“我们制造出庞大的怪兽。”我们有位同人也表示（我也有同感）：“日本和德国企业能够成功进入美国，商学院可说是功不可没。”拉普更进一步批评商学院过度重视计量研究方式，这样的看法和我们研究的结果不谋而合。罗尔也在《纽约时报》撰文表示：“现在大家普遍认为MBA本身就是个问题。”迈克尔·托马斯曾经是成功的投资银行家，后来成为启发人心的作家，他对美国企业的管理方式有着简单犀利的评论：“心态不够开放……需要更广泛的愿景、历史感、吸收文学和艺术气息……要是我的话，我会关掉所有的商学院……”我们同意他所提的某些解决方式。业者以及观察人士也都提出类似的观点。我们早就听过美国国家半导体公司的人说，“顶着哈佛学士或是斯坦福MBA的人只能坚持17

个月。他们无法应付弹性和缺乏组织的情况。”

我们就碰到过身边的人有这样的抱怨。德纳的雷内 · 麦克弗森成就了几乎是不可能的任务——在一个成长缓慢、工业组织化的产业提升员工的生产力。他后来成为斯坦福商学院院长；我们有位同人担任副院长。后来这位同人急切地把我们拉到一边说：“我们得好好谈谈。我刚才和雷内谈了许久。他跟我说德纳的经验。可是你知道吗？他在那儿所做的一切，MBA课程全部没有教。”

缺乏远见

不过，推动美国前进的不是商学院，而是管理者。整个问题的核心是缺乏远见，缺乏一种对所谓职业经理人的整体感。拉普表示：

> 我们的制度可以制造出一大堆才华横溢的经理人，可是这些才能却不能满足企业的真正需要。这些职业经理人肯研究、肯分析、肯找出问题，也很懂得专业化、标准化、效率、生产力和量化。他们既理性又很会分析，而且坚持目标……在某些企业里，他们只要会对董事进行陈述，精通撰写计划或是战略，就可以平步青云。问题是，这些才能掩饰了他们整体管理能力的严重不足。如果要他们负责作出运营方面的决策、赚取利润、完成任务以及带领公司向前迈进，他们就会落荒而逃。

另一位观察家也注意到类似的现象。《商业周刊》有篇专门探讨二度工业化的文章指出：“高层主管多半对公司运营的形态缺乏直觉。”罗伯特 · 海斯以及威廉 · 阿伯内西在《哈佛商业评论》的文章《一路管理到经济衰退》（*Managing Our Way to Economic Decline*）中指出这个现象的原因：“寻常的职业生涯……再也无法让未来的高层主管实际了解公司的技术、顾客和供货商……自从20世纪50年代以来，许多新公司总裁只注重财务和法务领域，并不重视生产。”海斯还说：“企业高层主管再也不会说，‘这是个好产品。虽然投资回报率还不是很清楚，我们就进行生产吧！’”另外一位观察美国企业管理的老将弗雷德里克 · 赫兹伯格只是说：“管理者不爱他们的产品。事实上，他们很排斥产品。”

相反，日本在小型汽车市场上却无往不胜。到底是什么造就了日本的奇迹？《财富》杂志的报道指出，这不仅是技术上的优势而已：

日本人值得骄傲的不仅是成功进入美国市场。他们的零件接合精密、汽车外形光鲜亮丽、铸模配合完美、车门坚固、材料优良耐用、烤漆零缺点。更重要的是，日本汽车质保期的故障率始终比较低，因此赢得可靠耐用的声誉。从技术层面上来说，大多数日本汽车其实很一般。

我们最喜欢引用以下的故事来佐证《财富》杂志的分析：本田汽车某个工人每晚下班回家时，只要看到本田的车子，都会把车的雨刷一一压直，因为他实在无法容忍本田的车子有一丁点儿的缺陷。

这件事情为什么那么重要？因为卓越的表现往往关系着人们是否受到单纯甚至美丽的价值观所驱动。正如罗伯特·皮尔西格在《万里任禅游》（*Zen and the Art of Motorcycle Maintenance*）一书中所说的：

> 我工作时想起看到过的一本数字计算机手册有多么粗糙……手册内容充满错误、模糊不清，还有疏漏，有些内容糟糕到要看过6遍才看得懂一点点。不过最让我惊讶的是，维修工厂似乎也接受这种马虎的态度。这种态度蕴藏在字里行间：“这台机器和宇宙万事万物都没有任何关系，跟你也没有关系。你除了打开开关、维持电压水准、检查错误的状况之外，你跟这台机器也是一点关系也没有。”就这样。技术人员对机器（他的摩托车）漠不关心，这跟维修手册对机器的态度，或是跟我当初把车子拿去修时的态度如出一辙。我们都是旁观者。这让我想到，摩托车维修的业务本身应该是最重要的层面，可是这个层面却没有相同的手册可以依循。他们对于本身处理的工作视为理所当然或是根本就不重要。

批评的焦点接着指向管理层，他们如果给员工一些机会，员工也可能会热爱自己的产品。有些批评者认为，这是一切问题的症结。阿伯内西教授回忆说，日本汽车业者成功的原因让他感到非常惊讶：“日本汽车业者似乎具有巨大的成本优势……我很惊讶地发现，他们的优势不是来自自动化……他们用‘以人为本’的态度来从事汽车制造工作……他们的员工干劲十足，愿意配合，而且对汽车的生产工作极为兴奋……美国的生产力无法和他们相比，这是因为有许多细节问题存在，不是单单调整投资政策就可以扭转过来的。”

罗尔赞同这样的看法，他引述日本索尼公司创始人盛田昭夫的话：“美国经理人太不关心员工。”盛田昭夫描述了他如何精心设计索尼美国工厂的成长过程。罗尔表示：“索尼在圣迭戈和多森的工厂，生产力稳定上升，和日本工厂的水准不相上下。”不过和松下电器的纪录比起来，索尼依然略逊一筹。松下电器收购摩托罗拉的电视生产部门后，5 年内在美国中西部设的厂几乎没有员工离职，在几位日本总经理的领导之下，售后服务费用从 2 200 万美元降到 350 万美元，每 100 件产品的瑕疵数，也从原本的 140 降到 6。产品售后 90 天内的投诉，则从 70% 降到 7%。员工流动率更从每年 30% 降低到 1%。

索尼和松下在美国傲人的成就，充分说明了日本惊人的生产力并非靠“东方魔法”。有位评论专家表示：“生产力纯粹是靠人实现的……忠诚度、通过有效培训激发员工投入工作、员工将公司的成败视为己任，以及员工和主管之间的人际关系，都有影响。”不过日本有个重要的文化特质，对于激发人的生产力似乎特别有效。正如某位日本主管所说的：“日本和世界其他各国大不相同。我们唯一的天然资源就是人民的勤奋。”

将人（不是金钱、机械或是心灵）视为天然资源，可能是这一切的关键所在。麦肯锡日本分公司董事长大前研一表示，在日本的企业里，组织和人为同义词。而且，以人为导向的做法能够促进人员对产品的热爱，一般员工也需要有些冒险和创新的空间。正如大前研一所说：

> 日本企业的高层主管不断强调，前线员工最了解业务……经营良好的公司极为依赖个人或是团体自动自发地从事创新、发挥创造力。个别员工的生产力和创造力能够充分发挥……完整的组织，包括提案箱（proposal boxes）、质量圈等，看起来是“有机的”、“充满创业精神”，而不是“机械的”、“官僚的”。

全球第二大成衣制造商蓝铃 CEO 金西 · 曼表示，本书所列的卓越企业八大特质，每一项都与人有关。

分析的象牙塔

美国企业不注重产品或是员工，是因为它们过于注重别的事物。也就是说，它们过度依赖分析、财务工具，以为这些工具可以让公司避免风险，可是事实上却会让它们裹足不前。拉普表示：“很多公司对制订计划的兴趣，远大于制造畅销的产品……碰到问题时，坐下来进行规划，最受大家欢迎。因为这样不但可以产生知识性的回馈，而且无须面对实际运作上的压力……正式的长期规划几乎都会导致过度重视技术面。”澳洲炼铝大厂Koppers董事长兼CEO拜罗姆建议说：“从一个组织来看，从对人的纪律来看，规划非常重要。我的立场是，尽管去作规划，但是规划完成之后，就可以将它搁置一旁。不要因此备受束缚，不要以此作为决策的主要考虑。这些规划主要是用来发现是否有变化产生。”《商业周刊》的文章中也有类似的说法：“强生、TRW或是3M公司这些以思想超前著称的企业，没有一家聘有专业的企划人员。”

奥美广告创始人大卫·奥格威的说法更为直接：“商界人士大多缺乏原创力，因为他们无法摆脱理性的魔掌。”哈佛著名的营销学教授西奥多·李维特曾表示：“企业负责规划的技术专家建立了复杂的决策树，让高层主管赞叹不已，可是除此之外，真正的功效却乏善可陈。”标准品牌公司（Standard Brands）新产品计划惨败，更是明证。《商业周刊》封面专文指出，它们失败是因为聘用了一群以往服务于通用电气的规划人员，并且赋予他们运营的职责。董事长把这些人开除之后表示：“他们的确很聪明，却不是执行计划的料。”

对毕生都致力于数据分析的人而言，以上这些例子的确令人泄气。可是这也不是说公司不应该进行规划。计划是非做不可的，只不过不能本末倒置，远远超过拜罗姆所说通过计划作好心理准备的程度。企划人员常把计划奉为真理，实际资料如不符合计划中的数据（例如顾客对预先测试市场行动的反应），就弃之如敝屣，或是彻底加以忽略。企划取代了实际的行动（我们多年来观察发现，企业运营委员会经常提出以下的问题：“你们可曾以这项预测对企业员工进行意见调查？”）

美国企业的表现江河日下，至少和日本等国比较起来的确如此，生产力和质量标准更是远远落后。美国生产的产品再也不是最可靠或是最好的，而且缺乏成本优势，在国际竞争激烈的产业尤为如此（例如汽车和芯片）。

人们刚开始探讨这个问题时，都是着眼于政府规范。不过这只是冰山一角。接着在1980年，企业主管、商业杂志记者，以及学术界研究人员开始追根究底，深入实际管理做法的核心，试图找到问题症结。这也难怪美国各界对过度依赖分析和狭隘的理性主义颇有微词。就算不看美日两国在文化上的差异，美国过度依赖理性主义和分析的做法，和日本重视人员和质量的态度依然大相径庭。

在探求问题症结的过程中有两大障碍。第一：是沿袭已久的防卫心态。商界人士的智慧和灵魂终于面临批判，在这之前，媒体怂恿他们大可将问题归咎到别人身上——主要是怪政府。第二则是语言上的问题。人们认为，这不是批判“狭隘的理性”(也就是我们所说的“理性模式”)，因而呼吁扩大理性的范畴；而是攻击理性和逻辑思考本身，也就此暗中鼓励遁入非理性和混沌之中。这让人以为解决问题的办法，就是把福特的董事会会议搬到禅学中心去开。当然，这是不可能的事情。

不过我们先来想想以下的问题：我们所谓理性模式的崩溃究竟是什么意思？这其实就是托马斯 · 库恩在其经典名著《科学革命的结构》（*The Structure of Scientific Revolutions*）里所说的“范式的转移”。库恩表示，不论是在什么时代、什么领域，科学家对于这个世界的观点都有共通之处，而这也就是主要范式构成的基础，或是他所说的“常规科学”。在这些共同信念的领域之内，研究人员进行实验，并逐渐地取得进步。托勒密的地心说就是一个古老但很好的例子。在 16 世纪之前，人们对地心说的理论深信不疑，认为地球是宇宙的中心，月亮、太阳以及行星都绕着地球运行。科学家以这个学说为基础，发展出精密的数学公式和模型，预测行星运行的轨道。直到哥白尼和开普勒发现，如果以太阳取代地球作为宇宙中心，这些数学公式才算得通，人们所秉持的范式转移才开始出现。

范式转移开始时，进展的速度就非常快，但是过程当中充满了不安。人们感到愤怒。不断有新的发现，支持新的信仰体系（譬如哥白尼和开普勒的学说)，科学的进化于此展开。另外像是物理学的相对论，以及地质学的板块构造学说，这些例子的重点在于旧有的“理性”终为新的、不同的，而且较有用的范式所取代。

我们希望商界也有这样的现象。我们认为，旧有的理性模式是直接源于泰勒的科学管理学派，这个学派现在已经不合潮流。但是从奉行这套范式的经理人身上，我们可以归纳出他们具有以下共同的信念：

- **越大越好，因为这样可以获得规模经济。**只要有怀疑，就着手进行整理，消除重复、重叠和浪费的部分。当规模越来越大时，务必要确定所有的事物都经过缜密、正式的协调。

- **唯有降低成本才可能制胜**。他们在最后的分析阶段专注于成本分析，想要生存下去，就必须压低成本。
- **凡事都要分析**。我们发现可以通过良好的市场分析、现金流量分析以及预算，避免作出错误决定。如果作分析就有这么好的效果，那么分析越多自然越好，这样的话，何不对研发等风险比较大的投资也进行现金流量分析，以预算作为长期规划的基础，作预测，并且以其结果设定硬性的数字目标。制作出一大堆企划案，其中主要内容是以数字为主。（对了，大多数长期预测从一开始就注定是错的，而且发明过程本身就充满了不确定性，是无法预测的。不过他们对这些事实都视而不见。）
- **铲除异议分子，譬如狂热的推介人**。毕竟，我们有一套计划。要以新的产品开发活动创造出必要的突破，如果需要，可以调500位工程师加入，因为我们的点子比较好。
- **管理者的职责在于作决策**。也就是作出比较好的预测，作出困难的决定，平衡投资组合，投入有吸引力的产业。执行的重要性居次。如果一定要正确执行，就把整个管理团队换掉。
- **掌控一切**。管理者的职责就是把公司经营得井然有序，凡事一把抓。将组织结构设计得滴水不漏，撰写长篇大论的工作说明，建立复杂的组织矩阵模型，把所有可能发生的事都考虑在内，发号施令，作出明确的决策，把人视为生产的要素。
- **只要激励对了，生产力就会随之提高**。如果提供可观的奖金给有效率、完成任务的员工，生产力的问题自然能够迎刃而解。绩效优异的人可以获得超高的奖金，最后面30%~40%工作不力的人则予以淘汰。
- **通过检验来控制质量**。质量就跟其他环节一样，可以通过命令来掌控。如果有必要，不妨把质量控制部门扩大3倍（日本汽车制造商的每单位生产质量控制规模只有美国的1/3，这就不用管了）。让质量管理人员直接对总裁报告，我们会让他们（员工）知道商业的真谛是什么。
- **公事公办**。如果你会看财务报表，你就有管理的能力。要想赚大钱，只需要把员工、产品和服务三项资源整顿好了就行。
- **高层主管过分精明**。仔细美化损益表和资产负债表，外人自然会对你赞誉有加。最重要的是，每季度的盈余最好都能不断增长。

- **如果不再增长，那一切就完了。**在这个产业再也没有机会时，可以转而投入另一个陌生的产业。至少这样我们可以重新追求增长。

这些传统的商业理性主义至今在商界依然扮演引擎般的角色，可是大多数卓越企业却不是靠这些成功的。为什么？理性主义有何缺失？

一个原因在于理性主义过分强调计算、分析，本身就充满保守的偏颇。降低成本成为首要任务，提升营收反而成了次要的工作。这会导致业者过度侧重成本，而不重视提升质量和价值；宁可把旧产品拿来修修补补，也不愿意开发新产品或业务工作。想要提升生产力时，只知道从投资下手，而不是激励员工的士气。在商业决策上，分析取向的弱点还包括：人们知道哪些事情容易分析，于是在那上头花比较多的时间，其他的环节多多少少就遭到忽视。

正如哈佛的约翰 · 斯坦布鲁纳的观察心得："如果需要像计量分析般精确，人们只会分析眼前的问题，而忽略了最重要的问题。"这样一来，人们会过度重视分析成本，因为数字是"最实际"的，而且这是机械性的计算，比较容易掌握。其中的例子包括：买一台新机器来取代 19 名员工，减少 25%的文书工作，关闭两条产品线以及加速其余的产品线生产。

偏重数字分析的另一个结果是，忽略营收层面的重要性。IBM 或是菲多利业务团队的活力或是杀伤力，是分析师无法诉诸数字衡量的。根据近年专家的观察，每当分析师谈到菲多利"99.5%的服务水准"（在普通商品销售里，这是"超高水平"的服务层次）时，他们就会眼睛一亮，并且开始计算如果稍微降低服务水平，他们可以省下多少成本开销。这些分析师说得"没错"，菲多利的确可以立刻节省成本，然而他们并没有想到，假使菲多利真的这么做，势必会严重影响一万名销售人员（他们的零售商就更不用说了），市场占有率和毛利也会随之萎缩。同样的道理，纯粹从数字分析的角度来看，开拓重工"48 小时之内零件维修服务"和美国第三大家电制造商美泰克的"10 年内保证零故障"的承诺就一点也不值得；IBM 和 3M 公司对于产品开发的用心，以及宝洁不断推陈出新的努力也是多余之举。达美航空营造的家的感觉、IBM 对个人的尊重，以及麦当劳和迪士尼对干净清洁的坚持，从计划的角度来看也毫无意义。

只注重分析，最后所产生的是抽象、不带任何感情的哲学。美国在越南战争期间以尸体数量来衡量战况，以及无法理解东方讲究的持之以恒和长期思维，充分展现出美国资源配置失衡（人、道德和原料）的严重问题。麦克纳马拉对于数字的执迷只是时代的一种表征。福特汽车公司的罗伊 · 阿什同样也是热衷于追求数字。《财富》杂志以阿什在利顿造船厂失败为例，指出，“他对商业的概念几乎是完全抽象的，其聪明才智全都花在分析复杂的会计技术上，也让他的做法倾向于好大喜功：他致力于打造城市，兴建技术可与底特律汽车制造商媲美的造船厂。”不过《财富》杂志不仅提到阿什在利顿造船厂的失败案例，还提到 10 年后 AM International 在他的领导之下如何失败。

理性主义取向会使各种情况里的活性元素破坏殆尽。《哈泼斯》杂志的编辑刘易斯 · 拉帕姆在一篇文章中表示：“他们老是谈论数字和重量——石油桶数、货币供给量，总是有关材料，几乎不会谈到人力资源；以事物为主，而不是以人为本。这种普遍的偏颇现象，和大家侧重于机构而非个人意见不谋而合。”约翰 · 斯坦贝克对理性主义缺乏生命力的现象也有类似的论述：

> 墨西哥马鲛鱼的背鳍上有 17 加 15 加 9 根刺，很容易数清楚。但是渔夫抓马鲛鱼的过程中，人因鱼的挣扎而让渔线划伤了手，或是鱼儿落网之后，鱼尾朝空中拍打，颜色忽明忽暗，其间的细节，都使鱼和渔夫的关系活了起来，不再仅仅是鱼和渔夫一加一等于二的简单关系。排除这种关系，再来数马鲛鱼的刺，就简单多了。只要在实验室里，打开满是怪味的罐子，取出被福尔马林溶液浸泡得褪色的僵硬的鱼标本……然后数刺数并且写下数字……你的数字必定无懈可击——不过不论是对鱼，还是对你，这数字应该都再也不重要……知道你在做些什么至少是件好事……在实验室里数着被福尔马林溶液浸泡得褪色的僵硬的鱼标本……虽然得到事实，但是这样的历程却毫无乐趣可言。在这种情况下，鱼已经失去了原来的颜色、质地，甚至它的死亡和味道都已遭到扭曲。

狭隘的理性主义往往失之消极。彼得 · 德鲁克就曾经对管理层过于侧重分析的负面影响作了这样的描述：“当今的专业管理者往往自视为裁判，可专门判决一个想法的生死……高层主管总以裁判自居，只要有人提出见解，必定加以否决。这种管理相当‘不切实际’。”哈佛的斯坦布鲁纳对一般员工的角色也有类似的说法："提出批评本身就比提出建设性的建议容易得多。"他曾分析MLF（北约组织所提议的多边核武共同机制）决策，以保守学者和现实世界政治家的观点来作说明。国务卿迪安 · 艾奇逊对哈佛出身的总统顾问纽斯塔特表示："你觉得应该警告总统，其实你错了。你需要给总统的是信心。"斯坦布鲁纳进而分析"警告者"和"打气者"这两个角色。他虽然试图两边平衡分析，但分析模型还是落在警告这边，而不是打气。

美孚公司CEO罗莱 · 沃纳也以该公司的经验来呼应这个说法。他表示，美孚公司在1960年决定不参加普拉德霍湾的近海油管工程竞标，原因出在"财务部门的人帮了倒忙……探勘部门的人真可怜，被一群完全不懂石油和天然气的人牵着鼻子走。"海斯以及阿伯内西对于这个议题也很有见地："我们认为，20年来，美国管理者越来越依赖侧重分析的原则和方法，反而忽略了从实际经验得来的洞察力。由于缺乏实际的经验，分析取向的投资组合理论公式让经理人在配置资源方面日益走向极端。"最后，吉尔德在《财富与贫困》一书中指出："创意（发明的前提）需要信念的配合。"他提出多个例子来支持这个论点，并以铁路的铺设为例，表示："当初铺设铁路时，以经济层面来看根本行不通。"

现代的理性主义不重实验，痛恨错误。保守主义往往会导致人们花上许多年的工夫来研究调查，却迟迟不敢付诸行动，这正是商界人士试图避免的现象——他们终将孤注一掷。这些企业组织规模庞大的产品开发团队，年复一年地一再分析，最后终于设计出面面俱到的完美产品。可是DEC、3M公司、惠普以及王安电脑却是实验的温床，奉行"不理性"的原则，在混乱中不断开发新的产品。但是就在这期间，他们却开发出10种以上的产品。唯有采取实际行动，才有进步的可能，这些行动包括：对一两位顾客进行初步的产品样品测试，进行迅速粗略的市场测试，对某个生产线设置检验装置，对5万名订户测试新的促销活动。

大型企业普遍的公司文化是：不论错误有没有用处、有多小或是有多么不起眼，只要有错就要加以处罚。这其实是非常具有讽刺意味的现象，因为当今企业理性主义主要源自所谓的科学式管理。实验是科学的根本工具：从定义来说，实验要成功，势必得经过许多的错误、失败。不过这种问题并非局限于过度理性的商界人士，在科学界也很常见。备受敬重的历史学家罗伯特 · 默顿对此有以下的说明：

> 科学性质的工作中，诉诸文字的报告与探求过程有很大的差异……这样的差异跟讲述科学方法的教科书和科学家实际上思考、感受以及着手进行研究的方式有点类似。讲述方法的书本会提出理想的模式，这些模式虽然井然有序、合乎规范……可是科学家实际工作的过程并没有道理可寻，通常是伺机行动。科学性的报告外表上看起来完美无缺，但是科学家在过程中出现的直觉、开始时走错的方向、错误、最后结尾的疏失，以及当初促使他们进行研究的意外事件，这些报告几乎都不会加以描述。

诺贝尔医学奖得主彼得·梅达沃则平淡地表示："读科学'报告'是没有用的，因为报告不单单隐匿科学家对其研究的推论，甚至还会积极误导。"

"反实验"心态必然会导致过度复杂化和僵化。国防产业追求"超级武器"最能够凸显出"全垒打产品"的心态。《村声》（*Village Voice*）有位评论家如此表示：

> 要了解斯平尼（美国国防部"计划分析及评估"单位的资深分析人员）所造成的问题，最快的方式就是看看以下他所说的话："我们的战略是不断追求技术上的复杂和精密，这使得高科技解决方案和战备度都独一无二。"换句话说，美国花在国防上的经费越多，战斗力就越低……美国花了更多的钱，制造出数量更少，但更为复杂的飞机，大多数时候都无法发挥作用。飞机数量较少，表示军方需要更精密的通信系统才能有效配置，这在真正的战争状况下是不可能实现的。

谨慎加上"分析造成的裹足不前"会产生反实验的偏差行为，最后更滋生出风险极高的"孤注一掷"或是"超级武器"的心态。为了要制造超级产品，业者只有寻求更复杂、更难以执行的管理结构。这种趋势发展到极致就成了正式的矩阵组织结构。有趣的是，矩阵理论达到巅峰之前大约 15 年，研究人员克里斯·阿吉里斯就已找出矩阵的问题症结所在，他说：

> 这些新式的行政结构和战略为什么会有问题呢？……矩阵理论所依据的假设是：目标或是通往目标的主要路径如果已经界定清楚，员工就可以

依照他们设计出来的最佳计划彼此合作，完成目标。然而在实际执行时，这个理论很难应用……因为没过多久，人们就会本末倒置，埋首于纸上作业。71%的中层经理人表示，产品规划和计划审核文件，与完成生产线任务一样重要。另外一种情况则是退缩的心态，成功管理计划成了高层主管的责任……因为“这是他们的成果，他们得负责让它成功”……另一个常见的问题是：团队作出无数的小规模决策，却迟迟不采取行动。

这些复杂的症状是可以克服的，不过做法并不简单。IBM的360计算机可说是美国商业史上最辉煌的产品成功故事之一，尽管如此，其开发过程却很松散。在这个过程中，IBM董事长老沃森要求副总裁弗兰克 · 加里“设计一套系统，确保我们不会再重蹈覆辙”。加里照办，为老沃森设计出复杂的产品开发结构。几年后他自己成了公司董事长，他的首要任务之一就是淘汰当初设计的这些结构。加里表示：“老沃森先生说得对，这种产品开发结构可以避免重蹈产品开发过程的覆辙。可惜，在这种结构之下，我们再也无法发明像360这样的产品。”

对于复杂性，卓越企业的响应方式是流动性，也就是进行实验并加以管理。这些企业不断进行组织再造。DEC有位主管表示：“如果有问题，就调动资源解决问题，就这么简单。”澳洲炼铝大厂Koppers董事长兼CEO拜罗姆的说法也支持同样的论点：“根据我对企业的观察，组织过度是最糟糕的问题，这种僵硬的组织在快速变迁的时代里令人无法忍受。”惠普的戴维 · 帕卡德指出，“组织应该避免过于僵化……组织要有效发挥作用，人们的沟通应该是通过最有效的渠道进行，而不是受到组织图的限制。我们的公司就是如此。我经常在想，在组织形成之后，就应该把组织图扔掉。”我们的日本同人大前研一在谈到美国组织的理性主义时表示：“日本企业大多连个像样的组织图都没有，没有人知道本田公司是怎样组织的，只知道它灵活运用许多项目小组……创新通常需要跨领域的专家配合，所以日本企业的组织灵活度就成为一种宝贵的资产。”

理性主义贬抑“非正式”管理的价值。分析、计划、告知、规定、检查等都是理性流程常用的词汇。至于互动、测试、尝试、失败、保持联系、学习、转变方向、调整、修正以及观察，则是非正式管理流程的词汇。我们在和顶尖企业访谈时发现，他们经常把后者的词汇挂在嘴上。英特尔增设一间会议室，就是要让不同领域的人员私下多加互动、解决问题。3M公司赞助各种社团，也是为了增进员工彼此互动的机会。惠普和DEC花大钱改善本身的空中和地面交通系统，也是想让人员可以多多互相往来。产品不断推陈出新的做法，源自哈格蒂在德州仪器的“紧密连接”（tight coupling）原则。这些例子充分说明人们彼此讨论、解决问题，而不是故作姿态、辩论和一再延宕。

不过大多数美国经理人还是喜欢发号施令的做法，觉得得心应手。他们对3M、DEC、惠普、布卢明代尔百货公司甚至IBM等公司的做法大惑不解，觉得这些公司的核心流程好像有点混乱、无法控制。毕竟，哪个脑筋正常的人会像惠普那样建立“走动式管理”，并且以此作为主要理念？其实，通过定期、不拘形式的沟通，非正式的控制管理比起事事讲求数字控制的管理反而更严格。不过除了卓越企业之外，其他公司都很难接受这个概念。

理性的思考模式让我们忽略价值观的重要性。我们通过观察发现，新成立的公司当中，朝精确的目标或是理性分析发展者寥寥可数。卓越企业的确具备超高的分析技巧，不过我们相信，他们的主要决策是根据其价值观，而非数字分析。

卓越企业会建立一种广泛、可以鼓舞人心的共同文化，在这样的架构内，人们可以寻找适当的变通方式。他们要求员工有所贡献，员工自然会产生高度的价值感，最后还会激发他们热爱产品、提供高质量的服务、重视创新和贡献。

这种以价值为目标的文化，跟每季度30个目标、25个控制成本的方法、100个贬低生产线员工的法则截然不同。通过分析所拟定的战略老是变来变去，今年强调成本，明年又重视创新，天知道下一年又是什么花样。

理性主义的世界几乎没有内部竞争的空间。照理说，公司不应该和自己竞争。我们在研究卓越企业的过程中，却看到不少这样的例子。尤其我们发现，来自同事的压力才是促使员工努力工作的主要动力，而不是老板的命令。通用汽车首创内部竞争的概念；3M、宝洁、IBM、惠普、布卢明代尔百货公司以及特百惠公司都是这方面的佼佼者。部门重叠、产品线重复、多项新产品的开发团队，以及快速信息流通以刺激生产力提升，这些都是常见的口号。可还是有很多公司缺乏这样的观念。

我们要再度强调，只要能分析的事情全都拿来分析，是一种致命的错误观念。产品线重复和制造流程不一致所造成的代价，是可以确实衡量出来的，不过热情的产品推介人不断推陈出新所累积的营收增长，以及各个团队彼此不断竞争所累积的生产力，却是难以衡量的。

理性的误导

狭隘的理性主义最主要的问题不是出在它本身，而是它误导了大家对管理的看法。斯坦福大学的哈罗德 · 李维特对此有很精辟的解释。他把管理的流程视为三个变量之间的互动，这三个变量是：开拓、决策和执行。理性模式的问题是，它只处理中间的要素——决策。李维特在对学生解释这三项活动的差异时，要他们联想三个最符合这三项变量的政治界领袖。譬如，一般学生会说肯尼迪总统最符合“开拓”的特质。至于“决策”这项要素，学生则可能选择卡特总统任内的国防部部长麦克纳马拉。至于典型的执行者，学生都会选择林登 · 约翰逊。（“让我们彼此辩论”或是“宁可我误人，不可人误我”。）

为了加强学生对此的理解，李维特进而要求学生根据这三个类别联想不同的职业。属于决策项目的职业包括了系统分析师、工程师、MBA、统计人员以及职业经理人，这些职业的差异虽大，但是其理性取向却很类似。属于执行特质的职业则是心理学家、销售人员、教师、社会工作人员，以及大多数日本经理人等要和其他人互动的职业。最后，属于开拓项目的，则有诗人、艺术家、创业家以及企业领导者。

这三个类别彼此互相关联，只偏重其中一项而忽略另外两项，会相当危险。企业里充满了光说不练的开创者（类似艺术家的角色），也充满了缺乏愿景的执行者，例如只知一味妥协的人员，和本章所谈到的过度注重决策的人物。这儿的重点在于：**执行的重要性绝对不亚于决策**。这些流程本身并不相同，却可以彼此互补、强化。

“开拓”是一种美学的、直觉的设计过程。不论是建筑设计上的问题，还是企业的基本价值观，基本上都有无限的选择。在众多选择方案中有许多坏点子，这时就可以利用理性的方法加以筛选。最后剩下很多好的设计构想，要从中作出最后的决定，就不能靠分析了。

执行的道理也很类似。李维特作了以下的比喻：“大家都爱自己的孩子，对别人的孩子通常不太有兴趣。”身为顾问，我们一再发现，光是“分析证明”方案A是最好的选择，然后就停在这儿不继续下去，对客户并没有什么好处。在咨询过程中，方案A就好像是我们自己的孩子，不是客户的孩子，所以不论分析得多么精辟，都无法激发人们投入。唯有让他们参与分析，一起了解问题，才能激发他们对解决方案的热情。

前面说过，我们并不是要特别强调开拓或是执行的重要性。理性主义也很重要。深入分析应该让企业可以朝着正确的方向进行开拓，并且淘汰不好的选择方案。如果想提升甚至维持自身竞争力，就不能再过度强调理性层面了。

03 渴求激励的人

理性主义的管理方式之所以会出问题，在于人并不十分理性。不论是泰勒的旧模型，还是今日的组织图，都不符合人的天性（当然，根据我们在此的论点，反之亦然）。事实上，如果我们对当前心理学的认识无误的话，就知道人类本身其实是冲突和矛盾的综合体。要了解卓越企业如何有效率地激发成千上万名员工投入工作以及不断创新，就得先了解他们如何面对人性的矛盾之处：

1. 人都以自我为中心，喜欢听赞美的话，总把自己想象为赢家。可是事实上，人的才智大多相差不大，没有人真的像自己想象的那么出色，可是如果每天提醒自己这一点，对自己也没有好处。

2. 人类主导想象、符号的右脑和专司理性、推理的左脑一样重要。我们进行推论的方式，除了以有效数据分析，也常引用故事。我们倾向于常说“觉得对不对”，而不是“合理吗”或是“能够证明吗”。

3. 人就像是信息处理器，虽然好用但仍有缺陷。一方面，我们大脑的容量有限，同一时间顶多只能容纳十几件事情。所以管理层必须尽量简化事情，对复杂的组织而言尤为如此。另一方面，我们具有强大的潜意识，如果愿意，它可以累积相当可观的经验模式。经验是绝佳的老师，不过大多数商界人士却低估其价值，我们稍后将会说明。

4. 人是环境的产物，对外在的奖惩非常敏感，受到内在动机的影响也非常大。

5. 我们往往以为表达意见很重要，其实实际行动更为重要。你很难瞒过别人的眼睛。日久天长，人们可以从细微处看出你的行为模式，判断你是否言行如一。

6. 人都渴望找到人生的意义，如果公司能够提供这样的意义，员工自然会甘心为公司奉献。人也需要独立的空间，感觉能够掌控自己的人生，以及具备坚持下去的能力。

如何应对人性的矛盾

现在，让我们看看大多数企业是如何应对上述人性矛盾的。他们会很得意地为员工（生产力团队、产品开发团队或是部门经理）设定非常高的目标以及延伸目标。这些做法虽然很理性，最后却会造成反作用。德州仪器和特百惠公司为什么不这么做，反而由各团队自定目标？IBM为什么设定销售人员全都可以完成的业绩目标？德州仪器当然也有懒惰的员工。而IBM不管再怎么筛选、培训，其销售团队也不可能全部都是超级销售员。这到底是怎么回事呢？

答案异常简单，可是大多数管理者都忽略了。有份心理学研究报告指出，他们随机抽取成年男子，要求受访者针对“自己和他人相处的能力”打分数，全体受访者（100%）都说自己可以排在前50%。60%的受访者甚至把自己排在前10%，有25%的受访者更自认为是前面1%的佼佼者。在另一份类似的研究报告中，70%的受访者认为自己的领导能力可以排在前25%，只有2%的受访者认为自己的领导能力低于平均水准。至于体力这个对大多数男性而言都不容易自我欺骗的领域，至少有60%的受访者表示自己可以排在前面25%，认为自己低于平均水准的只有6%。

我们都认为自己出类拔萃，对于自己的看法极不理性。这点对于组织有着很重要的影响。但我们发现大多数企业对员工却持负面的看法。它们会口头训斥绩效不佳的人员（大多数都是口头训诫，并不会真的采取惩罚行动，但光是这些难听的话就足够让人觉得胆寒）。这些公司虽然呼吁大家勇于冒险，可是就算是一丁点儿的失败也要施以惩罚。它们想要创新，可是却扼杀产品推介人的精神。它们顶着理性主义的大帽子，精心设计出来的体系却让员工的自豪感荡然无存。它们或许不是故意要这样做，但事实上却造成了这种后果。

我们看过的研究报告传递出以下重要的信息：人们喜欢自视为赢家。卓越企业便是基于这个观点，设计出能够不断强化这点的体系，让大多数员工觉得自己出类拔萃。员工的才智大致上属于常态，跟其他大型企业没有什么两样，可是他们强调的是制胜，而不是失败。他们的员工大多可以自定目标和配额，因为公司希望他们能够实现这些目标。

比较平庸的企业正好相反。IBM让70%~80%的销售人员可以实现目标；另一家公司（IBM在某个产品线的竞争对手）正好相反，销售人员中只有40%可以实现目标。结果这家公司至少有60%的销售人员觉得自己是失败者。他们厌恶这样的感觉，结果导致工作绩效下降，并且产生无法预测、混乱的行为。把某个人贴上失败者的标签，他的所作所为也会开始像个失败者。如通用汽车某位经理所说，“现在的控制系统都是基于以下的假设设计的：90%的员工都很懒惰，什么事情都做不好，只想找借口搪塞、欺骗、偷窃，或是找机会搞破坏。其实真正的坏分子只有5%，我们为了打击这5%所设计出来的系统，却让其他95%的员工士气大受打击。”

卓越企业所设计的体系不单单是为了让员工个个都能成功，在员工成功时还会予以褒扬。他们非常善于运用金钱以外的激励，提供各式各样的奖励。

正面激励的方式有许多种。心理学有另一个称为“归因论”的研究领域，最有意思的研究发现是斯坦福大学的李·罗斯所说的基本归因谬误。归因论解释了我们界定成败理由的方式。纯粹是运气好吗？还是技巧好？我们太蠢了吗？失败是因为系统的关系吗？心理学家觉得最有意思的归因谬误在于：只要是成功，我们通常都会把功劳归于自己，如果是失败则是系统的问题。如果一切都进行得很顺利，那么显然是“我的成就”、“我很有才华”等。要是发生什么不好的事情，则显然“都是他们的错”、“都是系统的错”。同样，这对组织的影响也很明显。如果人们觉得都是“系统”的问题导致他们失败，他们就会置身事外。如果系统让他们觉得自己很成功，他们也会更为积极投入。他们认为是自己具备的技能促成了成功，最重要的是，他们会比较愿意一再尝试。

“只有成功最能促成成功”这句话其实是有科学依据的。研究动机理论的研究人员发现，人们能够顺利完成任务，主要是因为自信。至于他们是否真有这个能力，不管是以何种标准来衡量，其实都不重要。有一个实验请10个成年人解答10道题。每个人拿到的10道题目完全一样。等他们交出答卷之后，再分别告诉他们答案。其实他们所取得的答案并不是真的。实验人员告诉其中半数的受试者，他们答得不错，10题里答对了7题。另外一半受试者，实验人员则告诉他们答得很差，10题里错了7题。然后，再给全体受试者另外10道题（每个人拿到的题目都一样）。这次答案揭晓之后，实验人员发现第一回合以为自己回答得很好的人，第二回合都答得更好，而在第一回合以为自己表现很差的人，在第二回合的表现则更糟糕。仅仅个人过去的成功史就足以提升人们的毅力、动力，有时候甚至还能有更为突出的表现。沃伦 · 本尼斯在《潜意识的阴谋：为什么领导者领导无方》（*The Unconscious Conspiracy: Why Leaders Can's Lead*）一书中提出了非常充分的佐证："有一项针对学校教师进行的研究发现，如果教师对学生的期望很高，仅这点就足以提高学生智商测验的成绩。"

有关大脑功能的研究显示，人的左脑和右脑的差异其实很大：左脑主导推理、因果和语言，这是"逻辑"和理性的所在；右脑则主导艺术，能够记忆观察到的模式、回忆旋律、作诗。治疗癫痫的手术将左右脑之间的联系截断之后，这两边的差异就会非常明显地凸显出来。研究显示，右脑型的人擅长记忆，但是不善于诉诸言辞表达；左脑型的人不擅长记忆（譬如人的面貌）。有的人会说，"我一点儿也不擅长记名字，但从不会忘记别人的长相"，这种人不是有问题，只不过是右脑比较发达而已。

阿瑟 · 库斯勒指出右脑的主要功能。他在《机器中的幽灵》（*Ghost in the Machine*）一书里，将我们最深层的情绪、对战争和毁灭的倾向归之于"右脑发育不完全"。他认为："我们的行为一直是由发展不够完全、原始的体系所主导。"贝克更进而表示："对生物性（亦即我们基本的特质）进行心理分析的重点在于对人类特质的长期洞察力。"他又表示，这让我们急切地"渴望出人头地"、"避免孤立"以及"最重要的是害怕无助"。

这些分析对于企业组织的影响力是不容忽视的，不过这还是有黑暗面的可能性（譬如，我们为了出人头地，几乎愿意不择手段）。商业研究学者明茨伯格针对这点加以解释："这项研究一再凸显出以下事实：主要的管理流程过于复杂、难以理解（对于身为研究学者的我，以及对于负责执行的管理者而言，都是如此），引用的信息过于模糊，而且运用表达最不清晰的心理过程。这些过程似乎比较偏重理性、宏观性，而不是命令和因果；比较侧重直觉而不是智慧；似乎主要是右脑活动的特质。"

左脑和右脑的研究显示，企业充满（100%）高度"不理性"（以左脑的标准视之）、情绪化的人：这些人迫切地想要加入胜利的团队（"想要出人头地"），有效的小型团队或是单位环境里的同志情谊，让他们觉得如鱼得水（"避免孤立”）；这些人希望对自己的命运至少有些许的掌控（“害怕无助”）。现在，我们非常怀疑卓越企业的管理方式是根据右脑的考虑开发的。不过看来他们的确是如此，特别是和竞争对手相比之下更是如此。他们允许（而且运用）人性比较情绪化、比较原始的一面（有好也有坏）。他们提供可以出类拔萃的机会，以及追求质量和卓越的环境。他们还提供支持——更多褒奖的机会；他们也运用小型紧密的单位（从部门乃至于“臭鼬工厂”，或是运用团队）；他们还在受保护的环境里提供出头的机会——作为质量圈的一部分，譬如在德州仪器有 9 000 个这样的实体。

另外值得注意的是，卓越企业对右脑特质的重视，让传统偏向左脑的做法直接受到冲击：激发人们努力贡献的诱因，和传统每季设定 30 个管理目标的做法大相径庭。关系紧密的小组或是小型单位并不在意规模经济，而且数以千计的质量圈允许自由表达意见，和传统生产组织“单一最佳方法”的形态正好相反。

我们右脑的本质层面中，还有一个通常不受传统管理形态欢迎，但却受到卓越企业青睐的层面，这就是直觉的、创意的层面。许多人认为科学和数学属于逻辑思考，而逻辑、理性的思考对科学的进步绝对非常重要。不过正如前面提到科学范式的转移时所说的，逻辑并非推动科学进步的真正动力。詹姆斯 · 沃森是发现DNA结构的科学家之一，他在完成研究后，描述这种双螺旋状的结构时说：“你看，这真是美极了。”在科学的领域里，审美观（美的概念）极为重要，诺贝尔奖得主默里 · 盖尔曼表示：“当你发现一些结构简单，而且符合其他物理定律的东西时，就算有一些实验数据不利于它，也无所谓了。”麦当劳前任董事长克罗克以极为细腻的说法描述汉堡的美观时，并不是脑子坏了；他只是认识到美观的重要性，而且了解这是建立商业逻辑的基础。

我们以直觉面进行“推论”的程度，和以逻辑面推论的程度不相上下，甚至有过之而无不及。实验派心理学家阿莫斯 · 特沃斯基以及丹尼尔 · 卡尼曼是“认知取向”心理学的领导者。他们一再实验，不断发现人们的直觉取向。譬如有个他们称为“代表性”的现象，就会对推论能力造成强烈的影响。简单来说，故事（完整而且本身说得通的事例）比起数据（根据定义，基本上是抽象的）更容易影响我们。有个典型的实验是这样的：实验人员告知受试者某个人的生涯，提供一些相关的数据，然后要求受试者猜故事中的人从事什么职业。实验人员告诉受试者："杰克是个45岁的男性，已婚，有4个小孩。他很保守细心，而且有野心。他对于政治和社会问题并没有兴趣，大多数空闲时间都是用来从事他的诸多嗜好，譬如在家里敲敲打打，乘帆船出航以及解数学题。"然后告诉受试者，杰克是从由80%律师、20%工程师构成的人群中挑选出来的。尽管受试者知道这个人群以律师为主，他们还是根据自己对于职业的刻板印象选择杰克的职业。在这个实验里，大多数受试者都认为杰克是工程师。

戈雷格里 · 贝特森也举例说明代表性的重要：

> 这个故事我以前就说过了，不过我还要再说一遍：某人想要了解心灵运作的奥秘，但他不是跑到大自然去了解，而是向他的大型计算机请教。他问计算机："你在进行运算的时候可曾觉得自己是人类？"计算机接着开始运行，分析自己的运算习性。最后，计算机把自己的答案打印在一张纸上，就跟一般计算机一样。这个人跑去看答案，结果发现纸上清清楚楚地打着："这让我想起一个故事。"故事就像是一个小结点，或是我们所谓的"关联"。这台计算机当然没错。人们的思考方式的确是这样。

相关的研究还发现：

1. 我们不会太注意以往的结果。对我们影响最大的不是历史，而是目前某个好的逸事趣闻（或是一些八卦消息）。我们会根据正好想到的数据来进行推论（心理学家特沃斯基以及卡尼曼将此称为"可得性启发"，availability heuristic），并不在意这些数据是否有统计上的有效性。我们在东京的饭店里巧遇三位友人时会想，在这里碰到熟人真是奇怪，却不会想，其实我们认识的人也经常会去我们去的地方。

2. 如果两个事件同时发生，我们会立刻认为这两件事情具有因果关系。譬如，有个实验提供受试者有关某人的临床数据和他们的图像，过后要求他们回想自己发现了什么，结果他们会高估这个人的面貌和实际个性之间的关联（人们通常以为天性喜欢质疑的人通常眼睛会长得很奇怪）。

3. 我们过度相信样本的规模大小。我们会觉得小样本的说服力并不比大规模的样本逊色，有时候甚至有过之而无不及。譬如，有个人从一个坛子里取出两个球，这两个球都是红色的。另一个人取了30个球，其中18个是红色的，

12 个是白色的。大多数人都认为第一个例子显示坛子内主要都是红色的球，尽管纯粹从统计的角度来看，其实正好相反。

数以千计的实验结果显示，人类的推论是出于直觉。人类会根据简单的决定法则来作推论。在复杂的世界里，这是比较好听的说法，说穿了其实就是人类相信自己的直觉。我们需要想办法从不计其数的细枝末节当中找出头绪，开始采取以往就能够奏效的思路——关联、比喻、暗喻等。

这有利也有弊，不过我们认为利大于弊。弊端在于，实验显示，在概率和统计学的世界里，我们的直觉没有什么发挥的空间。如果在理性层面多加训练，对此会有帮助。不过好处在于：在这个复杂的世界里，我们大概只能靠着直觉来解决问题。这是人胜过计算机的优势所在。

删繁就简

“KISS”是个有趣的英文首字母缩略语，即：“Keep It Simple，Stupid！”（保持简单，傻瓜！）**卓越企业最主要的特征之一，就是他们懂得化繁为简的重要性**。有一个很强大的理由，让我们以诺贝尔奖得主西蒙来说明。西蒙深入研究人工智能领域，试图让计算机以更近似人类的方式“思考”，而不是简单地搜寻解决方案。

譬如，在西蒙和其同事最重要的研究结果当中，有一项是：人类不擅长处理大量的新数据和信息。他们发现，大多数人的记忆力有限，在短期内能够记住的数据顶多只有六七项。

可是在这个世界上，大型企业的组织都很复杂，如果我们把这项研究结果应用在管理上，就会发现有所矛盾。只要看看当公司人数呈算数级数增加时，员工之间的互动方式也会呈几何级数增加，就可以了解大企业有多么复杂了。如果公司只有 10 个人，可以产生一对一互动的关系总计有 45 种。如果员工人数增加到 1 000 人，总计为 50 万种。1 万人的公司，则有 5 000 万种。公司人数越多，为了适应复杂的沟通需求，沟通系统也会越复杂。

我们在研究期间读过许多企划案，其中没有一本是少于 50 页的。有家规模达 5 亿美元的消费品制造商，他们的高层主管们在个人计划中列举的年度目标，几乎都超过 15 个，30 个目标的也不少见。你们可能觉得这没什么大惊小怪的，不过该公司最高层管理团队为了掌握高层500人的动态，设定的目标数可能高达15 000个。看到这个数字，你们可能才会惊觉到其中的复杂程度。当情况越来越复杂时，高层主管通常会有什么反应？当面对数以万计的目标时，他们会怎么做？为了达到这些目标，必须面对更为庞大的信息时，他们会怎么处理？这时候，他们会雇用更多的行政人员为他们简化事情。

其实，行政人员或许的确能为他们简化事情，不过基层职员会过得更加水深火热。

不管有多少个行政人员，他们一来就下达指示、提出要求，制定规章、政策、报告，甚至还作问卷调查。在这样的过程当中，信息过剩就出现了，即使是其中一小部分信息，也超过了人们短时记忆能够负载的程度，情况会变得非常混乱。

虽然这是一般企业常见的问题，但是在卓越企业却会迎刃而解。首先，他们会特意精减行政人员，避免自上而下的混乱。譬如，德纳、艾默生电气、石油探勘公司史兰伯杰（Schlumberger）都是规模在30亿~60亿美元的顶尖企业，但是公司总部的职员却不到100人。福特汽车的管理团队有17层，丰田却只有5层。重点在于设定一些关键性的价值取向，让大家知道孰重孰轻，这样一来，每天需要指示的事情就少得多（以免短时记忆超载）。麦克弗森接管德纳时，把厚达22英寸半的公司政策手册扔掉，以只有一页的公司理念取而代之，侧重“有生产力的人员”。他的员工听到这消息都震惊了。麦克弗森解释说：“这表示公司74家工厂可能有多达74种不同的程序。对，这表示你们终于要开始做事了。”

这类公司当中，许多是以迅捷的工作小组来减少书面工作，宝洁对于减少文书工作的努力更是业界的传奇。他们坚持，任何形式的书面沟通，都只能以一页的备忘录进行。其他业者则“退而求其次”，忍受着内部相当严重的重复、多余和错误，因为以他们的规模来看，他们就算有心也无能为力。本书稍后说明研究结果时，会介绍卓越企业采取哪些化繁为简的方式。这些企业不顾复杂的现实世界，不仅化繁为简，而且从一开始就保持简单。当然，德州仪器“目标超过两个就等于没有目标”的标语其实不切实际。在这世界上，30个目标是比较实际的做法。不过德州仪器的目标是符合人类天性的。如果靠一点运气和本身的毅力，一个人一年或许的确能完成两个目标。

西蒙在研究人工智能时，发现了另一个相当有意思而且令人振奋的结果。他和同事在设计让计算机也可以下棋时，对长期记忆进行了研究。这项研究牵涉到理性和直觉在记忆里所扮演的角色。西蒙一开始假设，棋赛可以完全根据理性取向进行，也就是说，他们可以用决策树这样的方式来设计计算机程序。计算机在下棋之前，会先搜寻所有可能的走法和对手可能的反应。从理论上来说，这应该是可行的，可是实际上并非如此，因为可能的走法为10的120次幂（而1兆仅为10的12次幂）。现代运算速度最快的计算机20世纪内也只能达到每秒10的20次幂的运算。所以根据理性取向设计下棋的计算机程序完全不可行。

西蒙接着研究国际象棋高手是怎么下棋的。在进行研究时，他请国际象棋大师（全世界的一流高手）迅速（约10秒钟）看一下正在进行的赛局，当时棋盘上还有大约20个棋子。他发现，这位国际象棋大师看过之后可以正确记忆几乎所有棋子的位置。这完全不符合短时记忆的理论。当A级棋师（比大师低一级）进行同样的实验时，他们的得分要低得多。或许国际象棋大师的短时记忆力比较强，可是重点还不止于此：如果随机取样，给他们看非比赛的棋局，大师和A级棋师都无法记住棋子的位置。这当中一定有些奥秘。

西蒙相信，其中的奥秘在于，大师对棋子具备更为高超的长期记忆力，能够记住模式，也就是西蒙所说的“词汇”。A级棋师具备大约2 000种模式的词汇，大师则拥有大约5万个模式的词汇。这样看来，下棋的人对于决策树思维的运用有限，他们一开始就以模式来思考：“我以前看过这样的棋局吗？在什么样的状况下？以前在怎样的情况下才能取胜？”

当深入思考西蒙研究的重要性时，我们很惊讶地发现，这项研究结果也可以应用在其他领域。不论是什么领域，真正的专业体现在丰富的模式词汇上，这是经过多年正式的教育特别是通过多年的实际经验培养起来的。经验老到的医师、艺术家、技术人员都具备丰富的模式词汇，西蒙把这些词汇称为“老朋友”。

我们认为这个概念应该大书特书，它凸显出经验对企业的真正价值，同时也有助于解释走动式管理的重要性，不仅是员工受到重视而已。经验老到的主管具备准确的直觉，凭着“老朋友”模式词汇，他可以立刻了解情况进展如何。

模式词汇的概念对管理有几个层面的影响，让我们在进行重要的商业决策更加相信直觉，并且更常询问顾客和员工的意见。最后，这也会鼓励我们认真思考实验的价值，而不是闭门造车。

正面激励

心理学家斯金纳在某些领域的声誉极差，他的技巧最终被认为是一种操纵。他招致了来自四面八方的抨击。他在论文《超越自由与尊严》（*Beyond Freedom and Dignity*）中提出“行为技术”（technology of behavior）这项震惊四方的理论。他表示，我们不过是外在世界刺激下的产物而已。只要彻底弄清楚环境，就可以确实预测个人的行为。我们面对的问题，和理性主义者面对“经济人”（economic man）的议题是一样的。经济人追求充分发挥效用，永不停歇，同样，我们永远无法彻底弄清楚四周环境，更无法预测个人行为。可惜，斯金纳对其研究结果的傲慢，和其中蕴藏的意识形态，使他强大和实际的研究结果遭到世人唾弃。

我们进一步探索就会发现，斯金纳最重要的研究成果，在于正面激励的作用，也就是对工作良好表现的奖励。斯金纳和其他学者特别指出正面和负面激励（特别是惩罚的威胁）之间的不对称。简而言之，负面激励会令人改变行为，但往往是以奇怪的、难以预测的、不理想的方式进行。正面激励也会让人改变行为，但通常是朝着理想的方向发展。

我们为什么要花时间讲这个呢？因为很多人都把管理视为上司与下属之间的关系，管理者就是老板，老板说的话就是命令的概念。这种管理方式少不了惩罚的威胁。这种基本概念如此普及，从某个程度来说，是因为忽视了人们需要觉得自己是赢家的渴望。此外，诚如斯金纳所言，一再强调惩罚，通常是极蠢的管理战略，效果不好，而且通常会让员工行为混乱、不听指挥。惩罚并不会压抑人们“做坏事”的欲望。斯金纳表示：“受到惩罚的人不会因此减少做出某种行为的可能性，顶多是学到如何避免惩罚。”

另一方面，激励不但能够调整行为，还能提升自我形象。先看一个负面的例子。假设我们因为“没有好好接待顾客”而受到惩罚，我们不会知道到底应该怎么改善，甚至可能因此学会干脆躲避顾客。以斯金纳的话说：跟惩罚有关联的是“顾客本身”，而非“接待不周”。如果有人跟我们说，某个“神秘顾客”赞美我们“秉持XYZ公司最优良的传统，妥善处理琼斯女士小小的抱怨。”这样一来，效果就截然不同。从斯金纳和我们本身的经验来看，这下子员工可能会努力不懈，找出更多的琼斯女士好好接待。这名员工学会了可以获得赞赏的具体（正面的）行为模式，同时也满足了人类提升自我形象的渴望。

亨氏旗下成功的冷冻食品公司奥丽达有个很有意思的做法，也就是利用正面激励的方式鼓励研发人员更勇于冒险和积极学习。该公司审慎地界定所谓“完美的失败”（perfect failure），每回只要有这样的失败发生，就大肆予以褒奖。他们认识到，所有研发工作都有风险，想要成功，唯有不断进行尝试，管理层的主要目标应该是鼓励员工大量尝试，以及从尝试当中吸取经验，就算失败也值得赞扬。对于明显失败的提案，他们会立刻喊停，并不会对员工施以处罚，他们甚至还会对此营造一种正面的感受，以免失败的事项一直拖下去，导致成本暴增，最终令员工的士气大受打击。

正面激励带有禅学意味。它会让好的事情逐渐聚集而来，而非甩掉不好的事情。商界跟其他领域一样，重点在于注意力，也就是如何分配时间的方式。所以管理层最重要的任务，就是让他人把注意力投注到理想的方向（譬如“多花些时间在顾客上”）。要做到这点，只有两个办法。第一，我们试着通过正面激励，让人们逐渐注意新的活动。这是温和的塑造过程。否则我们也可以用“牵牛的方式”，努力甩掉不理想的特质（譬如，“不要老待在办公室里填表格”）。斯金纳认为，这种方式的效率比较差，只是短期内看不出来。当你努力甩掉不好的特质时，对方会明确或是暗地里反抗：“你要我别待在办公室，那我就不待在办公室，不过我去了酒馆，而不是去拜访客户。”“聚集好事情”的方式会自然而然产生扩散的效果，正面激励的行为会逐渐占据越来越多的时间和注意力。根据定义，有些比较不理想的事情（谁会在意究竟是什么事情？）会开始逐渐消失。根据我们的筛选流程，逐渐消失的是我们希望以正面激励的行为取而代之的事情。使用方法不同，差异也会很大。如果只靠时间的力量（这种力量不会引起反感），我们可以选择把重要性较低的项目淘汰，那我们就不可能自我欺骗，试图做比较不理想的事情（试图加以甩掉）。所以回到禅学的方式，正面激励是迎合潮流，而非逆向操作。

一般的观察结果是，大多数管理者都不太了解正面激励的价值。许多人根本就不重视，有些人则是鄙夷、贬低，或是认为这种做法有损其男子气概。卓越企业的例证充分显示，持这种看法的管理者会适得其反。卓越企业的管理者不但懂得正面激励的价值，还知道该如何管理。

如斯金纳所说的，执行激励的方式比起激励的次数要重要得多。

第一，激励应该具体，纳入越多信息越好。譬如，我们发现，卓越企业常见以活动为主的目标管理系统——“在 7 月 17 日之前让洛克威尔（Rockville）的工厂上线”，而不是以财务为基准的目标管理。

第二，“立即”正面激励。IBM的沃森在从事管理工作时，如果观察到员工有值得嘉奖的表现，会立刻开张支票给对方。我们经常发现这类当场奖励的做法。譬如在福克斯波罗（Foxboro）公司，创业初期技术突破对公司的生存极为重要。有天晚上，有个研发人员拿着成功的产品原型冲到总裁的办公室。总裁对这项杰出的解决方案感到惊讶不已，心里想着应该如何予以奖励。他弯下腰在办公桌的抽屉里摸来摸去，终于抓到一样东西，便躬身把东西交给这位研发专家，说：“给你！”他手里抓的是一根香蕉，这是他当时唯一能够找到的奖励。从那时候开始，小小的“金香蕉”胸针就成为福克斯波罗奖励研发成就的最高荣誉。我们在惠普还听到一个小故事：有一群营销部门的人以匿名方式送了好几包开心果给卖出新机器的业务员。

第三，反馈机制的系统应该考虑到可实现性。重大的成就并不常见，所以系统应该对小小的胜利也予以奖励。卓越企业经常会彼此交换好消息。

第四，由高层主管的意见反馈虽然无形，但是受到高层主管的注意却具有极高的意义。想想看，高层主管的时间如此宝贵，这种鼓励的力量说不定最强大。

最后一点，斯金纳指出，定期奖励会逐渐丧失影响力，因为人们会开始期待这样的奖励。无法预期、偶尔的奖励效果最好，这就是走动式管理的力量所在。此外，小小的奖励往往会比大规模的奖励更为有效。因为优厚的奖金往往引发钩心斗角，对于众多得不到但又觉得自己应该得到的人并无激励作用。记住，我们都觉得自己是赢家。在推出产品的项目小组里，哪个人不认为自己才是让新产品问世的真正功臣？象征性的小奖励会成为正面的激发动力，而不是负面钩心斗角的焦点。

有许多学者延伸斯金纳的激励概念。其中最重要的是利昂 · 费斯廷杰的“社会比较理论”。他于 1951 年提出假设：人们最常通过和别人相提并论来评估自己的表现，而不是根据绝对的标准来评估。（其实，这段话可以回溯到 1897 年，诺曼 · 特里普利特在一项控制性实验里观察到，自行车选手“竞相比较谁骑得比较快，而不是看表”。）我们也发现许多卓越企业采用社会性的比较，譬如定期的同事评估（德州仪器、英特尔以及德纳管理系统的主流）、让大家都可取得比较绩效的信息（业务团队、生产小组等），以及故意造成内部竞争（譬如宝洁的品牌经理人）。1955 年，麦克弗森年轻时，因为告诉工厂员工他们的销售业绩和获利以及他们和其他工厂的比较成绩，而差点遭到开除。后来在 1972 年，他当上德纳的董事长后参观一家托莱多的工厂，这家工厂开设于 1929 年，经理和员工从未看过有关公司绩效的信息。很遗憾，这样的故事并非特例。我们希望在真空环境下激励员工。

需要强调的是，我们不是说应该以“激励”这个主题作为研究卓越企业的起点。斯金纳的研究的确重要，如前所说，大多数管理理论和实务很少运用他的研究发现。不过我们相信，出色的表现主要来自内在动力。表面上，自我激发和激励理论的概念有许多地方都彼此抵触；不过，在我们看来这两者其实配合得很好。罗切斯特大学的爱德华 · 戴西经过一再的实验之后表示，唯有营造有助于激发内在动力的条件，才能产生持久的承诺。戴西发现，简单来说，人们必须认为工作本身值得去做，才会真正地积极投入（此外，他还发现，如果定期对某个工作提供奖励，反而会降低员工对这份工作的承诺）。

管理者没有充分运用正面激励理论，或许不足为奇。真正让我们感到惊讶的是，大多数企业都未能充分发挥内在动力的力量。卓越企业的做法正好相反，它们以工作本身的价值来激发员工的内在动力。德州仪器和德纳坚持各个小组和单位都应该自定目标。

几乎所有的卓越企业都秉持少数几个关键性的价值取向，然后赋予员工相当大的自主空间，只要是能配合这些价值取向的计划，都可以放手去做——找出自己的方法，自行完成任务、实现目标。

行动、意义和自我控制

行动胜于空谈的道理人尽皆知，不过人们往往反其道而行之。从一般人的行为来看，好像只要宣示政策就等于已经执行了。有人不服气地说，“可是我好几年前就以质量作为第一目标啊！”管理者无法亲自去驾驶起重机，不过他们可以采取行动。他们做的是别的事情，简单来说，就是有所为而有所不为。他们的行动会展现出他们注重的优先要务是哪些，而这样的力量远远超过言谈。上面所说的案例里，该公司总裁的下属后来解释老板的话：“他当然重视质量。

他从来没有说过‘我不在乎质量’。只不过他什么都注重。他一年宣布两次‘我重视质量’，但是却以行动表明‘我重视产品交货’，而且是一天两次”。另外一个案例里，某高科技公司总裁把振兴公司的希望都寄托在新产品的开发上，他并且（对证券分析师）公开宣称，公司正在这样积极进行。可是从工作日志和电话记录来看，他花在新产品上的时间只占全部时间的3%。尽管如此，他还一直问我们，为什么连他最亲密的盟友也不相信他以产品开发为先。

有趣的是，心理学界长久以来对于这个模糊的领域一直争辩不休。其中主要有两个学派，一个主张态度（信念、政策、声明）在行动之前，也就是“先说再做”模式。哈佛心理学家杰罗姆·布鲁纳掌握这派学说的精髓，他说：“人们比较可能做到‘有感而发’，却不易做到‘知而后行’。1934年有项突破性的实验则激发出正好相反的论述。这项实验结果指出，对外宣称的信念和行动之间几乎没有关联。”

拉皮尔是一位教授，他在1934年和一名年轻的中国学生及其妻子一起在美国旅行。他们投宿了66家旅馆或是汽车旅馆，去了184家餐厅，只有一家旅馆或是汽车旅馆拒绝他们，而且他们在餐厅从未遭到拒绝。经过一段时间之后，他们寄信去这些旅馆和餐厅，询问他们是否愿意接待中国客人（当时美国强烈排华），92%的人都回复说不愿意。拉皮尔和随后的许多研究人员都把这项研究结果解读为：行为和态度之间存有重大的不一致性。几乎所有业主都表现出愿意接纳，只有在回信时，才透露出不肯接待的态度。

同样的道理，所谓“得寸进尺法的研究”显示，以渐进的方式获得对方的积极承诺有多么重要。有人做过一项实验，要加州帕洛阿尔托地区的居民在自己窗前竖立一个小小的交通标志，随后再进一步要求他们在院子内竖立一个更大的广告牌，结果发现，那些一开始就同意在窗前竖立交通标志的人，多半会接受这项进一步的要求。可是一开始没有被问到是否愿意在窗前竖立交通标志的人，95%都拒绝在院子里竖立大型广告牌。

这项实验的意义十分明显：就算是一小步（朝着你要他们走的方向），唯有让人们采取行动，他们才会逐渐赞同这件事情。此外，行动之后的肯定过程，也能够进一步激励人们行动，所谓行动，就是不断公开赞扬过程当中跨出的每一小步。“做事情”（大量的实验、尝试）会引领出迅速有效的学习、调整、扩散以及承诺，这也是卓越企业的标志。

此外，我们的卓越企业显然是从行动当中摸索出战略，而不是根据战略展开行动。研究战略流程的顶尖学者詹姆斯·奎因针对领导者在塑造战略中所扮演的角色作了一番探讨，其方法并非根据数据、以分析为先的程序。他列举领导者主要的工作，其中包括扩大了解、建立意识、改变象征、支持新的论点、调整战略并测试部分解决方案、扩大支持力量并克服反对力量、鼓励弹性并加以组织、推出实验并有组织地等待、争取员工的承诺、澄清公司的重点、管理各个联盟以及正式化承诺（如授权“推介人”）。领导者的角色可说是协调者和肯定者：在行动中找出可行的路径并且加以调整（通常是在已成事实之后），将其塑造成可以通往新战略的持久承诺。简而言之，领导者要创造意义。

顶尖的数学家罗杰·彭罗斯表示：“这个世界是我们的感官创造出来的幻觉。”不过我们这些可怜的平凡人仍勇敢地（有时候是绝望地）在人生的白板上印刻意义。如布鲁诺·贝特尔海姆在《神话的魅力》（*On the Uses of Enchantment*）里所说的：“如果我们不希望只是活在当下，而是对本身的存在具备真正的认知，那么我们最大的需求，也是最困难的成就，就是找出人生的意义。”贝特尔海姆强调，神话和迷思在塑造人生意义上向来扮演着极为重要的角色。

在研究卓越企业的过程中，我们也同样发现，很多人在解释自己公司的特质时，经常用到故事、口号和传奇。我们访问过的企业，从波音到麦当劳，全都具有丰富的逸事、传奇和神话。这里说的是真正的神话。现在常将IBM沃森的事迹挂在嘴边的人，大多没有见过这个人，或是对他当时的处境有任何直接的体验。最近有两个大约30岁的惠普工程师花了整整一个小时跟我们大谈“比尔和戴维”（我们后来很惊讶地发现，这两位工程师都没有见过公司创始人，自然也不曾和他们谈过话。在这个时代，沃森和美洲银行詹尼尼的传奇色彩，让他们成为一般人难以取代的神奇人物。尽管如此，从企业的角度来看，这些故事、神话和传奇都非常重要，因为它们可以传达公司共同的价值观和文化。

文化的主导和连贯，对卓越企业而言是一种非常重要的特质，这点在卓越企业之间毫无例外。文化的力量越强，越以市场为导向，公司就越不需要政策手册、组织图和详细的程序与规则。在这些公司里，员工知道在大多数情况下应该怎么做，因为公司的价值观非常明确。我们有位同事研究的某大公司最近抛出一连串合并案。他说：“你知道吗？问题是所有的决定都没有前例可循。高层主管被一大堆细微的决定给烦死了，因为他们没有共同的公司文化。”

卓越企业则正好相反，因为具备丰富的神话，所以共同价值观非常明确。惠普每个员工都知道自己应该发挥创意，宝洁每个员工都知道产品质量是必要条件。奥斯卡·希斯戈尔在《宝洁，着眼于明日》（*P&G, Eyes on Tomorrow*）一书中表示：“他们所谈的事情跟产品价格几乎都没有什么关系……他们谈的是企业的正直性、公平对待员工。”已逝的理查德·杜普利在担任公司CEO时曾经这么说过，从一开始，宝洁创始人威廉·普罗克特和詹姆斯·甘宝就认识到企业的利益和员工是不可分割的。公司一直都没有忘记这点。”

表现不佳的公司通常也具备强大的文化，只不过这种文化对公司有害无益，因为它们只专注内部的斗争，而不是注重顾客；只注重“数字”，而不在意产品本身和销售人员。卓越企业则大不相同，因为它们都知道只设定财务目标的公司缺乏什么，或是不重视什么。这些卓越企业都认识到，每个人（不只是坐拥高薪的少数高层主管）都想要追寻意义。

对企业界而言，“超越”这个名词或许太高不可攀，不过开拓重工、柏克德和强生对产品的热爱，则充分彰显出它的意义。不论如何，许多领域的学者都肯定人类渴望追寻意义和追求卓越的需求。尼采表示：“人唯有找到生存的理由才能承受任何遭遇。”作家约翰·加德纳在《士气》（*Morale*）一书中指出，“人类会顽固地追寻意义。”我们的研究工作中，有关公司组织结构改变的部分风险最大。在变动的组织中，人人自危，气氛低迷。为什么会这样？答案在于公司如果无法以价值观、神话、迷思和传奇等形态反映出本身的强大理念，人们只能从自己在公司组织图上的位置寻求安全感。一旦这个位置受到威胁，而又没有宏观的公司使命作为后盾，就会危及员工职业生涯的意义。

人们迫切需要意义，事实上，只要公司能够满足员工这方面的需求，大多数员工都会愿意牺牲相当大的个人空间。卓越企业具备极为强烈的文化，初进公司的人如果无法接受，就只能退出，没有什么中间地带。有位非常能干的营销主管告诉我们：“我对宝洁十分钦佩。它们是业界的顶尖公司。不过我可不觉得我能在那儿工作。”《华尔街日报》的亚当·迈尔森也有类似的说法。他请我们针对这个主题写篇文章，谈谈“我们为什么不想为卓越企业效力？”因为那种企业文化为许多人创造了意义，却也因此让许多人退却。

有些人看过我们的研究成果后曾经问道：“这些卓越企业的组织和文化里是

否有一两个陷阱存在？”他们认为可能会有。这些公司拥有强烈的传统，可能会忽略环境的巨大变化。这点的确没错。

不过我们认为，一般而言，卓越企业的价值观几乎都非常注重接触顾客，或是对外取向。由于高度重视顾客，卓越企业对环境的变化具备超高的敏锐度，因此适应力更胜竞争对手一筹。

强大的文化比较令人担心的地方是可能遭到滥用。卓越企业强大的公司文化，让我们在寻求安全感时获得满足。公司满足员工对安全感的需求，从而赋予其人生的意义，员工也会更尽心尽力地报效公司。但是，大多数人寻求安全感时，似乎太容易向权威屈服；企业通过固守的理念赋予员工意义时，又太轻率地使用权力。耶鲁大学的斯坦利·米格兰姆以及斯坦福大学的菲利普·津巴多进行的两项实验凸显出人性黑暗面的潜在危险，结果颇为令人震惊。

第一项是米格兰姆针对服从性进行的实验，许多人都对此耳熟能详。米格兰姆以金钱为奖赏，请受试者到耶鲁的实验室，参与一项电击测试。由受试者对“受害者”施以电击。事实上并非如此，这些受害者是和米格兰姆共同策划这项实验的同事，电击也是假的。此外，实验设计让受试者以为受害者以及电击都是随机选取的。起初，米格兰姆把受害者安排在一个房间内，接受电击者在另一个房间。受试者在身穿白袍的实验人员（扮演权威者的角色）指示之下旋动开关，电击强度从“温和”到“极为危险”。在指示之下，他们执行电击，令米格兰姆大感惊讶、失望的是，这项实验“失败了”。全部受试者将电击开关“一路转下去”，百分之百服从命令，尽管先前在书面测试里，90%的人预期自己无论如何都不会执行电击。

米格兰姆还将这项实验作了调整。他在房间加装窗户，让施加电击者看到受害者因为痛苦而扭动身躯，还一边“尖叫”。尽管如此，80%的受试者依然把电击转到“强”，65%的人甚至转到“极为危险”。接着他让受害者扮演看似很顾家的40岁女会计。他还把这项实验转移到大学校园之外，在市中心一处相当沉闷的地方进行。他让施加电击者握着受害者的手。这些做法都是为了瓦解受试者对穿白袍的实验者命令的接受度。结果全部失效，人们大多依然遵从权威的指示。

米格兰姆为这个结果提出各种假设：这是人类的基因使然吗？在使我们全都臣服于权威的等级框架里有没有适者生存的价值观？还是说人类喜欢施虐？

他最后总结表示，大体而言，我们的文化“几乎完全没有教导个人要对权威者指示的行动进行内部控制”。

津巴多的实验是在加州帕洛阿尔托（典型中上阶层的社区）的报上登广告，征求志愿参与“监狱”实验的人。某个星期六的清晨，津巴多亲自挑选志愿者，将他们带到斯坦福大学心理学系大楼地下室以墙板隔成的“监狱”。抵达之后几小时内，他随机指定一些志愿者担任“狱卒”，部分志愿者担任“犯人”，开始了角色扮演。在24小时内，这些狱卒的行为相当粗暴（包括肢体及心理）。第二天，有十几个“犯人”濒临崩溃，因此必须退出实验。“监狱长”津巴多担心自己和其他人的行为，在第四天就将这个预期进行10天的实验喊停。

我们可以将这些实验结果套用到卓越企业的文化，幸好这些文化并非对内取向。卓越企业的世界是特别开放给顾客的，而顾客能够为他们带来一些平衡感，以免他们的环境过度封闭。

整体而言，我们对卓越企业的公司文化相当佩服。尽管这些文化具有内在的危险性，却使公司因而对社会有所贡献。历史悠久的贝尔母公司（Ma Bell）近年来因为市场自由化而饱受打击，但是他们为美国架设的电话系统，不论是以哪种标准来衡量，都是全世界最好的。西奥多 · 韦尔多年来主张公司不是电话公司，而是“服务”公司，这种坚持和其成就有着密切的关系。

最后一点，而且似是而非的一点是，卓越企业也懂得充分运用另一项重要的人类需求，那就是控制自己命运的能力。任何机构只要能够赋予员工意义和安全感，我们几乎都愿意全心全意地效忠，但我们也需要自我控制的力量。我们积极追求自主权，也积极寻求安全感，这听起来当然不合理，但是不知道要管理这种矛盾的人，从技术层面而言就是不理智的。在《拒斥死亡》（*Denial of Death*）一书中，贝克提出以下矛盾的现象：“人类具备双重性的绝对矛盾。个性化表示人类具有出人头地的天性，这也会导致人类无法忍受的孤立状态，但是要脱颖而出，一定得如此。这种差异成了一种负担，同时凸显出个人的微不足道和与众不同。”

心理学家在控制错觉领域研究自我控制的需求。简单地说，相关实验显示，只要赋予些微自决自主权，人们就会坚守岗位，更加努力工作，表现得更好。这类实验最受欢迎的领域包括认知取向的心理学。该领域有个典型的实验，是让受试者在从事过某种活动之后，自行估计未来从事类似工作成功的概率有多少。实验结果相当一致：不论受试者是成人还是大二学生，对容易的工作都高估了成功率，对困难的工作则低估了成功率。简而言之，受试者一直扭曲概率的估计值。如果他们过去从事简单工作的成功率是60%，那么可能估计未来的成功率为90%。如果过去从事困难工作的成功率为30%，受试者可能估计未来的成功率只有10%。我们需要成功和出人头地，这是迫切的需求，所以我们高估了简易工作的成功概率。此外，为了保留颜面，确保安全，我们会低估困难工作的成功概率。

我们在前言里提过，“关掉噪音开关”的实验可以凸显出人类需要自主和渴望控制，即使我们从未使用这个开关，但如果想要的话就可以使用，这个事实会让我们的表现大幅改进。其他类似的实验也有一样的结果。有项实验允许受试者自行从装满彩券的箱子抽取彩券，受试者认为这样的中奖率会比由别人帮他抽奖高得多。另外一项实验提供受试者四罐没有标识的饮料品尝，然后问他最喜欢哪一罐，他对所选饮料的喜爱程度，会比只给他两罐选择的实验高得多(这些饮料全部都是一样)，我们认为自己有些决定权时，就会作出更大的承诺。

卓越企业也了解这种矛盾的人性需求有多么重要。即使产业经济似乎亟须整合，这些卓越企业却把公司分成多个单位，然后授权给基层人员。这些企业给人们提供出人头地的机会，但又结合了公司的信念体系和哲学（譬如德纳对于“有生产力的人员”的坚持)，为人员提供超然的意义，如此使二者形成了极佳的组合。

转化型领导

我们常说，卓越企业有如此杰出的表现，都是因为他们能将平凡的人结合起来，把他们的努力会聚起来，但绝不是因为他们的员工都有高于常人的能耐。真要说出不同之处，那也只能说是他们有不寻常的领导能力，特别是在公司发展初期。

领导能力表现在许多方面。领导者必须具备耐心，才能处理紧密协作这种无趣的工作。领导者也会刻意播种，希望公司的果园里能够顺利开花结果。领导者要从一般管理系统的词汇里细心地筛选出值得公司注意的重点。事情不顺时就现身指导一番，事情进行顺利时则隐身而退。领导者会建立忠诚的高层团队，发表一致的言论。领导者会仔细聆听，经常说些鼓励、激励人心的话，并配合行动以服人心。领导者在必要时会态度强硬，赤裸裸地运用权威。如亨利·基辛格曾经说过的，“日积月累细微差异，把一百件事情做得好一点”。政治学家詹姆斯·麦格雷戈·伯恩斯在《领袖论》(*Leadership*)一书中表示，这类行为大多属于“交易型领导”(transactional leadership)，都是领导者每天必须从事的工作。

不过伯恩斯也提出另一种较罕见的领导作风，那就是“转化型领导”(transforming leadership)，这种领导方式着重于为员工追寻意义，替企业创造使命。我们非常确定，几乎所有卓越企业的公司文化现在都可以满足人类“非理性”的需求，从这样的企业当中，可以找出转化型领导技巧的蛛丝马迹。这种公司文化现在看来已十分强劲，好像已经无须继续施行转化型领导技巧，不过要是公司创业初期没有这种领导技巧，就不一定能培养出这样的文化。

转化型领导者也要注意细枝末节的事情。不过这些小事可不寻常，他们重视的是良师益友以及语言学家所采用的技巧，在这方面揣摩得越透彻，就越能够塑造价值、典范和意义。这类领导者的工作要比交易型领导者困难得多，因为他是真正的艺术家、真正的开路先锋。毕竟，他提出公司赖以凝聚士气的超然使命，并以身作则。此外，他长期努力支持一两个超然的价值取向，充分掌握所有的机会、论坛和观众。

伯恩斯强调领导者应该让下属超越日常的事务。他一开始指责学习领导艺术的学生不应该过度注重权力，并且表示权力会让他们无法注意到更为重要的任务，也就是使命的灌输。他表示：“大多数理论都忽略了这项核心价值（使命），对人的领导在于动员具备动机和使命的人们，通过和他人在公司或是心理上的竞争或冲突，激发、满足追随者的动机。”简而言之，伯恩斯表示：“领导并不是赤裸裸地展现权威，而是以追随者的需求和目标为依归。”他因此为转化型领导设定以下精简的定义：

> 当一人或多人与他人合作时，其中的领导者和追随者都彼此充分激励，士气大增，这就是转化型领导的充分体现。他们的使命一开始或许不同，但是彼此有关联性，在转化型领导者的带领之下会逐渐融合。权力的基础并非彼此抗衡，而是为了共同的使命而彼此支持。这种领导风格有各种不同的名称：提升、动员、启发、赞扬、劝勉以及教化。不过转化型领导风

格最终会成为一种道德，因为人类的行为层次，以及领导者和追随者对于道德的期望都会随之提升，所以这对双方都有转化的效果……转化型领导风格是一种动态的领导，因为领导者和追随者建立关系并且置身其中，让追随者觉得得到“提升”，并且变得更为积极，因而培养出新的领导骨干。

伯恩斯和其他学者一样，也认为领导者会诉诸一些特定的潜意识需求：“根本的过程很难表述。大体而言，就是找出追随者潜意识的需求。”商业心理学家亚伯拉罕·扎莱兹尼克在比较领导者和管理者时也有类似的论点：“管理者喜欢和人共事；领导者则会煽动情绪。”心理学家戴维·麦克利兰在《权力：内在的体验》（*Power: The Inner Experience*）中对此提出一项以实验为基础的论述：

我们要通过实验了解，群众在听具有领袖魅力的领导人讲话时感受如何……他们显然会精神百倍，备受鼓舞，觉得更有力量，而不是觉得比较脆弱或是无奈。这显示，针对领导者对其追随者的影响力，传统的说法并不完全正确。领导者并不是单靠个人魅力和说服力让大家臣服、追随，他还会通过强化和启发群众来发挥影响力……领导者能够激发追随者的信心。不论他和追随者拥有什么共同目标，追随者对于实现目标都会觉得满怀激情。

伯恩斯的主要论述之一是领导者和追随者的共生关系。我们发现，这种共生关系有两大特质：可信度和兴奋度。以可信度来说，具备共同价值的卓越企业里，领导者多半出身于公司的核心业务，譬如惠普和美泰格是电子工程师，柏克德与福陆工程的则是机械工程师。这些卓越企业的领导人几乎没有会计或是律师出身的。对第二个特质兴奋度，发明家和创业家霍华德·海德（Howard Head）（Head雪橇和Prince网球拍之父）曾说：“要相信能完成不可能的任务”。在惠普，高层主管更将激发热情的能力定为经理人才的遴选标准。

奎因引述一位消费品制造商CEO的话：“我们慢慢发现，我们最有效的目标是在某些领域出类拔萃。我们现在试着让员工帮忙找出这些领域，协助客观界定“出类拔萃”的意义，以及在所选的这些领域出类拔萃的方法。这样做对他们的激励作用之大，令人不可思议。”

本尼斯对改革型领导者有个很好的比喻，“社会建筑师”。不过本尼斯、伯恩斯和我们对卓越企业的论述，其实早在几十年前巴纳德（我们将在下一章再提到他）和菲利普 · 塞尔兹尼克就已提出。塞尔兹尼克在 1957 年出版的《领导与管理》（*Leadership and Administration*）一书中指出：

> 对于创意而言，构建使命感是个挑战，因为这牵涉人员和团队从中立、技术性的单位转化为具备特殊标记、敏感度和承诺的参与者。最终这是个教育过程。俗话说得好，有效的领导者必须了解教育家的意义，精通教育家的技巧……创意领导者的艺术和塑造机构的艺术一样，都是将人和技术原料重新塑造为一种有机体，其中蕴涵着新的和历久弥新的价值观……制度化的意义，就是把价值扩展至手边工作的技术条件之外。社会机制的收获大多反映在其满足人们或是团体需求的独特方式上。从员工积极承诺的角度来看，企业从原本是可消耗的工具，转化为一种个人满足感的重要来源……机构的领导者就是促进和捍卫价值观的专家。

我们大力赞扬价值观的重要性时，应该先问问赞扬的是什么价值观？如奎因所说的，对某些业者而言，这可能单纯是指在某些领域“出类拔萃”，或是犹如沃尔特 · 豪温说他自己和蒂芙尼是“诚实对待自己的审美观”。或许是像麦当劳克罗克所说的“汉堡包之美”，或是IBM沃森的“对个人的尊重”，或是德纳对“具有生产力者”的信念，或开拓重工的“48 小时内零件维修服务”。这些听起来过时了吗？如果持愤世嫉俗的态度，那当然过时了。对秉持这些价值观的企业而言，它们具有转化的作用。

我们的讨论大多听起来像在唱高调，譬如先前对于转化使命的讨论。这的确是高调，不过也非常实际。我们认为，人类极为不理性，会根据故事来作推论，以为不管以什么特质来看，自己都是属于排行前 10%的佼佼者，需要出人头地和追寻意义等。尽管如此，管理层的做法通常都没有把这些小缺点和限制纳入考虑。

不过卓越企业的管理层却考虑到了这些要素，不论是出于潜意识还是特地这样做。结果他们的表现更为耀眼，“平凡的”员工更加尽心尽力地报效公司。更重要的是，社会和企业这两个体制创造出人们可以成长、培养自信的环境，而且乐于积极参与公司和社会的事务。至于表现平庸的企业，则正好相反。他们奉行公司规章，没有传奇和逸事可言，对员工大肆限制和控制，而非创造意义和赋予员工冲刺的空间，内部充满各种斗争而不是靠着道德力量来领导，这些公司经常面临失败的考验，而不是胜利的果实。

IN SEARCH OF EXCELLENCE

第三部分 回归基本面

04 管理充满模糊和矛盾

能够同时思考两种对立的观念，而且思路依然缜密，才是第一流的智慧。

——斯科特 · 菲茨杰拉德

有些经理人看过我们所谓卓越管理的八大特质后，表示这些特质很有意思，却并非不可或缺，不足以解释卓越企业为什么如此成功。在我们看来，这些经理人可是大错特错，他们大多是聪明的商界人士，可是采用的理论基础却已经过时。这是可以理解的，因为新的理论不论正确与否，并不容易获得，而且还处于相当早期、混沌的发展阶段。顶尖的理论通常很难理解，也很难运用到真实的世界。

所以我们需要新的理论来说明卓越企业的绩效和这八大特质之间的关系。在本章，我们会试着从近年发展的管理理论，说明卓越企业的数据里有哪些理论上的意义。

不过先让我们暂时回到理性模式的世界。这种旧式的管理理论很直接，没有模糊或是矛盾之处，所以相当吸引人。可是真实的世界并非如此直接。（有趣的是，有位日本同道批评我们为其客户所准备的报告。他认为其中的说明过于精确、没有任何模糊之处，他的客户会因此感到怀疑。）科学的发展也充斥着各种矛盾，我们发现这点跟管理学理论的世界极为相似。就拿光的研究来说，科学家起先认为光是由粒子组成的，后来又发现光的动态呈现波状，等这样的观点被采纳，却再次出现大量资料证明光是由粒子组成的。不过如果光的确是由粒子组成的，它应该有质量，就不可能以光速移动（光的传输速度的确是光速）。海森堡的研究结果显示，人们可以了解亚原子粒子的位置或质量，但是无法同时掌握这两者。物理学应该是最合乎理性的科学，但物理学家却以“魔力”、“奇怪”、“反物质”和“夸克”之类的名词来形容粒子，让物理学在模糊的透视镜里横冲直撞。

通过比喻（也就是我们曾经接触过、看过或是尝试过的事物）来掌握科学原理，会比较容易理解科学。这也是尼尔斯 · 波尔的原子模型会受到欢迎的原因。这套原子模型看起来就像太阳系一样，电子围着核子旋转，就如同行星绕着太阳转一样。不过，这种论点无法帮助理解原子，因为原子跟太阳系并不太相似。同样的道理，如果我们以军队来作为比喻，可能会比较容易理解管理的世界。在 20 世纪，大多数人还是会以军队架构来比喻管理结构。但要理解比较复杂的事物，这样的比喻就再也行不通——譬如陷入战火的兵团，就算一切明朗还是会有问题。威廉 · 曼彻斯特（William Machester）在《永别了，黑暗》（*Good-bye, Darkness*）中讲了一个故事。年轻的海军上尉要带领大家突破重围，但是陆战队老兵对这种未经考验的狂热和命令嗤之以鼻。结果年轻的军官独自冲锋陷阵，从此一去不返。所以，任何识途老马都知道，即使在军队中，透彻的军队模式（一个指令一个动作）也不见得可行。我们显然需要更好的管理理论，但是，一开始要有更好的选择并不容易；加深了解之后，可能会变得比较容易。新一波管理思潮引领我们进入一个模糊、充满矛盾的世界，就如同科学的世界一般，不过我们还是觉得新的理论比较实用和实际。最重要的是，这些卓越的企业深谙矛盾的管理之道。

说明管理理论进化过程的论述相当多，对我们的研究而言，斯坦福大学理查德 · 斯科特提出的论述是最实用的起点。斯科特把理论发展和管理实务划分为四个主要时期。每个时期都有其独特的双向组合，一方是从“封闭”到“开放”，另外一方则是从“理性”到“社会”。现在让我们先看从封闭到开放这一边。这是从机械性的组织思考方式（封闭）到意识形态的思考方式（开放性）。20 世纪前 60 年当中的管理理论并未将环境、竞争、市场或是公司外界的事物纳入考虑，而是以“封闭系统”的观点来看世界。思维核心在于如何充分运用资源，所考虑的范围仅限于公司内部要素。这样的思维与现今的管理思维大相径庭，也较为短视。这种情况一直到 1960 年才有所改变，当时理论学者开始认识到国际组织动态会受到外界事物的改变，于是将外界力量对组织内部的影响力纳入考虑，随之进入“开放系统”的时代。

斯科特模型的另一面是从“理性”到“社会”。在这样的背景下，理性意味着组织的存在具备明确的目的和目标，这些目的的确定十分直截了当。譬如，如果你的公司属于采矿业，你的目的应该是如何从目前的矿井以及未来的开采活动中创造最大的获利。如果将之视为既定目标，高层主管需要选择的就仅限于以最有效率的方式实现目标。在这样的基础之下，公司可以做出理性的决定，而且循序发展。至于社会性，则是认识到目标设定的复杂，并且暗示目标的选择并非直截了当或是演绎而来的。（譬如，我们先前假设的矿井业务，“最大化”是什么意思？我们要怎么衡量“获利”——我们所做的仅限于采矿吗？怎样根据“探勘成功”这么难以捉摸的事情，做出具体的决定？）社会观点认为，确定目标是基于价值的抉择，而不是机械性的抉择。这样的抉择主要取决于社会性的结合、过去的习惯模式，以及其他会影响团体工作的动态，而非明智的思维。

把这两个轴线组合起来后，这四个时期就明确地凸显出来。第一个时期是从 1900 年到 1930 年左右，这是“封闭系统—理性行为者”的时代。这个时代的主要理论支持者为韦伯和泰勒。韦伯为德国社会学家，主张依规定行事的官僚制度是最有效率的人类组织形态。美国的泰勒则以时间和动作研究验证韦伯的理论。韦伯—泰勒学派认为，如果可以学会一套规则和技巧，如工作突破、最大控制幅度、权责分配方法，那么管理众人的问题或多或少可以得到解决。

韦伯和泰勒的梦想当然没有实现，封闭系统—理性行为者的时代在 1930~1960 年为封闭系统—社会行为者所取代。这个时代的代表人物为埃尔顿 · 梅奥、道格拉斯 · 麦格雷戈以及巴纳德和塞尔兹尼克。

梅奥为哈佛商学院临床心理学家，被誉为霍桑实验之父。这些研究工作一开始在许多层面都跟泰勒学派的传统极为相似，只是针对各个产业的保健要素进行直截了当的实验。这些研究主要是在伊利诺伊州瑟赛罗（Circero）西部电气工厂的线路室进行，目的在于测试工作状况对生产力的影响。

	封闭系统	开放系统
理性行为者	I. 1900~1930 年 韦伯 泰勒	III. 1960~1970 年 钱德勒 洛斯齐
社会行为者	II. 1930~1960 年 梅奥等人 麦格雷戈 巴纳德 塞尔兹尼克	IV. 1970~? 韦克 马奇

四个阶段的理论与代表人物

理性行为者

不过后来一连串的实验结果都相当令人惊讶，对理论背景影响极为深远。我们先前提到的灯光实验就是很好的例子：调亮灯光，生产力上升，调暗灯光，生产力再度上升。结果呢？这些实验持续了 10 年，结果依然令人惊讶。尽管实验数据本身足以支持各种解读，而且不断还有新的数据产生，但是重点似乎在于，只是对人的关注就能大幅影响生产力。我们对卓越企业所做的研究数据凸显出这个现象。惠普重视员工的团体创新，关注创新的制度（譬如谈论创新、予以推崇）就是非常明显的例子。以矿业公司来说，重视地质学家的公司在探勘方面通常会有很好的业绩。

梅奥和他在哈佛的追随者建立了产业社会心理学领域。第二次世界大战期间，这个领域不断地成长，战争接近尾声时，团体培训（group training）以及领导力遴选（leadership selection）等领域开始开花结果。战后的代表人物为麦格雷戈，他的主要贡献为X理论和Y理论。这是两种正好相反的观点，一种观点认为员工天性懒散，需要驱策，另一种观点则认为员工富有创意，应该赋予责任。麦克雷戈的理论横扫学术界，如他在突破性的著作《企业的人性面》（*The Human Side of Enterprise*）里所说的："本书旨在证实企业的人性面是'一体的'理论。也就是说，公司的整体特质取决于管理层对掌控人力资源的理论假设。"

麦克雷戈反对泰勒学派的理性方式。他批评说，“传统的组织理论里有个普遍的假设”，那就是职权乃管理控制最核心、不可或缺的方法。麦克雷戈表示，实际上，职权是诸多社会影响和控制形态当中的一种，可惜当时的著作文献和实务管理者都把职权视为一种绝对的概念，而不是相对的。

麦克雷戈认为X理论为“大众平庸性的假设”。其前提为：(1) 一般人天生就厌恶工作，而且会想尽办法偷懒；(2) 需要以处罚加以胁迫、控制、指导、威胁，人们才会付出适当的努力，协助公司实现目标；(3) 一般人比较喜欢接受指导，希望躲避责任，野心比较小，最需要的是保障。麦克雷戈认为X理论不是稻草人，而是“对美国各个产业的管理战略都有实质的影响”。

相对地，Y理论的假设为：(1) 一般人本身不厌恶工作，会对工作付出脑力和体力，就跟玩乐和休息一样自然；(2) 外界的控制和处罚的威胁并不是激发员工努力实现公司目标的唯一办法；(3) 员工对目标的承诺，取决于公司就其成就所给予的奖励——这类奖励当中，最重要的首当自我满足感，它会直接激发员工努力实现公司的目标；(4) 一般人在适当的状况下不但会学习承担责任，还会积极争取权责；(5) 大多数人（而非少数人）往往都会发挥想象力、直觉和创意，为公司解决问题（这点是我们加上的）。

麦克雷戈的理论和随后发展出来的理论，也就是管理学人际关系在过去饱受批评。人际关系理论非但无法平衡理性模式，本身还有许多偏颇之处，这也正是该理论分崩离析的原因。假设有家公司奉行T-团队、由下而上的规划、民主管理，以及各种“皆大欢喜”的工作环境，这样的好处是：如果甲在开会时抽烟，让乙觉得不舒服，乙可以要求甲不要抽烟，甲也不会认为乙是针对他找碴儿。所有大型企业倍感困扰的问题——增进沟通，在这家公司显然都可以迎刃而解。问题是，小事情的沟通虽然顺利，可是重大议题却会遭到忽视。

理性模式虽然纯粹是由上而下的模式，但受到麦克雷戈误导的追随者所提出的社会模式，则纯粹是由下而上的模式，试图通过培训展开变革。麦克雷戈对此一直感到担忧，并且表示：“Y理论的假设并未否认职权的适当性，但否认这适合所有的目的和状况。”

我们开始意识到（虽然还仅是模糊的认识）卓越企业之所以出类拔萃的核心主题。表面上，X理论和Y理论是彼此大相径庭的概念，二者并不兼容。领导者的风格，不是权威式就是民主式。不过在实际上，领导者可能这两种领导风格都不具备，也可能两者兼具。IBM的沃森、麦当劳的克罗克、万豪酒店创始人马里奥特等人率先把人员视为成人对待，鼓励成千上万名员工为公司奉献、创新，提供全体人员培训和发展的机会，并且把全体员工视为大家庭的一分子。其实，沃森的开门政策一直偏袒员工的意见。如果有员工对某个主管提出申诉，胜诉的通常都不是主管这一方。另一方面，这些企业界的领导人都极为坚毅，如果有人违反顾客服务和质量的核心价值，他们会毫不留情地加以纠正。所以，他们兼具关怀的一面，以及坚毅的一面。就跟优秀的父母一样，他们对下一代极为关怀，但也有很高的期待。以X或Y简单归纳他们的行为特质，根本就是模糊重点。

麦克雷戈和梅奥阐述将组织的社会理论应用于个人，与此同时开始研究的巴纳德和塞尔兹尼克尚未崭露头角。在我们看来，实务管理者大多忽略了巴纳德和塞尔兹尼克的研究成果。

巴纳德曾经担任新泽西贝尔公司总裁，退休后在哈佛根据自己的管理经验，于1938年写成《经理人的职能》（*The Functions of the Executive*）一书。该书相当深奥，很难理解，尽管如此，还是无损其巨著的风范。哈佛的肯尼思 · 安德鲁斯在该书30周年纪念版（1968年）的导言里说："巴纳德的目标极富野心。正如他在前言里所说的，他的目的是先为正式组织的合作行为提供周密的理论。当个人需要成就某些目的，但却力有不及时，便会产生合作的需求。"

梅奥、麦克雷戈和其他学者（包括巴纳德本身）的研究都是要了解如何激发员工最大的潜力，但是只有巴纳德发现经理人能在这个领域扮演突破传统的关键性角色。巴纳德主张，经理人必须确保人员对工作的承诺，并且积极管理非正式组织。而且，经理人也必须确保企业实现其经济目标。巴纳德可能是平衡看待管理流程的第一人。

巴纳德还率先讨论了CEO塑造和管理企业内部共同价值观的主要角色："CEO的重要功能，第一是提供沟通系统，第二是鼓励员工对工作全力以赴，第三是塑造以及界定目标。"他并且表示，企业的价值观以及目标，主要是由经理人的行为而非言谈所塑造的："严格来说，目标主要是由公司高层积极采取的行动所界定的，而不是由文字界定。"他还强调，公司的目标必须获得全体人员接纳，才能产生效果。卓越企业正是如此：高层主管数十年如一日随时身体力行明确的价值观，公司各级人员也都完全明白。

巴纳德对于整体管理的重视，或许最能凸显出他的聪明之处：

> 人们对整体管理的常识并不明确，而且其实往往并不具备。控制主要是由某个特定的层面主导，例如经济、政治、宗教、科学、技术，无法保证成果（杰出绩效），而且往往沦于失败，或是面临失败的威胁。难怪具备整体管理观念的经理人有时必须采取更正措施，以面对未均衡看待所有因素所引起的危机。除了极少数管理人才或是少数行政机构（其人员对此反应敏锐，而且整合良好），正式、井然有序的整体概念往往并未形成。

即使是现在，也很少有人特别重视整体管理。

巴纳德的著作付梓之后不到10年，塞尔兹尼克发表了类似的理论。他在这套理论当中首创“特殊能力”（distinctive competence，公司特别精通其他大多数公司都不擅长的领域）以及“组织特征”（organizational character，他把组织的理念视为文化）。我们大量引用塞尔兹尼克的论点，因为他对组织特质、能力、机构价值观（institutional values）以及领导艺术的论述都极为精辟。我们发现这些特质（正如他对这些特质的说明）是卓越企业的成功基础：

> “组织”（organization）这个名词意味着某种简单、精简、严谨的系统，其中的活动都经过精心策划协调。这是一种可以消耗，为了完成某个工作而设计的合理工具。“机构”（institution）则更像是出于社会需求和压力的自然产物——一种具备响应、适应能力的有机机制……“机构”、“组织”、“特殊能力”等名词都是指某些基本的流程，也就是把精心设计、安排的技术要素转变为社会性的有机机制……组织和价值观结合之后，就成为机构。这样的结合会产生独特的定位。当机构化进行顺利时，独特的前景、习惯和其他各种承诺都会结合起来，让组织生涯的各个层面增添色彩，并为其注入远超出正式协调和指挥的“社会整合”……经理人的功能在于找到适当的点来结合方法与目的，因为大家很容易认同这种抽象的主张，但很难认真看待它。企业管理往往过于强调方法或是目的，使得这两者分道扬镳。现代管理实务中对于效率的重视，会从两个层面过度强调方法……其一是使机制顺利运作，另外则是强调组织的技术性……运营理想的效率假设目标已定，而且资源可得。可是在许多情况下（包括大多数重大的情况），目

标未必是既定的，（或者）就算目标已经确定，可能还要找出所需的方法。创造方法不是狭隘的技术议题，而是牵涉到机构社会特质的融入。在两种情况下，领导能力不能只看效率，还要：(1) 设定根本的使命；(2) 创造能够实现这种使命的社会有机机制。

梅奥－麦克雷戈－巴纳德－塞尔兹尼克学说认为人类是社会性的行为者，这种理论影响极为深远。不过，如前所说，前面两者的理论因为遭到无知追随者的扭曲而未能获得应有的肯定，后面两者的著作则至今仍未普及或普遍获得赞扬。尤其是，我们发现的卓越企业八大特质当中，有两项（自主和创业精神以及以人为本）跟麦克雷戈的学说完全一致；另外三项（亲身实践、价值驱动，坚持本业以及宽严并济）则和巴纳德与塞尔兹尼克的观点相符。不过其中还是有些不足之处，因此我们回归斯科特的论述。

第三个阶段从 1960 到 1970 年左右，这个阶段向后倒退了一步，但同时也向前跨出了一步。斯科特将这个阶段称作“开放系统—理性行为者”的时代。这个时代的学者回归对人的机械性假设，这是倒退了一步；但学者终于把企业视为竞争市场里的一环、由外界力量所塑造，这个观点则是向前跨出了一步。钱德勒的《战略与结构》是这个时代的主要代表。钱德勒很直接单纯地观察杜邦、西尔斯、通用汽车以及通用电气等卓越企业的组织结构。譬如，钱德勒研究杜邦和通用汽车如何以市场为导向研发多种产品线。他后来发现，这些企业研发出种类繁多的产品线，同时也从功能单一的组织形态逐渐转为较为松散的复合式单位结构形态。

钱德勒的研究工作是在哈佛进行的，另外两位哈佛教授保罗 · 劳伦斯以及杰伊 · 洛斯齐在 1967 年接着进行另外一项突破性的研究——《组织与环境》(*Organization and Environment*)。他们的模式比起钱德勒的模式要细密得多，不过结论大致相同。他们研究组织结构以及管理系统，并对成长快速的产业（精细塑料产业）和成长稳定、缓慢的产业（集装箱业）里表现最卓越的企业进行比较，结果发现，成长稳定的产业里，表现突出的企业都有共同的特征，亦即具备简单的功能组织形态以及单纯的控制系统。相对地，成长快速的塑料产业里，表现突出的企业则具备分权形态，系统也比其他落后的业者更为丰富。

最后，斯科特将第四个时期，亦即从 1970 年左右持续到目前，定为“开放系统—社会行为者”。这两个层面的特质都是混乱。复杂的社会行为者，也就是兼具优缺点、限制、矛盾和不理性的人，取代了理性的行为者。以前的时代里，企业仿佛与世隔绝不受外界影响。但是在这个时期，企业会受到外界不断快速变化的力量影响。以当今顶尖的学者看来，所有的事物都会不断变化，其中包括目的、方法以及外界的影响力量。这个时代的领导者包括康奈尔的韦克以及斯坦福的马奇。

在这个时期，主要的范式强调非正式、个人创业精神以及进化。我们可从比喻的变化嗅出顶尖管理学者大举偏离昔日论点的迹象。韦克极力主张，昔日以军队比喻企业组织的方式，会严重限制管理的思考能力，因此必须加以改变。他说：“企业有员工、产品线和指挥链，会开发战略和战术。企业会对竞争对手展开攻势，招募MBA人才……他们为了解决问题，会裁减人员”，加紧控制，加强纪律，增强力量，或是澄清职责，因为当军队人心涣散时，这是他们会采取的措施。韦克深信，以军队比喻企业管理并不恰当。首先，军队的比喻对于输赢有明确的假设。可是在企业环境里，这样的假设并不恰当。其次，韦克认为军队的比喻不理想，是因为人们会通过模拟来解决问题，只要他们采取军队的比喻，“就会局限于非常有限的解决方案，以及非常有限的组织方式”。

韦克和马奇所提出的新比喻，包括航行、好玩、愚蠢、跷跷板、太空站、垃圾桶、市场，以及野蛮部落。对于旧学派的经理人而言，这些比喻虽然让人倍感威胁，但的确为管理开启了新的纪元。我们在讨论卓越企业时，还用到其他更多的比喻，譬如推介人、臭鼬工厂和沙皇，这些都是卓越企业自我比喻的字眼。韦克表示：“这些比喻虽然差异极大，但各自凸显出组织的某些特质，如果没有这些比喻，这些特质很可能会遭到忽视。”正如阿索斯所说的：“真相就潜藏在比喻中。”

巴纳德在1938年的著作《经理人的职能》堪称完整的管理理论。西蒙于1947年完成的《管理行为》（*Administrative Behavior*）也是如此。马奇和西蒙于1958年合著的《组织》（*Organizations*）列举了450个彼此相关的组织观点，也构成了完整的管理理论。

可是自此之后，几乎没有真正的组织理论著作问世。马奇可能认为，他和约翰 · 奥尔森于1976年合著的《组织的模糊与选择》（*Ambiguity and Choice in Organizations*）称得上是发展成熟的理论，但我们并不这样认为。当然，韦克显然并未宣称他的著作《组织社会心理学》（*Social Psychology of Organizing*）是发展完全的理论。事实上，他仅仅说："本书与组织的论述有关。"

重点是，当今顶尖学者的努力为管理勾勒出重要的轮廓。他们的论点和先前存在的传统思维大相径庭，而且和我们对卓越企业的观察有许多不谋而合之处。这并不表示没有必要开发新理论。当今的管理者、管理顾问和培养未来管理人才的老师们要具备足够的能力，以迎接第二章所说的挑战，那就迫切需要新理论。

当然，我们在此并不是要提出完整的组织理论，不过我们的确认为，通过卓越企业的研究，可以发现一些遭到学者或是实务管理者所忽略的层面。此外，这些发现为我们提供了简单、直接的方法，从今日先进的理论凸显出至今不为人了解的概念。此外，我们在此应该提出一些基本概念，以便读者理解接下来8章中所介绍的8项特质。

前两章说明理性的局限性，我们除了接受这点作为明确的起点，另外还认为，身为公司的一员，都有四项基本需求：**（1）人需要意义；（2）人需要控制权；（3）人需要鼓励；（4）人需要由行动和行为来塑造态度和信念，而不是由态度和信念来塑造行动和行为。**

过去和目前的管理理论中，有些非常重要的概念必须融入新理论，其中有两项并未获得应有的重视，因此应该特别加以强调：（1）公司文化的概念，特别是卓越的企业；（2）企业成功，都要通过有目标但无法预测的进化过程。

文化的重要性

有些同事听说我们大谈价值观和独特的文化，都说："太棒了，可这不是唱高调吗？企业难道不是赚钱第一吗？"答案是，的确，企业的财务必须稳健。卓越企业的财务在同业间也是佼佼者。另外，他们还需讲求整合公司财务状况、服务顾客、为各级员工界定意义等。正如某位主管所说的，"获利就跟健康一样不可或缺，而且越多越好。不过这并不是你存在的原因。"而且，从之前的研究当中我们发现，单单强调财务目标的企业，其财务表现并未超出追求各种价值观的企业。

令人惊讶的是，当代管理理论当中很少人论及价值塑造，尤其是公司文化的部分。本书第一章介绍3M时曾经引述过"被洗脑的政治狂热分子，决不妥协自己坚持的核心理念”。请记住，3M闻名于世，是因为他们不受拘束的企业精神，而不是严苛的公司文化。达美航空秉持“家的感觉”，董事长汤姆·毕比也表示：“达美希望呈现的是员工彼此间的紧密关系。”有些人离开德州仪器是因为公司“太过僵化”，但另一方面，该公司却又极为创新。德州仪器董事长谢泼德在提及其“目标、战略与战术规划系统”（Objectives，Strategies and Tactics planning system，即OST）时说：“要不是公司里洋溢创新的风气，OST系统也无法发挥作用。”《财富》有位分析师对家电制造商美泰克则有这样的观察心得：“家电制造商美泰克的洗衣机相当可靠，绝大多数是拜艾奥瓦的工作伦理之赐。”哥伦比亚大学的斯坦利·戴维斯表示：“在纽约罗切斯特经营的企业（譬如柯达），或是在密歇根米德兰经营的企业（譬如陶氏化工），往往具备非常鲜明的企业文化。这比在纽约或是洛杉矶的企业要强得多。”

在巴纳德和塞尔兹尼克之后，学术界有些关于价值观和文化的论述相当精彩。譬如理查德·诺曼在《管理与政治家风度》（*Management and Statesmanship*）一书中谈论“主导商业理念”的重要性，并且表示企业里“最重要的流程”应该是鉴往知来，并且根据所处环境调整主导的商业理念。明茨伯格则将文化形容为一种设计的原则，称之为“使命的配置”（missionary configuration）（可惜他对此着墨不多），并为其赋予未来主义的色彩：“使命（结构）的配置会拥有自己的主要协调机制——社会化（socialization），如果愿意，也可以说是规范的标准化，以及相对的主要设计要素——教化……组织会具备……一种意识形态。敏感的人会立刻‘感觉到’。”不过这其实不像明茨伯格所说的具备未来色彩。宝洁这样经营已经约有150多年的历史，IBM已有75多年。李维斯以人为本的经营理念，则始于1906年旧金山大地震之后采取当时前所未闻的“不裁员”政策。

帕蒂格鲁将塑造文化的流程视为管理层的主要角色功能：“‘领导者’不但要为组织塑造理性、可见的层面，譬如结构和技术，还要创造组织的象征、意识形态、语言、信念、仪式和神话。”斯坦福的乔安妮·马丁将组织视为“由构想组成的系统，其中的意义必须加以管理”。马丁的论述引起研究人员的兴趣，他们展开一连串实际、具体的研究。研究结果显示，高绩效的卓越企业在这方面充满了各种传奇，其中最受欢迎的三个例证首推惠普、IBM以及DEC。他们的研究也显示，绩效低落的企业在这方面较为贫乏。本尼斯对于形象和比喻是这样说的：

> 创造新做法，是塑造理解的表象，也就是说，新方法必须以正确的方式体现道德的迫切需求，而不是关于（机构）应该追求哪些目标的空谈……达尔文留名后世是因为他对贝格尔号旅程的美丽描述，而不是其论述的内容。因为进化论当时已经成形一段时日，不但有类似的论述，而且达尔文的叔叔已进行过主要的研究工作……所以，如果有人就施行变革征询我的意见，我第一个反应是："你所使用的比喻有多明确？人们理解的程度如何？你对此投入多少心血？"

商业媒体约从1980年开始，逐渐将文化视为其自身的比喻。1980年夏季末的一期《商业周刊》，以企业文化作为封面报道的主题，从此开创了这样的风气。现在的商业期刊里，这个名词出现的频率似乎越来越高。

威廉·怀特二世的《组织人》（*Organization Man*）及其追随者塑造出穿着法兰绒灰色西装的形象，在这之后，文化就成了谈论的禁忌。可是怀特以及昔日的管理思想家似乎忽略了第十二章所说的卓越企业具备"宽严并济"的特质。当机构由文化主导时，能真正做到最高程度的自主。文化能严格规范少数关键性变量，并且提供意义。但是在这些定性价值（以及在所有其他层面）当中，企业会鼓励人们出类拔萃、积极创新。所以，"IBM代表服务"（IBM Means Service）强调该公司对服务每个顾客所做的努力，但是这样的组织也提供相当大的空间。从基层职员到高层主管，这样的组织激励每个人兢兢业业，为服务每个顾客而努力。史蒂芬·罗思曼在《D&B报告》（*D&B Reports*）一书中引述某位特百惠公司经销商的话指出："公司给我很大的空间开发自己的方法。要让销售成功，需要某些特定的要素，这些要素可让身为经销商的你自由挥洒色彩，不论是紫色、粉红色，还是圆点（我偏好淡紫色和蕾丝），让你充分发挥潜能。"所以事实上，**价值的力量主要在于鼓励人们充分发挥务实创新的精神。**

进　化

企业文化和共同价值观对公司的整合相当重要，从这个意义上说，进化的管理对于公司保持适应能力，也同样重要。

我们面临一个相当大的难题。当代的大多数理论不够紧密，也不够松散。理论不够紧密，不足以考虑共同的价值观和文化如何成为目标和稳定的主要来源。而且，当代大多数理论也不够松散，无法考虑到相对较为松散的结构和对新管理逻辑的需求，以确保大型企业随时保持适应能力。这些理论反而习惯性地提出结构性的规则和规划方法（这些都是僵化的形态），以抑制这样的需求。

大型组织本身的复杂性，让这些现象成为难以避免的问题，但是卓越企业却能因地制宜地成功避免这些问题。大型机构太过复杂，无法以规则手册管理，管理者为了简化这些问题，便运用少数涵盖核心目标的主要价值观。在大型企业里，适应也是非常复杂的难题，不能依规则管理，所以敏锐的管理者会鼓励“盲目的变化”（只要是好的尝试都会获得鼓励，不论成功与否）以满足概率法则——结果有许多触击球，偶尔会有双杀，十来年说不定会出现一次全垒打。

我们需要新的语言，为管理学增添新的词汇，其中包括暂时性的结构、项目小组、流动性的组织、小而美、渐进主义、实验、行动导向、模仿、积极尝试、无正当性的变化、内部竞争、嬉戏性、愚弄的技术、产品推介人、走私、阴谋集团，以及影子组织。这些比喻都和传统的说法大相径庭，隐含着缺乏方向以及急需行动的意义。更重要的是，我们需要新的比喻和模式，让这些名词成为有意义、连贯、容易记忆的整体。

前面说过，马奇除了提出“垃圾桶”的比喻之外，还提出一种决策模型。在该模型中，“各种问题、解决方案、参与者以及抉择的机会”混淆在一起，偶尔会产生决定。而且他还说，“（我们）需以愚蠢的技术弥补推论技术，让个人和组织无须充分的理由就可以采取行动。但不见得永远如此，也不见得是通常，而是有时候，人们在采取行动之前是无法思考的。”马奇指出，在这种系统之下的领导者扮演不同的角色，“这比较像是探测异常信号的监视器，而不是寻找特定数据的分析师”。马奇以较为吸引人的方式下结论：“这种管理组织的愿景相对而言比较温和。它假设组织需要驾驭，而不是推动，而且领导的效能往往取决于能否掌握介入的时机，让自然的组织流程机制充分发挥干预的效果，而不是彼此抵消。”马奇用了很多比喻，最可爱的一个是：“组织设计就好比建立防雪墙，引导雪花堆积的方向，而不是像堆雪人”。

韦克则以“松散联系的网络”来说明适应力。他表示，大多数管理技术都误以为应该采取严密的控制，亦即下令或是宣示政策，大家就会自动遵守。韦克表示：“我们越思考组织的细微之处，就会越发质疑命令的真正意义，而且更加相信命令的普遍前提（命令有效率，是经过规划的、可以预期的，而且是经过考验的）不太可能是成功进化的条件。”他表示适应力的核心有两个进化流程，“没有道理的变化很重要。我最为认同有目的的变化”。他接着主张，“回顾式意义建构（retrospective sense making）是主要的比喻”，也就是说，管理层主要的任务在于事实发生之后，从组织里自然发生的“实验”中加以选择。其中成功且符合管理层目的的，则在事实发生后（回顾式意义建构），被标示为新战略方向的先兆。至于失败者，则是试图从“贫瘠、肤浅的环境”学习的牺牲者，没有什么值得效法之处，几乎没有“好的尝试”。韦克因此下了这样的结论：“从来没有人能自由完成自己无法设想的事情。”他也援引萧寿华（Gordon Siu）一个绝佳的实验来印证自己的论点：

> 如果在一个瓶子里装进6只蜜蜂和6只苍蝇，并把瓶子水平置于窗边，瓶底朝向窗外，你发现蜜蜂一直努力不懈，试图找出玻璃瓶的出口，直到筋疲力尽而死为止。可是苍蝇却在不到两分钟内，就从另外一端的瓶口成群飞出去……它们（蜜蜂）趋光，具有智慧，但一直徒劳无功，正是这些因素使然。它们显然认为一定能从最亮的地方找到出口，所以照做不误，其实不然。对它们而言，这个玻璃瓶超自然的神秘性是它们在大自然中所未见过的；它们从来没有碰过这种无法穿透的环境；它们的智慧越高，这个障碍就显得越发无法理解、越发奇怪，而且不得其门而出。苍蝇没有什么大脑、逻辑，不会朝着光成群飞去，只是四处飞舞，最后却能找到释放自由的出口。这个例子显示出单纯能获得幸运之神的眷顾，比较聪明的反而会筋疲力尽而亡。

韦克最后的结论是：

> 这个例子是说，实验、坚持不懈、不怕错误、风险、即兴创作、单一最佳方式绕行、僵化以及随机性，都是为了适应改变。松紧之间的对比最为强烈。造成差异的因素包括：方法和结果之间的关联、目的控制行动的程度、通过模仿相近者来找到解决方案、意见回馈控制搜寻、先前的行动决定后续的行动、过去的经验限制目前的活动、逻辑主导探索，以及智慧影响行为的程度，都有所差异。在这个例子里，行为者之间宽松的关系，让它们有机会找出成功克服环境重大挑战的方法。每只苍蝇和其周围的苍

蝇以及本身的经验，都没什么关联，可以进行无数的尝试，最后终于找到逃脱的办法。在这个例子里，宽松是个宝贵的资产，不过“宽松”何时、如何造就成功的改变，以及如何调整变化以适应宽松的现实面，则不是十分明确。

韦克、马奇以及其他学者都醉心于古典学派进化流程在组织发展中所扮演的角色。他们将企业和环境需求结合起来，向来都得到经济学家的肯定：如果企业不保持稳健、无法满足环境的需求，就无法生存。广义来看（尽管大多数管理层对此都感到不安），这项理论的确有道理。当今的《财富》500强企业，五六十年前大多不存在。在美国，过去二三十年间民间企业新增的就业机会当中，2/3来自员工不到20人的企业，全部都不是过去二三十年间的《财富》1 000强企业。美国的汽车产业巨擘曾经所向无敌，可是现在我们不禁怀疑，能够生存下去的会不会只剩一家。

在1960年，哈佛的李维特在《哈佛商业评论》名为《营销短视症》（*Marketing Myopia*）的文章中指出，每个产业都曾经是成长型的产业，可是天不从人愿，后来往往陷入恶性循环之中。业界管理者在尝到持续成长的甜头后，往往认定以后会继续成长，以为公司的产品无可取代，大量生产绝对有好处，产出增加必然能持续降低成本。所以他们只专注于审慎改善、制造成本降低的产品。这些因素都导致企业停止成长，甚至失败。

经济学家伯顿·克莱因在《动态经济学》（*Dynamic Economics*）里也提出经过仔细研究、非常类似的观点：“如果产业已经达到成长迟滞的阶段，则进步通常不是来自这个产业里的主要企业。事实上，在成长较为迟滞的产业里，产生新S曲线（主要的新成长模式）的50多项发明（他研究过20世纪50项主要的突破性发明）当中，没有一项来自产业里的主要企业。”吉尔德也阐述了克莱因的论点：“企业在产业里致力创造最具生产力的流程，结果往往会损害他们的弹性和创造力。”

市场会不断进化，适应力极为重要，几乎没有大型企业能够置身事外。我们研究的卓越企业大多无法永远维持繁荣兴盛，我们只能说，他们比大多数企业更悠久、更成功，比大多数公司更能兼顾规模和适应力。

我们相信，这主要是因为他们刻意在公司内部播下进化的种子（管理学者近年才开始注意到这个领域)。卓越企业是学习型组织，不会被动地等待市场接受，而是会创造自己的内部市场。(有位分析师表示，IBM掌握90%的市场占有率时，真正的管理奥秘在于营造令竞争对手恐惧的阴影。) 卓越企业建立各式各样的管理模式，力求避免僵化。他们进行更多的实验，鼓励多加尝试，允许小规模的失败，保持精简，和顾客互动更频繁（包括公司的每个部门）——特别是老顾客；他们还鼓励内部竞争，允许有成果的仿效和重复；使环境信息丰富，促进成功点子的散播。有趣的是，没有几家卓越企业会把他们的用心挂在嘴上。惠普、3M、DEC、王安、强生、布卢明代尔等杰出企业，对管理层在协调这类流程方面所扮演的角色更是三缄其口。他们一看情况就知道那是什么，而且也能找出恶化的端倪。不过他们跟我们一样，并没有完整的语言来说明这种现象。哈格蒂几乎让德州仪器的每个人都利用其OST系统将创新制度化，不过由于德州仪器具有井井有条、如系统般的本质，它所显示出来的，并非鼓励持续调整，而是压抑。

管理大师德鲁克多年前就预料到适应力的重要性，他在《不连续的时代》(*The Age of Discontinuity*) 一书中表示："商界人士必须学习如何建立及管理有创新能力的公司。"《经济学人》副总编辑诺曼 · 麦克雷则暗示："我认为美国大型企业依然是世界上最具效率的企业，因为他们懂得不断进行组织再造。" 长期研究商业战略的艾格尔 · 安索夫表示："……我们可以预期，结构将不再是界定组织能力的主要元素。结构将成为变革和非变革（unchange）的动态促进元素，也就是'有组织的混乱'（organized chaos）最终的模式。" 这让我们想起，当初为各大矿业公司研究探勘部门的成败，并为客户提交报告时，所有成功的探勘业者都认为"最重要的就是有组织的混乱"。我们的同事安德森在这项研究初期的报告里，描绘卓越企业的特质为热闹、生气蓬勃的环境。

这好像更加强了卓越企业"小即是美"、"小即有效率"的哲学。我们发现的种种现象，其分裂和混乱的程度远超出传统智慧的范围。这到底是怎么回事？规模经济怎么了？这些企业如何具备成本效益？他们难道不知道经济学的学习曲线吗？*Science 82* 在"当时这好像是个好主意"的单元里指出：

> 福特汽车公司10年前建厂生产V-8铁铸引擎，年产量达50万吨。本着大量生产有助于降低成本的原则，这座工厂高达4层楼，面积相当于72

座足球场，可是设计却过大、过于专门。当更轻型的引擎问世时，福特发现，要为这座庞大的工厂增添制造设备，将会所费不菲，于是关闭这座工厂，回头采用已有30年历史、比较小型的工厂。

这些卓越企业了解，在小得令人惊讶的规模之外，规模不经济（diseconomies of scale）似乎正全力反扑。1980年年初，我们向惠普研发部门副总裁约翰·多伊尔报告初步的研究结果，表示我们访问过的表现最杰出的企业（其中包括惠普）似乎将其部门和工厂“局部最优化”（suboptimizing）（定期进行组织再造，让单位和工厂的规模小于市场要素或是规模经济所需的程度）。我们虽然将此视为有益的要素，但他无视我们小心翼翼选择表达的字眼。他坚持说：“对我们而言，你们所谓的‘局部最优化’就是‘最优化’（optimal）。”

本书其余章节提到许多案例，这些案例的组织并不像其他书中所说的那般井井有条。小即有效的理念似乎是贯穿这些案例的主旨。我们发现许多部门、工厂以及分店的规模都小于成本分析师建议的程度。我们发现了“模拟创业精神”（simulated entrepreneurship），德纳的“店长”（其实是厂长）就是很好的例子。德纳大约有90名店长，他们采取分权制度，而非采取古典学派的经济理论。也就是说，他们各有自己的成本会计系统，各自决定采购事宜，各自掌控人事政策。我们观察过许多家公司，发现10人的工作小组通常比设备完善、动辄数百人的研发部门还要有创意。我们从各种案例里发现内部竞争、不同小组致力于相同的目标、产品线复制和重复，人们勇于尝试并且因承认错误而自豪，因为这些错误具有实用价值。我们还发现无数小型、行动迅速的工作小组，这些企业案例所采用的质量圈远远超出美国当时的一般企业。这些企业案例比较少采用标准化程序，而且更愿意放手一搏——“只要有道理、有效用，员工可以用任何方式来做事”。

我们相信这些发现动摇了一些重要的理论根基。我们发现的“分裂”即分解成可以管理的单位所提升的效率，远超过其他学者所宣称的程度。以目前的理论来看，小即有效率的观念通常是用在小公司的创新发明中，可是在大多数卓越企业里，管理实务也多半拥护这样的信条。有趣的是，我们越是深入探讨这个现象，越觉得缩小工作团体不仅是提升效率的途径，也是公司适应和生存的媒介。

宾州大学的奥利弗·威廉姆森是效率理论的顶尖学者，他的著作《市场与公司的等级制度》（*Markets and Hierarchies*）极为难以阅读、理解（作者在前言里也承认），所以未能获得应有的重视。威廉姆森主张，传统的规模经济学说严重低估“交易成本”，亦即沟通、协调和决定的成本。这跟我们先前所说的论点相呼应：员工人数若呈算数级数增加，沟通等方面的复杂度就会呈几何级数增加，许多要素需要彼此协调，所以协调的成本通常会让技术带来的规模经济徒劳无功。越来越多的实证支持了威廉姆森的论点。

威廉姆森的理念和我们观察到的现象十分接近，但其中有个重大的差异。他把世界视为非黑即白，如果从交易成本来看，某项事务交由市场处理（譬如外界人士），效能可能优于交由管理层处理，此事就必须外包进行。举一个小例子说明。在大型专业写字楼里，为植物浇水好像是不起眼的工作，可是要决定什么季节适合种植哪种植物，而照顾这些植物会占去内部人员相当多的时间。所以，外包给专门业者负责这份工作，会比较合乎成本效益（提供这种服务的通常是有眼光的聪明创业者，他们知道照顾植物有多么令人伤脑筋）。我们相信，公司内部具有完整的市场选择。IBM、惠普、3M、德州仪器、麦当劳、达美、菲多利、特百惠、福陆工程、强生、DEC以及布卢明代尔高层主管的做法都明显地反映出，各式各样的市场能在公司内部顺利运作。宝洁从1930年起就采用内部竞争的政策，斯隆更在20世纪20年代初期时将此政策应用在通用汽车公司内部。

这种做法牺牲了整齐划一，却获得了效率。事实上，收获不仅限于效率。大刀阔斧地缩编，企业才能快速行动，并从错误中学习。通过实验和犯错，发现意想不到的成果，新的战略方向也随之出现。

我们深信，大型企业不再创新，主要还是因为过于依赖大工厂、顺畅的生产流程、整合的运营、大型技术计划、严谨的战略方向。他们忘了要学习，也不懂得容忍失误。他们忘记当初公司能够成功，是因为公司文化鼓励行动、实验和不断地尝试。

事实上，我们也相信，真正有适应力的组织会以达尔文的方式进化。公司会尝试、实验、容忍错误。也就是说，他们会促进自己的变化。有适应力的企业会学着迅速淘汰不适合的东西，保留扶植可行的方法。我们认为，“适者生存”的企业所拥有的创造力，都不是靠精准规划达成的。这些组织就像马奇所说的防火墙，引导尝试、实验、错误，从大致正确的方向中偶尔发现重大的成果。

我们的同事李·沃尔顿认为，管理层的主要任务其实是“往大致的西方放牧”。

有人批评我们以达尔文主义作为比喻的做法是画地为牢，自我局限于小型、逐步的创新之中。批评人士认为，IBM 360计算机系统之类的大型突破产品，需要“背水一战”般地精心设计。我们想要提出这个问题，是因为这个论点极为容易以理论和实证加以反驳。从狭义逐步解读的进化理论来看（也就是逐步进化），这些批评人士的论点并无依据。譬如，顶尖的进化生物学家史蒂芬·古尔德就认为，人脑进化是随机进行的，根本不是逐步缓慢进步的。自此之后，情况就不曾改变。当然，重大的成功变化比起小型变化要稀有得多，不过这绝对是我们所期待的。不论如何，根据古尔德的说法，根据进化模式，重大的进展无须依靠全知上帝或精确规划。

事实证明更是令人惊讶。经济学家克莱因与其他学者在许多研究中都证明，在产业里，带来重大进展的人“从来都不是”产业领袖，反而是发明家或小人物，即使在钢铁和铝业等枯燥的产业里也不例外。而且，我们本身的研究也显示，从麦当劳（早餐菜单占了大约40%的业绩）到通用电气（工程塑料与飞机引擎），绝大多数重大商业突破都是来自主流之外的一小撮狂热分子。另一位长期观察这个现象的学者也指出，IBM过去二三十年间推出的重要产品，没有一项是正式系统下的产物。这不表示IBM没有好好规划新产品的研发计划，而是说明有时体制外的狂热分子，也有可能带来重大的变化。而且，重大发明的用途跟当初发明时的用意几乎都不一样。前面说过，当初计算机的应用有限，绝大多数都是应用在统计局；晶体管当初是为了军队而研发；内燃机车当初被视为只适用于集装箱转运；复印机起初是以小型、既有的平版印刷市场为目标，大量复印根本不是原来发明或营销的重点。

所以进化的说法适用于各种规模的创新、效率和效能。这个理论还有个重点值得一提。在生物学上，隔离可以防止物种受到外来灾难袭击，但是在商界却不能。变化（相当于新产品的尝试）可能偶尔会发生，但是选择（成功）却不太可能发生。所以，不能将产生变化的流程（实验、尝试、犯错）视为个案，必须配合真正的商业需求以及机会，和环境（主要是和顾客）密切互动才行。传统理论在这点仍然远远不及卓越企业的做法。

管理理论在大约15年前出现了重大的变化。我们前面说过，组织模型终于开始重视环境要素。保罗·劳伦斯以及洛斯齐在1967年进行了一项突破性的研究。杰佛里 · 普费弗以及杰拉德 · 萨兰西克则是当时进化理论的明星级年轻研究学者，他们在1978年出版了《组织的外界控制》(*The External Control of Organizations: A Resource Dependence Perspective*)。在1978年，马歇尔 · 迈耶也出版了《环境与组织》(*Environments and Organizations*)，其中包括七大理论性的章节，扼要地重述那10年间10项重大的研究计划。这些研究学者都掌握了正确的方向。譬如，普费弗以及萨兰西克表示："本书重点在于探讨组织的行为，各位必须了解这种行为的背景环境。组织和环境条件绝对是密不可分的。有人说组织会对环境进行逻辑思考，从中判断从事的相关活动。"这番话没有错，不过我们觉得有趣的是，在这三位学者划时代的研究里，居然找不到"顾客"、"客户"或是"委托人"这几个字眼。这些著作都讨论环境，却忽略了卓越企业和顾客的密切联系，譬如布卢明代尔在纽约地铁进行的意见调查（大多是象征意义的），以及DEC和其他企业各式各样的使用者实验。

有些研究学者更进一步探索，特别是麻省理工学院研究高科技企业的詹姆斯 · 厄特巴克以及埃里克 · 希普尔，他们研究表现较好的企业和其顾客的密切联系。譬如，厄特巴克谈到创新企业的对外联系："这意味着，和你所属的环境建立特殊而非一般的联系，和具有创意以及要求严苛的使用者进行联系，而且必须是私下进行的切身联系，所以技术生产者和顾客之间要进行相当密切的说明和试验。潜在使用者和为市场推出重大创新产品的企业之间，互动通常非常活跃。"可是厄特巴克和希普尔的著作并非主流，而且仅限于少数高科技企业。我们发现，企业和顾客之间密切联系的现象，其实并无产业之分。

巴纳德和塞尔兹尼克50多年前就讨论过文化和价值的塑造；西蒙大约在同一时期开始讨论理性的限制；钱德勒40多年前著书提出环境影响论；韦克在30多年前开始讨论进化的模拟。问题是，这些理论至今没有一项成为主流，所以对企业经营的影响微乎其微，甚至可以说毫无影响力。第二个问题，我们认为更重要的是，这些著作绝少提到卓越企业里各种现象间的关联性，他们没注意到，这不光是实验，而是以数千项实验构成卓越企业的经营特质；不只是内部竞争，而是所有的资源配置都通过内部竞争进行；不只是小即是美，而是指企业有好几百个超小型单位；不只是和顾客进行联系，而是通过各式各样的方法，下至会计上至CEO，每个人都和顾客定期联系。简而言之，卓越企业的核心管理实务不仅超越以往的管理理论，他们简直把传统的管理智慧当做耳旁风。

05 采取行动

八成的成功率已经出现。

——伍迪 · 艾伦

最重要的是尝试。

——FDR

准备，射击，校准。

——吉百利公司CEO

东非的体育场有一种难以言喻的魅力。书籍无法掌握这样的精髓，幻灯片、电影甚至奖杯也无法企及，人们只有身临其境才会感受到。曾经去过的人可以热烈讨论好几个小时，从未去过的人却无法想象。

我们在描述某个似乎可以支持其他特质的卓越企业特质时，也体验到这样的无力感，这个特质就是行动导向。譬如，我们曾经对某位负责项目管理协调的主管说明，试图让他了解如何大幅简化公司复杂的形态、流程、文书工作，以及各委员会之间的互动，“3M和德州仪器好像都没有这些问题。大家不过是定期彼此沟通”。但他面无表情地看着我们，可能我们这些话听起来一点也不像是美妙的建议，更说不上有用。所以我们接着说：“您的公司不是3M的竞争对手。我们哪天去3M总公司圣保罗瞧瞧，你看了就会惊讶。”

3M的友人同意我们入内参观，所以我们得以对该公司各种情形尽情观察。当时有许多非正式的会议正在进行，业务、营销、制造、工程部门的人员以及研发人员，甚至会计部门人员，坐在一起谈论新产品问题。我们刚好有机会参观其中一项会议：3M的顾客来访，和4个单位大约15名员工讨论如何加强对他们公司的服务。他们的发言都很随意，没有四平八稳的结构。一整天走到哪里都会看到人们以看似随机的方式见面、开会。参观完毕后，我们这位朋友终于也认为这很难诉诸言表。现在他的问题跟我们一样：他对任何人都不知道该如何描述这样的情景。

行动导向很难描述，不过"行动"确实是应该尝试的做事方法。这是个复杂的世界，许多公司喜欢写报告，有些甚至动用几百名员工，大家被压榨得肠枯思竭，仅存的是员工的一点忠诚而已。大型企业更像大型实验室，大量制造各种报告和专利证书，很少有新产品。这些企业有太多委员会和工作小组，层层叠叠的框架，反而赶跑创意，妨碍行动，工作起来不切实际，员工从未卖过、试用、品尝产品，有些甚至连产品是什么样都没有见过，而只是靠别人撰写的各种枯燥报告来了解。

大多数卓越企业却截然不同。它们当然也有工作小组，不过小组成员却只有少数几人，工作几天就能解决危机，创造佳绩。这比35人组成的工作小组，工作18个月，结果只得到一本500页的报告高明得多。

许多大型企业在面对复杂问题时，采取完全理性的回应方式：协调、研究、组织委员会、需要更多的资料（或是新的信息系统）。的确，世界极为复杂，大型企业也一样，所以用复杂的系统解决问题，好像说得通。不过这种流程往往运用过度。这样复杂的程序只会使组织反应迟钝，不能适应外界变化。

卓越企业让我们了解到，任何问题永远都有更好的对策。卓越企业似乎特别富有卓越的技巧，能克服呆板迟钝的现象。他们的方法包括各式各样的行动战略，特别是在管理系统、组织流动性以及实验等领域。这些设计可以简化系统，厘清哪些业务最重要，或是单方面限制目标的数目，以促进组织的活力。

组织流动性：走动式管理

本尼斯在《当前社会》（*The Temporary Society*）以及托夫勒在《未来的冲击》[①]（*Future Shock*）里都指出"变形虫组织"对企业的重要性。他们指出，

① 托夫勒《未来的冲击》中文版已由中信出版社2006年6月出版。——编者注

在变化快速的时代，光靠官僚组织是不够的。这里所谓的“官僚组织”是指正式的组织框架，其建立主旨在于处理例行、日常的业务，譬如销售、制造等。“变形虫组织”则负责处理新议题，包括官僚组织漏洞，或是横跨许多层级而无从判断权责归属导致无人做事的议题。

所以组织流动性的概念并不算新，倒是卓越企业懂得善于运用，才称得上新颖。不论是沟通，还是为特殊目的而设的项目小组，卓越企业都能迅速采取行动，因为它们的组织具有流动性。

卓越企业的沟通本质和沟通方式，与一般企业大不相同。卓越企业拥有大量非正式、开放的沟通网络。这种沟通模式和密集度鼓励适合的人彼此定期接触，而且由于这种接触的定期性以及本质（譬如在准竞争的情况下，同事之间的接触），系统的混乱和无规律得以受到良好的控制。

卓越企业非常重视不拘形式的自由沟通。譬如在迪士尼，从总裁开始，每个人都佩戴名牌，上面只有名字，没有姓氏。惠普公司的员工彼此直呼名字，后来还采取开门政策。IBM投入大量的时间和精力推行开门政策，这项政策是沃森当初的重要理念之一，尽管员工人数后来已达35万人，但这项政策依然存在，董事长依然亲自处理所有的投诉信件，不论员工等级为何。开门政策在达美航空也发挥了很大的功效；李维斯牛仔裤极为重视这项政策，甚至以“第五项自由”称之。

不拘形式的沟通，让管理层走出了办公室。联合航空公司的埃德 · 卡尔森将自由沟通称为“看得见的管理”（Visible Management）以及“走动式管理”。惠普把走动式管理视为“惠普之道”的重要一环。

另一个促进不拘形式自由沟通的关键是实体环境的配置。康宁公司在新盖的大楼里安装升降电梯（而不是手扶电梯），希望以此增加员工们面对面接触的机会。3M赞助由十几个员工组成的俱乐部，让他们有机会在午餐时间或一般私下接触时解决问题。花旗银行某人员指出，长期以来运营人员和信贷人员的意见一直很难一致，后来公司把他们的位置安排在同一楼层后，争执就顺利解决。

这些例子的重点是什么？答案是大量沟通。惠普所有的黄金定律都跟加强沟通有关。就连惠普的社会环境和实际环境也强调更多的沟通：在位于加州帕洛阿尔托的公司里，随处可见许多人聚在一起讨论如何解决问题。这些特殊会议的成员，很可能包括研发、制造、工程、营销以及销售部门的人员。但是大多数大型企业的经理和分析师却从不一起开会或是跟顾客讨论，也从不看看或是碰碰产品（我们说“从不”还是客气的）。一位惠普的朋友在讲到公司主要的实验室组织时说：“我们并不十分清楚什么结构最好，唯一能确定的是，我们凡事都从大量非正式沟通开始，这是一切的关键。我们必须不惜一切地保留这个传统。”3M也有类似的信念，它的一位主管表示：“你们研究卓越企业的八大特质，我觉得还缺一项。你们需要第九个特质：沟通。我们彼此自由沟通，没有繁文缛节或是正式程序。”这些例子凸显出虚拟“保持联系技术”，也就是不断保持私下接触的重要性。

一般来说，我们观察到，定期、正面的同事评估具有极大的威力。以特百惠公司为例。该公司仅生产简单的塑料碗就获得了两亿美元的税前利润，营业额约有8亿美元。管理层的关键任务是鼓励8万多名销售人员，每周一晚上举行“销售员大会”，全体销售员都要参加。会议中会举行全体同人起立致敬的仪式，每个人根据上星期的业绩依序上台。只要尽一点努力，几乎每个人都可以得到一枚胸针或是勋章，或是好几枚胸针或勋章。个人上台后，再以小组为单位，轮番上阵。这一方面是一种处罚方式，每个人都难以避免直接竞争；另一方面，这也有正面的意义，因为每个人都是赢家，会场都是拍手和欢呼的声音，而且采取非正式的评估方式，比一本正经的书面考核还有效。事实上，特百惠公司这个制度的目的是利用公布战果辉煌的好消息，来激励人心并加以庆祝。每个星期都有各式各样的比赛。譬如，主管会挑出三个业绩不佳的销售员，告诉他们，未来8周业绩进步最快的人就可以获得奖励。总计每年有30天的庆祝活动，15 000人得奖，还有颁奖活动以及各种仪式。整个环境充分运用正面激励的效果。

最重要的是，在惠普、特百惠和其他企业里，管理层致力于以下两件事：(1) 高层主管以各种正面激励的方式来表扬任何有价值且已完成的行动；(2) 大量制造振奋人心的机会。

我们进行第一轮卓越公司访谈时，三位主要的调查人员大约6周后会合，试着摘述最重要（以及不同的）心得时，大家一致同意卓越企业都有自由沟通意见的良好环境。我们自此再也没有改变过这样的看法。丰富、非正式的沟通，是这项成功游戏的代号，而其惊人的副产品是鱼和熊掌兼得。也就是说，经常沟通能激发大家多行动、多实验、多学习，并且能够保持优势。

现在，再想想这点。《欧洲货币》（*Euromoney*）杂志报道指出："大通银行资深主管虽不情愿，也不得不佩服花旗银行。在花旗银行，如果有不满意之处，就会着手加以改变，不是像我们这样逐步改善，而是立刻改进，就算必须彻底颠覆也在所不惜。"再让我们看看以下的案例。IBM某主管曾说："据说早在20世纪60年代，IBM就设下目标，要在短短几周内大幅重整。"IBM依然秉持同样的价值观，这种价值观所带来的稳定性，让IBM得以调动大量的资源克服某个特定的问题。另一方面，规模达3 500万美元的运动用品公司TRAK的CEO指出，为了激励公司的明星人才，他必须采用弹性的组织形态："你不得不断推出新项目，以留住有价值的人才……（我们的方法）是有弹性的组织再造以及工作小组，并以此作为长期组织计划的一部分。"

哈里斯（Harris）公司同样也完成了几乎不可能完成的任务，那就是解决将政府研究经费拨到商业领域的问题。其他许多企业都试过，但是几乎全都失败。哈里斯成功的主因在于管理层定期将工程师（25~50人）转出政府项目，将他们集体转入新的业务单位。波音的成功也是因为采取类似的做法。有位主管说过："我们可以在两周内做到这一点（成立一个新的大型单位）。在国际收割机公司（International Harvester）连花两年都办不到。"

卓越企业在这方面的做法各有不同，不过都可以归纳出一个重点：不断调整人们转移资源的意愿，譬如工程师团队、营销人员团队、各单位的产品等等。

切割划分

我们很清楚地记得，有次拜访某大航空公司产品事业协调部门的主管，此人曾经成功地解决劳资纠纷，因此获得现有的地位。他的办公桌上空荡荡的，他一味翻着《哈佛商业评论》里讨论人际关系的文章。当我们讨论他打算进行的计划时，他拿出一份清单，上头列举着他担任主席的各个委员会。这是一个过分强调矩阵组织的现象，容易造成职责零碎的工作环境。这和卓越企业的环境不一样。

有位主管过去曾执掌埃克森亚洲分公司，后来在某个高层管理会议上就"战略"发表演说，说出公司进步的传奇故事。这是公司关于高瞻远瞩、战略行动大胆的故事吗？我们认为不是。它是由一连串务实行动所串成的故事。在他任职的10年中，几乎每年都可以解决某个问题。有一年，地区总部派遣一个特别小组协助整治应收账款，另一年则是解决关闭亏损部门的问题。还有一年是针对经销商进行创新的安排。这是我们“组块理论”解决问题的典型例子。我们相信，企业成功的关键要素不过是正视实际的问题，加以克服，而且立刻采取行动。埃克森在日本的分公司只是几近完美地执行一连串实际的措施，让每个问题变得容易管理，然后一一加以克服。每个计划所需的时间都很短。无疑，在这么短的时间内，这些计划自然成为大家的首要目标。这听起来好像是战略性的远见，不过我们认为这是一个比较突出的特征：他们确实在执行一连串实际的任务。

在此有个基本的原则，也就是所谓“切割划分”这种以行动为导向的重要特质。这是指把事物分解开来，以促进组织的弹性及鼓励采取行动。这些以行动为导向的小单位有许多不同的名称——推介人、团队、工作小组、沙皇、项目中心、臭鼬工厂以及质量圈，不过这些名词都有一个共同之处——它们不会出现在正式的组织图上，也不会出现在企业的通话录里，它们却是维持弹性组织最明显的环节。

这些小团体是项目小组机制里最明显的部分，也就是卓越企业基本的组织单位。一般想到基本组织单位，通常是谈比较高层次的部门或那些会出现在组织图上的名词。不过在我们看来，小团体更重要，它能使组织有效运作。在这方面（以及许多其他层面），卓越企业看起来极具日式风格。在《日本第一》（*Japan As Number One*）一书里，作者埃兹拉 · 沃格尔表示，日本企业整体的业务和组织结构，都是以课长（Kacho）以及 8~10 人的小团体为核心。公司重要的基本构成元素是部门（section），而不是由某个配有个人秘书、助理的人负责特定的职务……这些基层小组在各自的领域里自行采取行动，而不是等待高层主管下令……系统要有效运作，这些部门主管一定要相当了解公司的目标，这点是美国企业所欠缺的。要通过长期经验以及多年和各级人员沟通，才能累积这样深厚的了解。

以小团体为组织基本单位的做法，在美国也奏效，只不过这种做法并非美国固有文化的一部分。3M 有好几百个由 4~10 人的团队负责开发新产品，德州仪器则有 9 000 个小组努力提升生产力。在澳大利亚，ICI 总监德克 · 齐德勒（Dirk Ziedler）在 20 世纪 70 年代初期仿效日本企业小组的形态，成立一连串环环相扣的团队。这家公司是澳大利亚少数具有绝佳劳动记录的大型企业之一。

小型团队真正的威力在于它极富弹性。3M随处都有新产品团队，没有人会担心这些团队是否会破坏原有的组织制度。德州仪器董事长谢泼德形容他的公司为“一个机动性、以项目为导向的环境”，这样的形容的确相当恰当。杰出企业令人称道的地方在于，应该发挥功用的地方就绝对不会失灵。

卓越企业能够有效运用团队，这点和学术界在小型团队研究的结果相吻合。譬如，卓越企业提升生产力或是新产品的团队通常是由5~10人组成。学术界的研究对此有很明确的结果：在大多数研究里，最理想的小组规模约为7人。其他的研究结果也支持这个论点。志愿加入、有限定期间，以及自行设定目标的团队，通常会有更好的成效。

特殊工作小组。特殊工作小组可说是有效行动的缩影。不过，这种小组也可能集无可救药的官僚组织之大成。我们对此印象非常深刻！例如，有个客户是规模达好几十亿美元的企业。我们对该公司的工作小组进行调查，发现这类单位总共有325个，数目虽多，但是长期以来却没有什么值得一提的工作表现。让我们真正感到震惊的是，在我们走访三年来，没有任何一个小组完成任务，也没有任何一个小组遭到解散。我们在另一家公司随机挑选工作小组的报告进行研究后发现，这些报告通常都超过100页，需要有20~50个主管的批示签章才能通过。

让我们简短地回顾工作小组崛起的近代史。工作小组一开始当然是以各种未被归类的形式出现，不过美国国家航空航天局和北极星（Polaris）计划为其赋予了正式的名称。美国国家航空航天局发明了特殊工作小组的结构，并在初期计划中发挥了很大的功效。这种结构在北极星潜水艇计划的成效更为卓著。工作小组的概念传播到产业界，几乎被应用在所有的事情上。到20世纪70年代，工作小组在大型企业已极为普遍，它本来的目的是要解决组织的僵化，结果不但没有成功，反而成为企业僵化体系的一部分。

事后看来，这些大企业的做法出了一些差错。就跟行政体系的其他工具一样，工作小组发展到最后，自己也成为问题的一部分，不但充斥着繁文缛节和协调工作，而且未能以任务为导向。烦琐、拘泥、墨守成规的组织未将工作小组视为紧急行动的独立单位，而是使它变得一样僵化。结果工作小组和协调委员会如出一辙，只是名称不同而已。它最后和其他被误用的管理工具一样，不但没解决企业的问题，反而使情况恶化。

这是坏的一面。好消息是，做法正确的公司能接受变动，而且组织具有弹性，工作小组就可以成为有效解决问题的工具。其实，工作小组是对抗矩阵组织缺点最有效的工具，它强调必须跨部门解决问题并且积极加以实施，而非靠建立永久的方式来实现。

有个故事可以说明这点。在进行调查工作期间，某个寒冷的2月天，我们走访DEC位于麻省梅纳德的总公司。在正式的访谈之后，我们请一位主管说明接下来几天他打算进行的工作，希望借此了解DEC内部的实际运作情况。

他表示将会和6位同人重新安排全美的业务人力。这7人都是资深的生产线经理，都可全权决定改革项目。我们是在周四和他谈话，他们即将在当晚前往科罗拉多州韦尔市。他表示："我们会在周一晚间回来，预计将在周二宣布对业务单位的改革计划。第一阶段的执行工作应该会在一周后完成。"

我们后来进行更多的访谈后发现，其他企业的做法和他们大不相同。DEC、3M、惠普、德州仪器、麦当劳、德纳、艾默生电气以及埃克森运用工作小组的方式，和其他企业的官僚模式大相径庭。卓越企业的工作小组都能依应有的方式运作。

卓越公司的工作小组人数并不多，通常只有10人或是不到10人。的确是先前所说小型团队的化身。官僚模式里的工作小组则正好相反，只要是有一些相关利益的人都可以参加，结果规模可能不断扩张，通常多达二十几人，有些甚至达到75人。工作小组的重点应该是只让主要行为者加入行动小组。不过这样的安排须以信赖作为基础，也就是说，未能加入小组的人能够信赖小组会努力为他们争取权益，所以许多公司都无法做到这一点。

工作小组汇报的层级，以及成员的资深程度，都跟问题的重要性成正比。如果问题很严重，几乎所有成员都必须是资深主管，而且整个工作小组应直接向CEO汇报。这些成员必须有执行权限。诚如DEC某位主管所说的："我们只要资深成员，不要替代品。我们希望成员能够尽快完成任务，然后解散工作小组，回到原来的工作岗位。"我们将此称为"忙碌成员理论"（busy member theorem）。

工作小组的存在期通常很短。这是个极为重要的特点。在德州仪器，工作小组的存在时间通常不超过4个月。卓越企业都不希望工作小组存在6个月以上。

成员通常是自愿参加。3M是最好的例子，该公司某员工说："如果迈克要求我加入工作小组，我会照办。这是我们做事的态度。不过这最好是个真正的问题，而且最后有些成果。否则，我再浪费时间协助迈克，就会被骂得很惨。如果是我的工作小组，我会努力确保每个参与者都能从中获得真正的价值。”

工作小组是在需要时迅速成立的，通常没有正式的组织章程。因为在复杂、多部门的环境里，工作小组是解决问题的主要办法，所以受访企业都能视需要紧急组织工作小组。先前说过某家公司有325个工作小组，每个工作小组都有一份正式撰文的组织章程（通常都很冗长），与此形成了鲜明对比。

后续追踪考核进行得极为迅速。德州仪器在这方面可以说是各界的表率。工作小组成立三个月后，必须对资深主管报告成果。“没什么成果，我们还在写报告”可不是个令人满意的答案。

不安排行政人员。在先前提到的325个工作小组里，大约半数都指派全职的行政人员专门处理大量文件。在德州仪器、惠普、3M、DEC或是艾默生电气里，没有一家指派一个写报告的人充当经理人、“某人的助理”或是全职撰写报告的人。

档案文件顶多是非正式的，而且通常少之又少。如某位主管所说：“这儿的工作小组不是为了制造文件而成立的，而是为了找出解决方案。”

最后，我们必须重申背景环境的重要性。IBM的弗雷德里克·布鲁克斯在讨论发展360计算机系统时，强调开放沟通的必要性。他是设计360计算机系统的主要功臣。虽然360计算机系统是个庞大的项目小组，比一般工作小组的范畴更广，但其结构是流动性的。根据布鲁克斯的说法，他们经常进行组织再造，成员之间联系频繁；所有的主要成员每周开会半天，以核对进度并且决定变革计划，同时在会议结束12个小时内公布会议记录。因此，每个参与者都可以取得所需的信息：譬如每个程序设计师都可以看到项目所有团队的资料，而不只是扮演顾问的角色。布鲁克斯表示：“每个人都有权负责某件事。”360计算机系统团队每年召开“最高法庭”会议，通常要花整整两周举行。别处无法解决的问题，都可以在这两周内通过密集的讨论顺利克服。我们观察的企业大多无法做到让20位主要干部离开工作岗位两周，或是每周开会半日，也没有广泛交换信息，或是让所有参与者都有权限承诺负责某件事。

卓越企业和一般企业在这方面的差异极为明显，在此以另一个例子做结论。我们曾经手一个案例，评估某计算机管理信息系统项目的失败原因。这是一个跨公司的项目，并以工作小组的形态进行。我们汇集这个项目历年来点点滴滴的活动，发现他们虽然大致遵守工作小组管理原则，但是计算机人员和部门人员却几乎不曾面对面沟通。譬如，他们大可搬到同一栋大楼，甚至在同一间办公室工作，可是双方都不愿意这么做。他们进行实地参访时，大可住在同一家饭店，可是他们从不如此。其中一方宣称他们住的旅馆比较便宜，另一方则反驳说，他们住的旅馆比较靠近工厂。经过好几个小时的参访行程之后，他们大可一起用餐，可是其中一方喜欢打网球，另一方则没有兴趣。这些理由听起来都很愚蠢，客户公司的主管一开始还不敢相信。不过当我们召集双方人员对质时，他们终于不甘心地承认以上所说的每一件事都是真的。但愿我们能说后来一切都有了改善，可是事实并非如此。从商业的层面来看，这个项目似乎面面俱到，但最后还是难逃失败。

项目小组以及项目中心。大家都喜欢作工作小组的分析，不过这种普遍的工具在卓越企业里却和其他一般企业大不相同。工作小组是卓越企业临时成立、振奋人心的特别组织，可以说是解决、管理棘手问题的实质性办法，也是促成务实行动的不二法门。

IBM采取非常大型的工作小组，或称项目小组（另类的变形虫组织）进行360计算机系统项目。人们说这个项目的进行一直断断续续，不过360系统组织（特别是在其最后几年）显然吸引了公司最顶尖的人才齐心协力完成任务。波音、柏克德和福陆工程等企业更是一直都采用这种大型项目小组。的确，这是他们经营的根本形态，甚至可以说，其工作都是以项目进行的。他们迅速调整工作结构（处理日常事务的固定结构，以及项目团队的结构）的能力令人刮目相看。不过看着平常不常采用项目团队的企业如何在老手的带领下轻松转入这种模式，才更令人佩服。IBM和360计算机系统好像就是如此，我们对此也留下了深刻的印象。

另外特别值得一提的是通用汽车对临时结构的运用。美国汽车产业面临极大的挑战，管理不够迅速，经费缺乏。尽管如此，规模达600亿美元的通用汽车历经三年的努力，击败国内主要竞争对手，让我们刮目相看。他们凭借的主要工具是典型的临时性组织，也就是项目中心。通用汽车的项目中心从该公司传统独立的部门号召1 200位主要员工，包括首席工程师等重要人物。项目中心历时4年，具有明确的任务：明确制定并进行缩编工作，以及回到各单位进行最后的执行工作。这个例子的最神奇之处在于，当任务完成时，这个项目中心也于 1978 年消失。事实上，通用汽车对缩编的成效极为满意，因此决定在 80 年代以此作为组织的主要模式。现在在特殊项目中心大楼里有 8 个项目中心，其中两个针对电动车以及整体引擎计算机化的工作进行研究，另外一个则是研究员工议题。

大多数企业在面临重大战略性的问题时，不是交给规划的行政人员处理，就是塞给忙碌的一线经理。如果这样做，行政人员根本无法提供承诺，一线经理也无法动员起来。IBM的 360 系统或是通用汽车的缩编项目，都是极为显著的例子，足以说明如何成功克服这类问题。

日本人非常擅长运用项目小组的形态。譬如，为了在机器人或是微机领域取得世界级的地位，日本人号召各公司的骨干加入项目中心进行基础研发工作。解决关键性的技术问题后，这些人便回到原来的公司，再度疯狂地彼此激烈竞争。产品在日本经过激烈竞争的锤炼之后最终问世。

本田的CVCC项目就是一个例子。CVCC召集多位骨干离开工作岗位，投入该项目工作达数年之久。佳能在开发Canon AE-1 时也采取同样的做法，亦即召集 200 位资深工程师加入为期两年半的"X工作小组"，直到AE-1 成功开发出来并顺利在市场上推出为止。

切割划分的理念还有无数的例子，本书稍后的章节会介绍。目前我们要提出四个重点。第一，有关成本效益和规模经济的理念，让我们陷入大型行政体系的迷思之中，这样的体系根本无法运作。第二，卓越企业发现无数的方法可以分解事物，以促进组织的弹性，并组织适当的资源解决问题。第三，所有切割划分的理念和其他工具都需要背景的配合，否则无法发挥成效。企业的态度、气氛以及文化都必须以平常心看待临时行为，认为这样做比行政体系下的行事作风还要正常。最后，能够促进临时行为的环境，并非像表面上看起来的那样缺乏结构和混乱，这种环境看似缺乏正式组织，其实具有共同的使命感、内部张力以及竞争，这样的文化行之有效。

实验型组织

"执行、调整、尝试"是我们最喜欢的格言。韦克也说："混乱的有所为比起有秩序的无所为更为可取。""别光说不练"，也是同样的意思。**着手进行**，特

别是在复杂的环境之下，其实就是放手尝试。只有确定明确的学习目标，而且付诸行动，学习和进步才能够累积。以实验来比喻这样的管理过程最为恰当，从更为广泛的层面来说，也就是实验的过程。

卓越企业的行动，最为重要、最明显的部分就是他们愿意尝试、实验。实验绝对没有快捷方式，它是一种完整的小型行动，可控的实验，让你能够从中学到一些东西，就跟上高中化学课一样。不过我们从经验中发现，大多数大型机构都忘了如何实验和学习。他们比较偏好分析和辩论，而且因为害怕失败（哪怕是极小的失败），对实验裹足不前。

《科学》杂志有篇文章就提到这个问题。美国国家航空航天局“发明”“成功导向管理”（Success Oriented Management，SOM）技术来控制航天飞机的开发工作。这套技术假设所有的事情都会顺利进行。如某位主管所说，“这意味着事无巨细的设计工作”，目的是消除实验硬件过程中重复和可能多余的开发环节，以克服美国国家航空航天局面临的成本压力。不过正如《科学》和其他刊物所指出的，这项做法耽搁了整体完成艰巨工作的时间，以致发生许多尴尬事件，还有所费不菲的重新设计、混乱的人员安排，以及表面上诸事顺利的假象。《科学》指出：“这种管理方式不切实际，不了解计划状态，也看不见进度和成本赤字。”

他们开发航天飞机三个主要引擎的情况，正是最好的写照。《科学》报道指出，“美国国家航空航天局的主要承包商没有分别测试引擎零件，而是把所有的零件焊接在一块，打开了电源。他们造成至少5场重大火灾。”在SOM的影响之下，美国国家航空航天局主管开始把预测和现实混为一谈（公正地说，他们可能迫于政治现实而不得不接受）。有位分析师表示，美国国家航空航天局深受“过度迷信技术”之苦。他说：“管理者过度自信，以为技术上的突破可以挽救这个形势。”美国国家航空航天局以前绝对不是这样，以前他们会故意留些空间，定期进行实验，并且能够准时完成计划。

类似的例子不胜枚举，这在管理实务上也很常见。譬如，某大银行准备在竞争白热化的市场上推出旅行支票，于是组成工作小组，努力了18个月，报告堆满了整个档案柜。但是在发行前夕，我们询问项目领导人，在测试市场方面做了哪些工作。他回答说，他已跟亚特兰大的两位银行界友人讨论过旅行支票的事宜。“两位？”我们难以置信地问道。他很肯定地说：“两位。我们不确定这个项目会不会获得通过，所以不想透露自己有什么筹码。”

我们每天都会听到这样荒唐的借口。另一方面，某位任职于Zellerbach纸业公司（宝洁在纸产品市场的竞争对手）的朋友却提出精辟的见解，让我们印象深刻：“宝洁不断测试、测试、再测试。你看着他们努力好几个月，通常是好几年。不过你也知道，当他们达到目标时，可能也是你退出市场，另寻利基市场的时候了。他们的测试全面而详尽，考虑到了所有的变量。宝洁显然不怕实验，也勇于昭告天下他们的下一步行动。为什么？我们觉得，这是因为他们在全美市场推出产品之前，从实验中学习得到的附加价值，已超过意外失败所要付出的代价。”

这点是宝洁和大多数卓越企业都具备的特质。德州仪器的查尔斯 · 菲利普斯表示，公司早年崭露头角，主要是因为愿意大胆尝试，能够迅速学习，从实践当中吸取宝贵的经验（几乎是任何事物都可以学习）——这番话充分显示出实验的精神。“他们自己也很惊讶：一家规模只有2 000万美元的小公司，资源相当有限，却能在2T领域超越贝尔实验室、美国无线电公司（RCA）、通用电气等大公司，因为它们勇于放手去做，而不是只埋头于实验室。”

许多例子都呈现出同样的实验精神。柏克德的资深工程师对他们奉为圭臬的信条津津乐道，“不断尝试，不断去做”。福陆工程成功的主要因素可能就是他们所说的“设立构想，付诸实施”。在Activision（动视）公司，电子游戏设计的关键为“尽快做出游戏，弄出一些可以玩的东西，让你的同事立刻玩一玩。重要的不是好的点子，我们要看的是实际成品”。在位于旧金山、规模达2 500万美元的家居用品设计公司Taylor & Ng，老板吴先生（Win Ng）表示其理念是：“尽快设计出产品原型，是我们设计师的首要目标，也是任何设计师的首要目标。不看到、摸到成品，我们不会相信这个原型。”

在惠普，产品设计工程师不论设计什么，都会把东西摆在桌子上，好让大家可以随手玩玩，这是他们向来的传统。全体员工的理念重点是到处走动，员工彼此的信赖程度极高，大家可以放心地随手把玩同事正在发明的东西。有个年轻的工程师说：“你很快就会发现，应该有些什么东西可以让人们玩。上班第一天就有人跟你说，来玩你产品原型的人说不定就是某个主管，甚至可能是老板休利特或是帕卡德。”惠普也很重视“邻座的联想”。这是指环顾四周，看看旁边座位上的同事，想想看你可能发明什么东西使他们的工作更为便利。

3M研发部门主管罗伯特·亚当斯表示："我们的战略是生产一些，卖掉一些，然后再多生产一些。"麦当劳的实验菜单、店面形式以及定价计划，比任何竞争对手都多。和德纳进行访谈的前三个小时，我们常听他们提到工厂正在进行六十几种生产力实验。前面提过宝洁，以一名分析师所提出的"崇拜实验"而闻名。管理卓越的企业每天都有类似的例子。一名分析师说："布卢明代尔百货公司是唯一会进行整体实验的大型零售商。"事实上，李维斯牛仔裤有位员工的说法也印证了这样的观察。他在参加一项座谈会时表示："布卢明代尔百货公司跟我们采购牛仔裤后，将它们漂白。我们就是这样得到褪色牛仔裤的点子。"假日饭店据说在它的两百个连锁旅馆实验，针对房间、定价以及餐厅进行变换。极为成功的奥丽达公司也是不断进行市场测试、口味测试、定价测试以及消费者小组实验，CEO对于这些实验及其结果的了解，不亚于他对财务报告的了解。

其中的关键要素，在于创造环境和一套方法，鼓励大家不断实验。晶体管发明人的一番谈话，充分揭示了实验的精髓：

> 我比较倾向走一步算一步的做法。你要怎么展开工作？有的人读了很多东西，可是哪儿也到不了。有的人什么也不读，什么成果也没有。有的人到处问人，有的人则是什么也不问。我跟自己的人说，"我不知道怎么开始一个项目。你们何不放手去实验？但是有个原则，不要一开始就进行需要耗时6个月才能知道结果的项目。你只需要努力几个小时，就能从中得到一些心得，这就是一些小小的进步。"

奥格威也表示"试验"最重要：

> 在广告业，最重要的词汇就是"试验"(test)。如果顾客先试验过你的产品、广告，它们便能在市场上有亮丽的表现。25个新产品当中，通常有24个无法通过市场测试。制造商如果不进行测试，就会因为产品全盘皆黑而背负沉重的代价（而且很丢脸）；如果经过测试，悄悄淘汰某些产品，就不会浪费过多的成本。测试你的承诺，测试你的媒体，测试你的头条和其中的说明，测试你的支出水准，测试你的广告。绝对不要停止测试，这样你的广告就能不断地改善……大多数大型企业的年轻人好像以为获利跟时间没有关系。当杰里·兰伯特首度以李施德林漱口水获得突破性的成功时，

他以月为单位，加速营销流程。兰伯特不局限于年度计划，而是每个月评估广告和获利。结果他在8年中赚到2 500万美元，而大多数人需要12倍的时间才能做到。在兰伯特的时代，兰伯特制药公司（Lambert Pharmacal Company）是以月为单位运作，而不是以年。我推荐所有的广告业者都采取这样的做法。

现为雷曼兄弟董事长的彼得·彼得森谈到他在担任贝灵巧公司（Bell & Howell）总裁时的经验，说了一个很生动而具体的实验：

你们有没有听过变焦镜头？到一家公司当新人的最大优势之一在于你完全不知道哪些事情不能做。我当初还以为有变焦镜头的照相机是用来看足球赛的。在我的心目中，它是贵得吓人的东西。有天我在实验室，刚好有个变焦镜头。我这辈子从来没有看过这个东西，我把它放到眼前——哇，这东西的确了得。有人跟我解释，表示这并不适合作为消费品，因为价格太贵等等。我问道："把这做成照相机，会花多少钱？只是上头装个变焦镜头而已？"他们说："你是指粗略地调整吗？我想可能得花500美元。"我说："哦，那就做吧。我的薪水很高，如果我们再继续讨论一两个小时，至少要耗费500美元，就这么办吧。"我带着这个照相机回家。那天的晚宴上，我把这个变焦镜头放在钢琴上，请大家来参加一场非常精密的市场研究（其实，就是请大家凑近看镜头）。大家的反应好极了："天啊，这实在是太神奇了！我从来没见过这样的东西。"于是我们就以500美元生产这种相机……如果更多产业愿意以低成本尝试新点子，也许市场的反应会更不错。

彼得森的故事透露出企业实验精神的几个重点，其中最明显的是以尝试替代分析所达到的成本效益。其次是，手边有一个产品原型可以激发人们以更具创意和具体的方式思考。在《语言与人生》（*Language in Thought and Action*）这本经典著作中，早川先生"此牛非彼牛"的说法精确地指出了这个现象的精髓。贝西的牛不是珍妮的牛。他要说的是从一个抽象层次跳跃到另外一个层次的重要性——从贝西的牛到珍妮的牛，以便清晰地思考或是有效地沟通。

譬如，我们有位同人曾经出于好玩的心理，试着调配自制的肥皂。制作过程并不会过于复杂。我们使用的制作说明写得很清楚，有时候用词遣字还颇为优美。不过我们犯了一连串的错误，在短短两三个小时之内，就学到了许多心得和小技巧。譬如，碱溶剂和脂肪混合物之间的温度配合极为重要。手册上对此的说明很明确，并且提供了许多建议。不过我们还是有问题。有个平底盘是金属的浅盘，盘面很大；另一个容器则是长窄形状的玻璃材质。形状和材质上的差异以及其他影响因素，使得关键时刻的冷却率大不相同。面对这种复杂的现象，唯有通过“感觉”才能迅速判断。经过实际接触物品、材料或是流程后所累积的丰富经验（以数学的说法，也就是出现和受控制的变量）是书面分析或是说明所无法相比的。

所以，当“碰触”、“尝试”、“闻闻看”成为关键词时，结果往往会令人惊奇。不过人们对于尝试体验的抗拒心同样也让人感到惊讶。飞机发明人奥维尔 · 莱特的传人弗雷德 · 胡文拥有 38 项重要的专利权，他也是达特茅斯大学的资深工程教授，他说了一个听来荒谬但又相当典型的例子：“在我的事业生涯当中，有三次客户面对复杂的机械问题一筹莫展，我坚持召集工程师和技术人员（模具制造人员）一起解决。每次这样做都能迅速找出解决办法。我记得有一次有人反对说，如果要工程师到车间里去，工程图会弄脏。”胡文强调说：“不论工程师的理念在哪里付诸实施，他都应该具备可以随时使用的非正式渠道……工程图的制作成本比起产品制作成本还高，而且绘图只是单向的沟通，所以工程师拿回工程图时，说不定已经忘了当初为什么要这么设计，而且可能发现图里有些错误，会导致无法运作，或是某些地方需要修正，这样一来往往又要花 4 个月改正。”

所以如果手里有产品原型可以参考（这样不会过于抽象），人们（譬如设计人员、营销人员、总裁、销售人员、顾客）可以通过实验发挥更大的创意，思考产品的用途。市场研究并未预期苹果Ⅱ计算机会成功。我们认为这项产品能够如此成功，是商品质量以及计算机玩家所创造出来的，这些人全都使用苹果Ⅱ，而且几乎每天都设计出新的软件，成功就是这样来的。我们认识某位女性，她后来成为家里最常使用计算机的人，不但市场研究未预测到这点，她自己也始料未及。因为她自行在家创业，家里正好有台苹果计算机，她没事的时候可以玩玩，就这样玩出了一番天地。在这之前，如果你跟她说文字处理软件有多么神奇，她会断言自己用不到（事实上，她也的确曾经这么说过）。毕竟概念过于抽象。不过有台计算机摆在那里让她玩弄，情况就大为改观。

正因如此，惠普才会如此强调工程师必须把实验产品摆出来让大家随手把玩。彼得森在晚宴上针对变焦镜头做市场研究，也正是最精密的营销研究方法。

速度和次数

实验的速度和次数是实验能否成功的关键要素。多年前，我们针对石油产业研究过业者探勘油田的成败要素。我们发现，如果业者拥有顶尖的地质学家、最先进的技术、最精密的仪器等等，在已有基础的油田钻井的成功率约为15%。如果没有这些要素，成功率会降到大约13%。这样的研究结果显示，尝试的次数也占了极为重要的地位。的确没错，美国顶尖油田探勘业者的阿莫科（Amoco）有位分析师表示，他们只有一个成功要素：阿莫科不过是钻比较多的油井而已。

该公司的生产部主管乔治 · 盖洛威表示："大多数成功不是我们或其他人曾预料到的……如果你钻了许多油井，自然会有这样的成果。"我们发现，采矿也有同样的现象。采矿业者的成败，差异就在于他们钻取钻石的次数。开采钻石看似昂贵，却是发现宝矿唯一的办法。就算有地质学家和地球物理学家提供建议，也不过是揣测而已。吉百利公司有位前任高级主管同样也强调速度和次数的重要性。他回忆说，吉百利曾任命一位新产品开发部门主管，这位主管看过公司研发部门正在进行的计划后，乐观地宣布在未来12个月将会推出6种新产品，之后的12个月则会继续推出另外6种。他计划推出的产品，当时几乎都延迟了2~7年不等。后来他果真完成计划推出产品，其中有3项至今依然非常成功。有位参与计划的资深人员表示，"如果真的有心，你大可缩短产品推出的时间。他在24个月内推出12项产品，如果我们花5年推出同样多的产品，绝对不会做得比他好。"

彼得森解释吉百利成功的原因说，实验只是一种行动，所以会受到不合理期限的影响。在期限的压力下（以及在可以管理的行为配合下），原本不可能的事情似乎经常变成可能。彼得森说：

> 我发现，人们经年累月地从事某项工作，当有紧急状况出现……突然间就能完成。例如，我们开发一种8毫米的电子眼摄像机，原本预期需要大约三年才能完成。有一天，营销副总裁突然决定要试试另一种技巧。他

拿了一些东西跑去跟工程师说："我刚听到消息，竞争对手已经拥有 8 毫米的电子眼摄像机！"在 24 小时内，他们的做法马上完全不同了。这让我对"紧急性"所扮演的角色感到十分惊讶。

速度意味着迅速投入（现在就尝试）以及迅速脱离。储存技术公司（Storage Technology）总裁杰西 · 奥威达就极力主张应该大力通过决策，让公司全体员工不断地进行实验。

《财富》杂志的报道指出：

一个硬盘……制作成本比起售价高出 1 500 美元。奥威达决定调升售价 50%，可是仍无法奏效，于是决定淘汰这项产品，尽管公司已经对此投资了 700 万美元……但他厌恶按兵不动。他在该公司全美销售大会上曾说："我认为一定要做出决定，即使是错误的决定，也比完全不做决定好得多。"他迅速改弦更张的能力，让公司避免因为错误的决定而蒙受打击。对于存储技术公司而言，奥威达幸好有迅速纠正错误的习惯，平衡了他好高骛远的个性。

在企业里做实验，其本质跟扑克牌赌局很类似。每发一张牌，赌注就高一些，不过在最后一张牌掀开之前，你绝对不知道结果会怎么样，最重要的能力就是知道何时收手。

在大多数项目或是实验之中，不论你设下多少里程碑，或是画出多少PERT 图（流程图），你投资所买到的不过是信息而已。只有事后才知道是否所有的信息都有用。而且，随着项目或是实验开始进行，每个重要的步骤都会越来越昂贵，而且更难以喊停，因为已投下沉没成本，特别是这点涉及个人的颜面。所以应不应该喊停是重要的管理决策。我们见过的最好的项目管理以及实验管理系统，是把这些活动视为扑克牌局，把它划分为可以管理的单位，像做实验一样迅速做出评价，在过渡期间不会过度管理。计划能够成功，不过是把重大项目视为实验（事实上的确如此），并且具备扑克牌赌客的敏锐思维，看到手上的牌不对劲，立刻收手加入另外一场牌局。

廉价学习：无形性以及有漏洞的系统

大多数卓越企业以实验作为廉价的学习工具。事实证明，实验所花费的代价的确比精密的市场研究或是周详的人力安排更为低廉、有用。彼得森谈到当初于贝灵巧公司任职的时代时，相当明确地表示：

> 淘汰某个点子之前，以及在让任何周详的理性评估说服我们放弃这个点子之前，我们会问自己另一个问题。有没有办法可以用低成本实验这个点子？实验是实现创新的最强大工具，但是在美国产业界的应用却不够广泛……我在此想要强调的重点是，如果我们有实验的概念，并为“不行”、“不会”、“不应该”等字眼找出证明，更多好的点子就可以落实……在此再举一个例子。我们当初的规模不大，无法承担数百万美元投资额的风险，所以只在万无一失的条件下才能有大动作。一天，有人提出一个表面“荒谬”的点子。只要是读过哈佛营销案例记录的人都知道，这个点子为什么行不通：何不通过直接邮寄的方式销售价值150美元的摄像机（这可是1956年的时候）？……我们并没有说，“先生，这个点子实在荒谬”，而是说“让我们探讨一下，找出这个点子可以奏效的理由”。然后我们提出关键性的问题：“如果试试这个点子，我们得负担多少成本？”成本大约只要1万美元。重点是我们可能耗费价值10万美元的时间过度推论这个问题……10位专家当中有9位会跟你说，这个点子不会奏效。可是事实上这个点子不但成功，而且现在许多获利丰厚的新业务都是以此作为基础。我们都可能过度高估智慧、理性的力量，以此判断往往极为复杂的点子。

实验的另一个重要特质是无形。在通用电气，实验的另外一个说法是“走私”，3M的类似用语是“诈取”。这两家公司暗中拨一些资金、人力，用在公司主要组织之外，其实由来已久。通用电气辉煌的成就（工程塑料与飞机引擎）都跟“走私”有直接的关系。这样的过程对于通用电气极为重要。事实上，有位分析师表示，通用电气过去几十年间的所有重大突破都是源于某种形态的“走私”。有些观察家表示，IBM也是一样。有位曾和沃森先生共事的同人甚至表示，公司秘密“走私”的次数，充分反映出公司的创新状况。3M新事业投资部门主管泰特 · 埃尔德表示，规划、编制预算以及管理系统都应该设计得“有点漏洞”，因为很多人都需要从预算里挪一点资金出来，私底下研究非主流的计划。

最后一点，也是最重要的一点，是用户连接。在最成功的实验流程里，顾客，特别是老顾客，都是关键性的参与者。我们会在下一章深入探讨这个概念，现在要强调的是，卓越企业为使用产品的顾客进行实验。DEC以低成本进行的实验，比任何一家竞争对手都要多（惠普和王安紧追其后）。每家公司都重视产品使用者。

麦当劳的实验显然都是配合使用者（顾客）进行的。另一方面，许多企业则等到设计、打造出完美的产品后，才接受顾客的检验，可是这时候已经到了计划的最后阶段，而且往往已经花了好几百万美元。DEC、麦当劳、惠普、3M最令人称道之处是，让使用者在很早的阶段就可以看到和试用产品，然后改进产品。

实验的背景

我们前面说过，除非组织环境自由开放且具有弹性，否则临时安排（譬如工作小组）就不可能成功，如果实验环境不对，也不会有成果。管理层必须容忍有漏洞的制度；接受错误，支持"实验"，随变化做调整，并且鼓励推介人。《为了公司好》（*For the Good of the Company*）的作者伊萨多 · 巴马什提出了一个相当有意思的连锁反应，山姆 · 尼曼就是借此促成一桩极为成功的实验，为麦考利连锁店（McCrory）的分店增加了好几百万美元的获利。尼曼当时为公司主管，后来成为CEO。在此引述他对成功实验过程的精辟说明：

> 我没有职权……不过当时有个机会。这家店亏损了这么多钱，我想知道怎样才能扭亏为盈。所以我对约翰（分店经理）说："听着，我们要为这家店成立一个团队，由你当领导人。你和小组成员要到同地区竞争对手的店里参观，然后把参观心得记录下来，再找我们的经销商核对。每天晚上你都得开课、写黑板，与每个员工进行探讨……此外，我还要号召地区经理、采购人员以及其他分店经理等不同领域的人才，了解他们结合起来能有什么样的作为，弄清楚我们的整体经营方法。"接下来几周，他们进行研究，虽然意见很难一致，但还是努力达成了共识。大家斗志高昂，兴奋之情溢于言表。为什么？因为他们头一回有这样的机会能以个人和团队的方式表现自己，每个人都尽其所能说出自己所知道的……结果公司没有花一毛钱。所有的改变都是运用店里现有的资源。楼面重新换过，走道拓宽，墙壁也重新粉刷过。整家店焕然一新，看起来赏心悦目。
>
> 这家店是怎么改头换面的？他们知道必须克服所有的竞争压力，因此

冷眼观察、运用观察的心得。之前，他们要看老板的脸色，揣测他的意图。我不过是求他们发挥自己的直觉和智慧，结果得到一家这么棒的店。接下来的两年，这家店不但缩减亏损，还开始扭亏为盈。经过这样的努力，全公司都知道了这件事。董事长和他周围的人纷纷跑来参观。现在大家都纷纷仿效。每个人，包括每个副总裁、执行副总裁，甚至董事长，都想要一个地区。

要给人们指引一条道路。我就是这样做的。我甚至把员工送到印第安纳州的印第安纳波利斯。我告诉他们："去印第安纳州的印第安纳波利斯，参观那儿的商店，向他们学习。那儿也是由你们这样的人发挥自己的才华、努力经营维持的。"不久后，在公司总部，我改变了模式。我对负责采购的连锁店副总裁说："乔，你不用去中西部了。你帮我在纽约弗拉兴打造另一个印第安纳波利斯店面吧。你已经观察过可以怎么做。不过我不要你照抄，而是以印第安纳波利斯当做模板。"我要他以弗拉兴的百货商店为标杆，打造出他自己的版本。

几周后，他请我去弗拉兴的店面，我发现那是我所见过的最漂亮的店面。我马上请其他人去看。你绝不会相信，他的店面竟然成为当地吸引人的休闲胜地，而且成为我们公司的珍宝。该分店的销售量马上直线上升，成为纽约最好的店面，而且鼓励了其他员工也想出去"开个有印第安纳波利斯店面特色的店"。

母公司对这套模式越来越赞赏，我又增加了不同的做法。我以印第安纳波利斯的商店作为视觉辅助教材，设计出一套改善公司的制度：选择一个单位进行改善，号召人们加以重整，然后让其他人来观摩学习。这种做法很快就替代了拟订方案或是用电话指挥。我会说："来这儿看看。这是一家新公司，这是我们要学习的对象！"我指示每个地区（10~15 家分店）必须有自己仿效的模范商店。各区经理都必须充分发挥他对这家商店的认识，并以"印第安纳波利斯"为基础，改善其地区的所有分店。这会成为他的模式，他的经理的模式，以及每个想要观摩的人可以仿效的模式。这个理念像野火燎原般普及开来。他们在晚上、星期天、假日都这么做。星期天更成了盛大的聚会，分店餐厅经理还会提供啤酒和食品。这是他们人生中最辉煌的一年，所有连锁店在 47 个地区内发展成形，并树立风格。

尼曼描述的不仅是许多人一起进行实验的故事，也是允许员工有发挥空间的故事，让员工开始觉得像个赢家。最重要的是，这个环境允许（其实是鼓励）员工尝试新事物。除了前面已经谈过的部分，公司实验过程里应该有两个重要的背景层面。

第一个是稍带强制，不过大多数是自然而然的自我扩散。这种扩散的流程关键在于如何开始。有位大师曾说："开始的时机是如此微妙。"他说得对。先从简单的东西开始，也就是从最容易改变的事物，从公司明确支持之处开始着手。我们见识过尼曼这么做。印第安纳波利斯的分店既非最大，也非最耀眼。不过在尼曼的指导之下，这是一家可以尝试新事物的店。某位朋友朱利安·费尔菲尔德的管理事业早期曾经面临一大挑战，他要协助一家绩效极差的电线电缆工厂东山再起。他说："所有的事情都是一团糟，我不知道该从何开始，所以就先从日常事务着手。这是大家都同意可以改善的领域，而且也比较容易整治。我当时想，假使我对比较容易改善的日常事务大幅改革，他们自然会开始接受其他领域的改革。"事实上也的确如此。

大通曼哈顿银行曾对其零售业务（消费性金融）进行了一项成功的重大改革。他们的故事与前文所述的几乎一样，管理层先从地区性经理当中找出最有改革意愿的人。他们挑的地区并不是最大、最糟糕的，也不是最好的，而是改革时机已经成熟的地区。区域经理致力于尝试各种事物，从而缔造骄人的成绩。一个个志愿从事改革的经理频频传出捷报，成功的事迹不断散播，对改革最为排斥的区域经理到最后也加入了改革行列。同样，麦当劳的早餐菜单是在一些偏僻的地区推出的。有几家连锁店随之效法，20 多年来如同星火燎原般逐渐蔓延开来，后来早餐营收占到麦当劳总营收的 35%~40%。布卢明代尔百货公司实验最初的情形，几乎也是如出一辙：最可能进行改革的部门，是董事长最喜欢的进口食品部门。他们从这个部门开始，接着是家具部门。最受瞩目的时尚部门是最难改革的部门，所以最后进行。

顾问罗伯特·谢弗以下这番谈话，精辟地阐述了从累积小小的成功事迹当中建立动能的过程。

> 改善绩效的第一步应该立刻以实质成果为重心，而不是计划、准备和解决问题……先设定一两个具体的短期获利目标，成功要素就蕴藏在其

中……“成果优先”的方式，令整个绩效改善的心态都为之改观……人们必须提出完全不同的问题……不是“阻碍改革的问题在哪里？”而是“我们过一段时间可以实现什么目标？”与其在人们还没准备好时就试图克服阻力，不如找出他们真正已经准备好的事物……几乎可以确定的是，当经理成功完成项目时，对如何安排接下来的工作都会有许多想法。

谢弗以尼曼的事迹为例，说明如何选择可以管理的任务。他建议不断进行微调，直到找出可行的领域。“从众多分支单位中选出对创新和进步有兴趣的经理。和业务小组合作，选出少数几个市场的业务线，在一个月或是六周之内提升一定比例的业绩。当他们看到实质的成果时，就会对如何扩大实验提出建议。”

谢弗就跟尼曼、费尔菲尔德、大通曼哈顿银行和布卢明代尔百货公司一样，发掘出大量的变量。这种实验过程可以说是革命性的突破。在过程当中，行动远比规划重要，实际执行比思考重要，人们重视的是具体的成果，而不是抽象的思考。这跟禅学非常类似，也是强调随波逐流：可行的任务，从最简单的、准备度最高的目标开始着手，寻找适应能力高的执行者，而不是冥顽不化的抗拒者。这点让我们想起布卢明代尔百货公司、3M、德州仪器、德纳、麦当劳、通用电气、惠普或是IBM许多勇于冒险的人才。冒险的概念是矛盾的。如果卓越企业一点险都不肯冒，反而会变得很危险。管理层的任务在于鼓励下属勇于尝试，能够容忍些微的失误，在成功之后将其树为标杆，带领大家为成功喝彩，并暗中引导、推广。即使在通用电气或是IBM如此复杂的企业里，实验都是管理新方法的核心。

简化系统

卓越企业的正式体制全都凸显出机动性、行动导向以及实验的特质。譬如有位初来乍到的同事为了和某位客户面谈，准备了一大沓提案呈交给对方公司的部门总裁。其中最短的也有57页之多。这可不是宝洁做事的方式。

宝洁公司的制度是人员精简、结构简单，且符合公司的行政政策。主管经常谈到“明显确定的人事常轨”。因此，其制度运作顺利，沟通良好。公司坚持“一页备忘录”，以强调行动的重要性。

我们有一次和宝洁某位品牌经理共进早餐时，问他“一页备忘录”的传奇是否真有其事。他说：“多多少少，不过我刚交出去一份建议书，对我们的品牌战略进行一些改变，这是一又四分之一页，结果被退了回来。他们说内容太长了。”这个传统可以追溯到过去担任宝洁公司总裁的理查德 · 杜普瑞：

> ……杜普瑞对任何打字超过一页的备忘录都非常反感。他经常把长篇大论的备忘录退回去，并且指示说，“缩减到我可以掌握的程度。”如果备忘录的内容牵涉到复杂的情况，他有时候会补充说，“我不了解复杂的情况，我只知道简单的情况。”有人在采访他时，曾经提出这个问题，他解释说，“我的工作之一就是培养人们把相关问题分解为一系列简单的议题。然后我们才能发挥智慧，采取行动。”

已退休的宝洁董事长哈尼斯也呼应这样的传统：“从意见中分出事实的简短书面报告，正是宝洁制定决策的基础。”

让结果越来越不可靠的原因包括：MIS（管理信息系统）和预测模型的普及、人员不断争辩以及解决问题过程中伴随而来的“政治化”。一页备忘录其实大有帮助。首先，这里头需要辩论的重点比较少，而且便于交叉核对和验证，有助于集中大家的精力。此外，如果在附录 14 里潜藏着一个错误的数字，你很难要某个人负责。如果只有 20 个数字，那么责任归属的问题就很简单了，因此内容会为更可靠。这种一页备忘录是不可能随便的。

查尔斯 · 埃姆斯曾任瑞恩电气（Reliance Electric）公司总裁，后来成为阿克梅–克利夫兰（Acme-Cleveland）公司总裁，他也发表了类似的谈话。他说：“我可以叫部门经理在一夜之间拿出一份 70 页的提案，可是我却没办法叫他们给我一页的分析报告，告诉我‘这是为什么可以改善的三点原因，那是三个可能恶化的地方。’”

小说家约翰 · 斯坦贝克曾经说过，写小说的第一步是先撰写一页的目的说明。如果你没有办法在一页之内清楚说明，那你的小说之路就不可能走得长远。这是作家的经验之谈，不过大多数商界人士显然都没有注意到。这也难怪在长达 100 页的投资提案里，人们往往找不到重点。这种长篇大论的文章通常逻辑混乱，内容冗赘，思维不够严谨。更糟糕的是，资深主管和审查人员对这种提案所进行的辩论，也很可能缺乏焦点。

有位金融分析师曾经说过："宝洁做得如此彻底简直到了无趣的地步。"另外一位则说："这是一家思维缜密、要求精确的公司。"外人可能想不透，宝洁只要一页的报告，怎么可能做到如此思维缜密、信息精确的地步。其实部分答案就在把所有的重点以一页篇幅呈现出来的过程。宝洁的传统是，由助理品牌经理或年轻品牌经理撰写的第一份一页备忘录通常需要至少15份草稿才行。另外一个原因是，宝洁跟其他公司一样，也拥有许多支持性分析。差异在于，宝洁不会把这些厚重的分析报告丢给大家。另外一个提倡一页报告的原因则是——减少用纸!

一页备忘录的影响力不止于此。注重行动的墨西哥石油公司（Pemex）董事长塞拉诺告诉大家，他不会再回复任何书面资料，将改以电话沟通，希望以此建立公司内部新的沟通模式。联合科技公司董事长哈里 · 格雷表示："大家都知道我痛恨书面报告，最初接掌CEO的职务时，我召集全体主管，告诉大家我对书面报告的厌恶和恐惧，并且说明为了读他们自认为重要的报告，我已经烦了一年。我指示他们不要再给我任何书面报告，除非是一页的备忘录。"

埃姆斯谈到以前在瑞恩时，公司过度依赖复杂的系统，但却因此无法管理基本的事务。"我们拥有各种规划系统，从长期到短期的战略系统一应俱全。可是我们却无法预期下个月要卖些什么。我先抛开5年的规划系统，然后是一年的规划系统，接下来是季度分析。到最后，我们靠着30天的系统经营了一年左右。直到那时，我们才终于把数字弄对。后来我们重新建立长期系统，不过规模再也不像原先那样庞大。"

艾默生电气、德纳、德州仪器等企业的经验则正好相反，这些企业只专注于一两项密切注意的数字，以加速响应能力。譬如，《纽约时报》有篇有关艾默生电气的报道指出："部门总裁和其高级职员每个月都要接受总部集团副总裁的严密监督。高层主要看现在的表现，而不是未来。经理必须接受监督的三个主要项目包括库存、获利和销售。公司指示他们必须确定每个月、每季都创造获利，最终达到全年的获利目标。"同样，《今日管理》有篇有关德纳的文章说："总公司对书面报告的格式并没有多少限制，不过至少要有基本的信息，最重要的项目是营收数字。早年，这类报表都要附上预算目标和许多其他资料。不过在目前的系统之下，单位主管会在每个工作日结束时，以电话或电报把营业收入总额以及大约的获利数字向总公司报告。"

其实几乎所有的制度都可以简化。德州仪器公司的标语是“超过两个目标等于没有目标”。的确，德州仪器是以制度为导向的公司；前任董事长哈格蒂花了10年制定所谓“目标、战略和战术系统”（OST）的“用语”。不过OST的重点在于促进不拘形式的沟通以及个人负责的心态——在德州仪器的各种战略当中，最好的就是看似平凡无奇的“超过两个目标等于没有目标”。大多数公司的目标管理制度甚至为经理设定30个目标。没有人能在这么短的时间内完成这么多目标。德州仪器认识到一个事实：“我们考虑过，每个经理以往要负责完成许多目标。于是我们渐渐将目标一再减少。现在每个‘产品顾客中心’经理一季只有一个里程碑。这样一来，我们就可以期待他们完成自己负责的目标。”其他公司也采取类似的做法。孟山都公司（Monsanto）董事长约翰·汉利（有趣的是，他也是宝洁培养出来的）表示：“一年的目标顶多只能定三到五个”。惠普的约翰·杨也呼应汉利的说法：“在我们的战略考虑中，重点在为各部门总经理制定三到五个目标。我们其实不需要财务目标。我们维持财务目标是为了他们高兴。如果他们完成这些目标，财务绩效自然也会好看。”惠普的目标着眼于行动，这点跟其他平庸的企业大相径庭。惠普的目标是活动，而不是经理难以控制的抽象财务数字。譬如，“在3月15日之前让俄勒冈州尤金的工厂产能增加到75%”，或是“在10月31日之前让西部地区业务人员花50%的时间打电话给X类型而非Y类型的顾客”。

一页备忘录、诚实的数字，以及专注的目标，固然是卓越企业在制度上的特质，但是配合的环境也同等重要。问题是，外界所观察到的往往只是一些看似平淡无奇的特质。许多企业曾尝试所有的特质和制度——简短的沟通、以事实为依据做决策、目标管理。可是他们一开始并未成功，然后就放弃了，这些重要的特质就这样浪费了。没有几家公司坚持这样的制度设计，直到在“简单”与“复杂”之间取得平衡为止。宝洁已经在“一页备忘录”的沟通制度上花了长达50多年的工夫。

行动导向

卓越企业的特质中，最重要的就是行动导向。特殊工作小组、小型团队、临时结构，这些看似微不足道，实则不然。不论是IBM推出360系统，还是DEC的三日特别小组，这些卓越企业规模庞大，但几乎都不会因为过度复杂的形势而受到束缚。他们不妥协，也不会成立永久性的委员会或是历时多年的工作小组。他们不会沉溺于长篇大论的报告，也不会建立正式的衡量标准。他们认识到我们前面说的人类极限：人一次只能处理少量信息，而且如果有自主的空间（譬如可以做些实验），其表现会更加出色。

组织的主要问题是它们往往变得过于复杂。不过卓越企业会这么响应："如果碰到重大问题，就召集适当的人员，加以解决。""适当的人员"通常是指"没有时间"的资深主管。不过在DEC、德州仪器、惠普、3M、德纳、福陆工程、艾默生、柏克德、麦当劳、花旗银行、波音、达美航空等卓越企业，这些人才却能拨出时间。他们能有时间，是因为公司不会执著于组织表、工作说明，或是精确的工作职责。

准备，发射，校准。在尝试当中学习。这样就够了。

06 接近顾客

当今企业所忽略的管理基本环节当中，最重要的恐怕当属接近顾客，满足他们的需求以及预测他们想要些什么。对大多数企业而言，顾客成了讨厌鬼的代名词——他们的行为无法预测，让公司精心规划的战略毁于一旦，计算机运作陷入混乱，而且他们还坚持所购的商品必须有用。

——《商业周刊》总编辑卢·扬

企业应该接近顾客，这句话的道理看起来不言自明。既然如此，本章何必还要探讨这个主题？答案是，虽然现在大家嘴上都会说市场导向有多么重要，可是正如卢·扬和其他人所说的：许多企业不是忽视顾客，就是把他们视为讨厌鬼。

不过卓越企业可不一样，顾客对于企业经营的每一个层面，譬如销售、生产制造、研究和财务会计等，都有着举足轻重的影响力。整个企业体现出一个简单的信息：企业成功与否，取决于暂时将企业与客户结合起来的销售产品。我们在顾客属性上所做的研究，可以简单地归纳为一句话：卓越企业“切实”做到了接近顾客。就这么简单，其他公司只会空谈，卓越企业则是身体力行。

目前大多数理论顶多讨论外界环境对企业的影响力有多大，但鲜有管理学理论可以解释顾客在卓越企业所扮演的角色。顶尖企业以顾客为导向的事实和程度，在美国企业之间仿佛成了不为人知的奥秘。

惠普研发部门主管多伊尔的说法充分反映出这一点。我们在和他讨论如何维系企业的价值观时，他表示，当今的企业环境是高度对外导向的，在这样的时代里想要生存，唯有靠“每个人积极对外寻找契机，推出可以满足顾客需求的新产品”。

我们在观察卓越企业，特别是他们和顾客互动的方式时发现，他们极为在意顾客。从这些卓越企业热切地追求质量、可靠度或是服务就可以看出他们对顾客的重视。顾客导向并不表示他们在技术或是成本方面就略逊一筹。不过我们的确发现，这些公司重视顾客的程度远超过对追求技术或是降低成本的重视。以IBM为例，这家公司一直都走在时代尖端，不过有些观察家认为，他们的技术数十年来都不是居于领导地位，因为其重心是放在如何提供更精良的服务上。

服务、质量和可靠度，是企业为获得顾客忠诚，并为公司维持和创造长期营收来源所采取的战略。本章的重点在于（这也是以顾客为导向的公司自然发展的结果）：市场赢家似乎特别重视创造营收的层面。顾客导向和创造营收是密不可分的。

对服务的执著

汽车销售员乔 · 吉拉德虽然不是一家公司，但是我们在探讨接近顾客的主题时，最喜欢以他为例来说明。11 年来，他每年卖出的新车数量无人可及。事实上，他每年卖出的车辆数量都是第二名的两倍多。他在说明成功的秘诀时表示：“我每个月寄出的卡片超过 13 000 张。”

为什么一开始就谈吉拉德呢？因为他卖车的秘诀跟IBM等卓越企业的秘诀一样，都是服务至上：压倒性的服务，特别是售后服务。吉拉德表示，“有一件事许多销售员都做不到，但是我做到了，那就是我坚信销售其实是始于售后，而不是售前……顾客还没有走出大门，我儿子就已经写好感谢惠顾的卡片了。”一年之后，吉拉德还会代表顾客亲自跟服务部门经理申诉，而且还持续保持与对方的沟通。

> 吉拉德不会让顾客买了车之后，就把他忘得一干二净。顾客每个月都会收到吉拉德的来信，信封的颜色、大小每次都不一样。吉拉德透露：“这样才不会像是垃圾邮件，让人连看都不看就扔到垃圾桶。”顾客会打开来

看，信一开头就写着“我喜欢你！”里头则写着“祝你新年快乐！吉拉德敬贺”。2月份的时候，他还会寄“美国国父诞辰纪念日快乐”的贺卡给顾客；3月份则是“圣帕特里克节快乐！”顾客都很喜欢这些卡片。吉拉德很自豪地说：“你该听听他们对这些卡片的赞美。”

乍看之下，吉拉德13 000张卡片的战略好像是一种促销的噱头。不过就跟卓越企业一样，吉拉德对顾客的关怀是发自内心的。吉拉德表示：“美国最顶尖的餐厅，在厨房里就弥漫着对顾客的爱和关怀……顾客从我这儿买走一辆车，会像刚走出一家很棒的餐馆一样，满意地离去。”吉拉德对顾客的关怀一直贯彻到售后。“顾客回来要我提供服务时，我会尽全力为他争取到最好的服务……你必须像个医生一样，他的汽车出了问题，你也会感同身受。”而且，吉拉德对顾客的关怀是以人为本，而不是把顾客视为统计数字。他强调“一次一个、面对面、推心置腹”的销售理念。他表示：“顾客不是干扰人或是找麻烦的家伙，而是我的衣食父母。”我们这一节介绍吉拉德，是因为他的作风充分展现出他对顾客的重视。

从Memorex退休的戈登 · 史密斯讲了个关于他上司的小故事：

有一次我与沃森先生一起出席业务经理的会议，评估一些和顾客有关的问题。桌前摆着8~10大沓文件，分门别类指出问题的症结，包括制造生产问题、工程问题等等。大家讨论一阵子之后，魁梧的沃森先生缓步走到会议室前面，大手一挥，只见桌上的资料报告飞得满屋都是。他说：“这些问题实在没有什么好分类的。问题只有一个，那就是我们对顾客不够关心。”然后他转身离去，留下一屋子二十几个人面面相觑，不知道自己是不是已经被炒鱿鱼了。

在《一个企业的信念》（*A Business and Its Beliefs*）一书中，沃森说明公司赖以茁壮成长的经营理念时，对服务有相当精辟的剖析：

随着时间累积，良好的服务已经成为IBM的象征……好几年前，我们曾经登过一个广告，以粗体字写着：“IBM代表服务”。我始终觉得这是我们最棒的广告，因为它清楚地传达出我们的经营理念。我们希望为顾客提供全世界最好的服务……IBM的合同中不仅提供出租的机器，更包括针对机器的服务，也就是除了提供设备之外，还不断提供顾客所需的建议和咨询服务。

就如同吉拉德一样，IBM也极为坚持服务理念。在大多数企业里，各部门的助理人员通常只是帮老板提提公文包、送送公文，或是跑跑腿。IBM可不一样，公司遴选了一些最优秀的业务人员担任高层主管的助理。他们只做一件事情：就是在24小时内解决顾客的申诉案件（在这个领域，集体效应同样也很可观。亚特兰大兰尼尔（Lanier）数据处理公司在某些领域是IBM的竞争对手，有位主管指着IBM的大型计算机主机说："记得上次我们发生问题时，他们在几小时内就从各处赶来。为了我们的问题，他们召集八位专家，其中至少有四位来自欧洲，一位来自加拿大，还有一位从拉丁美洲赶来。他们就是有办法在第一时间内找到这么多专家。"

IBM对服务的重视并没有铜臭味。我们曾在一周内和下列几人接触过：(1) 在从纽约飞往旧金山的班机上，邻座刚巧是一位25岁、在奥克兰担任IBM业务员的年轻人；(2) 还曾和AT&T某资深主管讨论过IBM的背景；(3) 并且和Memorex一位曾经担任IBM制造部门主管的高层人士交谈过；(4) 与某医院的管理者讨论过IBM的业务决策；(5) 在某个课堂上，和一位曾经担任过IBM销售员的年轻人谈过话。这些人背景大不相同，有的是年轻黑人女性，有的则是头发花白的50岁男性。不过他们的论点却很相似。他们都认为，IBM的产品有时的确也会出问题，譬如软件问题或是质量问题，不过他们一致同意，而且几乎是以同样的字眼说明，IBM的服务和可靠度之高，无人可比。最让我们印象深刻的是，他们一致深信IBM真正地关怀顾客。

类似的例子还有很多。我们的办公室位于美洲银行全球总部的48楼，所以我们有机会和该银行许多主管接触。有位负责全球金融业务的朋友告诉我们，三个月前他刚上任时，曾经一心想让公司摆脱对IBM的依赖。他说："譬如弄点阿姆达尔（Amdahl）的东西吧。大约上任4周之后，有一天早上，我走进办公室，看到办公桌上有一大沓叫做'80年代系统需求'的提案。我翻了翻，一看是来自IBM的业务经理，我当然不要，于是打电话问他：'你把这送来给我到底是要干什么？'他的回答倒是非常直截了当：'我们就是靠这个来掌握顾客的啊！'"

我们听IBM营销副总裁罗杰斯讲话时，有一种似曾相识的感觉，仿佛是沃森再世，大谈服务的金科玉律。如果你们在场，一定也会深有同感。罗杰斯表示，IBM对顾客所提的每个提案计划，从顾客的角度来看，都必须"具备高度的成本效益"。（有位曾经服务于IBM的人感叹说："IBM的销售人员总是让顾客购买最低廉的产品完成工作。"他还表示，但愿目前所待的公司也是如此。他在提到目前服务的公司时说："我真不敢相信，他们试图推销的产品仿佛布鲁克林大桥般庞大，可是他们却摆出一付只管现在不管未来的态度"。）罗杰斯说，IBM是"以顾客和市场为导向，而不是以技术为导向"。他希望销售人员"就仿佛是拿顾客公司的薪水一样"，他还大谈"让顾客可以利用IBM所有的资源"。最后，他提到"争取到订单其实是最简单的环节，真正重要的部分是售后服务"。他又说，IBM致力让服务部门维持小规模（最多不超过100人），这样"顾客才容易和我们做生意"。他最后下结论说："我们必须持续和顾客保持联系。"

为了确保公司经常和顾客联系，IBM每个月都对内部和外部顾客进行满意度调查。调查结果对奖金发放（特别是资深高层主管）具有举足轻重的影响。公司还每隔90天就进行一次员工服务态度调查，并了解员工对维系顾客服务的方式有何看法。

IBM总公司的主管依然要经常拜访客户。我曾在纽约碰到一位资深财务主管，他不但亲自拜访客户，还坚持让下属也这么做："要是不认识顾客，怎么可能为他们设计应收账款的政策呢？"董事长约翰·奥佩尔更强调这一点："你得记住付钱的是谁。不论主要的领域是财务、制造生产，还是什么，你们都得了解以及体验销售业务的刺激。唯有这样其他事情才能行得通。"

IBM对销售人员进行密集培训，以此实践公司接近顾客的经营理念。基本的销售人员培训课程历时15个月，其中70%的时间是在各分支机构进行实务培训，其余30%的时间是在教室上课。公司还定期举行高级培训课程。譬如每年选出1 000多人参加"总裁班"，由8位哈佛教授和6位IBM教授负责指导，主旨在于让学员了解"顾客公司的总裁是怎么思考的"。另外有大约1 000名销售人员接受公司和哈佛大学合办的财务主管课程，学习如何洞悉财务主管的想法。除了这些高级课程之外，IBM还规定，不论年资地位，每个人每年都要接受15天的正式培训。

IBM这种强调服务质量的政策也有冷酷的一面。公司业务代表必须对顾客购买的机器“负全责”。譬如，你是公司的销售代表，上任后第一次拜访某个客户，对方就跟你说要退掉最近安装的IBM设备。虽然过去10年间，这名客户都是由前任业务代表负责（所以这可能也是客户想要退货的原因），可是罗杰斯强调，公司还是会从你的红利和薪水中扣掉当初支付给前一名业务代表的佣金总额。这种制度充分体现出IBM对售后服务以及维系顾客关系有多么重视。罗杰斯强调说：“这样的制度能够让相关人员从如何满足顾客的层面思考。”IBM全球贸易主管杰奎斯·梅森－罗杰更强调这点的重要性：“IBM一向如履薄冰，唯恐失掉一位顾客。”

IBM严苛的制度还包括“联合审核损失”(joint loss reviews)，各地区和分支机构的主管每个月对流失顾客的原因进行讨论。此外，公司总裁、董事长以及资深主管每天都会收到有关顾客流失原因的报告。有位曾经服务于IBM的人回忆说：“他们掌握顾客流向的速度实在惊人。我记得有一次丢了一个大客户，我人还没有回到办公室，电话就已经响了：‘怎么回事？赶快过来谈谈。’就好像第二天全公司一半以上的人都要来找我算账似的。直到现在，我还是不懂他们怎么会发现得那么快。”许多曾经服务于IBM的人发现新公司居然没有这样严格的制度时，都感到非常吃惊。其中有一位后来在竞争对手的公司担任执行副总裁，他就对这种现象感到不解，批评说：“我不敢相信，董事长居然没有一份公司前100名客户的名单。”

然而，只要仔细观察，还是可以找到更为杰出的公司。譬如，兰尼尔数据处理公司在利基市场上的表现就极为卓越，甚至凌驾于IBM之上。我们有个朋友是某大企业的文字处理业务主管，他谈到未来办公室的概念推广相当缓慢，问题之一在于大家都把主要的元素——所谓的智能型打字机称为“文字处理机”。他说：“这个名词只会让主要的使用者，也就是秘书，或是这个层级之上的人员觉得备受威胁。”据我们所知，唯一不以文字处理机称之的公司只有兰尼尔，兰尼尔在文字处理机市场甚至打败IBM、施乐、王安以及上百家其他业者。兰尼尔把他们的产品称作“零故障打字机”，这个名称充分显示兰尼尔以顾客为核心的市场战略。兰尼尔公司的所作所为都是以顾客为着眼点。事实上，曾经有位同事说，跟兰尼尔的主管谈话，就仿佛身处足球比赛的中场休息室，对方谈话的焦点，都集中在销售业务、顾客，以及“针锋相对”的竞争方式上。

兰尼尔的总裁韦斯利·坎特雷尔一开始就以IBM为仿效的典范，大力提倡以顾客为核心的市场战略。兰尼尔的高层主管每个月都亲自拜访客户，同时也强调产品的单纯性和“友善性”。坎特雷尔深受早年负责3M办公室复印机业务的经验影响。他说，柯达的使用说明手册长达15页，3M的说明书则只是一张纸而已。他说：“他们简短的使用说明是我当时的销售利器。”

兰尼尔尽可能制造出易于使用的产品，而且他们确实做得很成功。哈佛商学院有份博士论文针对使用者采用施乐、王安以及兰尼尔产品的差异性进行研究后发现，兰尼尔最接近使用者，也就是说秘书们通常很快就会接纳那些对她们具有吸引力的用途及功能。

兰尼尔迅速、便捷以及现场服务的战略，连IBM都自叹弗如。兰尼尔的管理层经常评估实际服务往来所需的时间，而且不惜耗资提供迅速的服务。他们让服务人员全副武装，公司服务代表所携带的工具和测试设备，远高于市场上的平均水准。兰尼尔在回应顾客投诉方面也试图超越IBM。兰尼尔表示可以在4小时内回复所有的投诉案件，其中大多数都是由总裁亲自处理。(他更表示：“处理这些问题的地区业务和服务人员，可以根据我的时薪水准付酬。”）他还喜欢突破4小时的标准，提前解决问题。他说：“当然，‘零故障打字机’让我们更容易完成这样的任务。”

我们最喜欢以菲多利公司来说明服务的威力。我们曾经大量研究过微观经济学理论，有时候觉得，数百年来经济学家完全确定的好像只有一件事：种植小麦的农民在完全竞争的市场中的获利并不高。我们的调查并未包括种植小麦的农民，不过有个研究对象其实已相当接近这群人。薯片和椒盐卷饼应该属于典型的无差异性商品。就如同种植小麦的农民一样，薯片制造商的获利和市场占有率应该都不高。可是百事可乐旗下的菲多利却颠覆了这样的说法，他们每年的薯片和椒盐卷饼销售量都超过20亿美元，在全美各地的市场占有率更高达60%~70%，获利规模可谓称霸食品业，这是为什么？

菲多利最令人惊讶的，不是其稳健的品牌管理制度、强大的广告计划，而是将近一万人的销售团队和“99.5%的服务水准”。这个意思是说，就算短期不符合经济效益的事情，菲多利仍会去做。譬如，菲多利花好几百美元出动卡车去帮商店补充售价不过30美元的薯片存货。这看似无利可图，但菲多利公司有许多类似的事迹：销售人员为了一包薯片也愿意亲自送货，或是协助商店在飓风或是灾难来袭之后的重建工作。有关这些事迹的信件，犹如雪花般地涌入其位于达拉斯的总公司。这种服务的魔力和象征意义是无法量化的。如前所说，这是成本分析师的梦幻目标。公司固然可以砍掉一两个百分点来节省成本，不过菲多利的管理层着眼于市场占有率和获利，不会阻碍销售团队的热情。

菲多利一切以销售团队为重。这套制度成功的原因是外勤销售人员获得公司充分的支持、信赖，而且自认为对公司的成功有贡献。该公司大约有25 000名员工，非销售相关人员奉行“销售服务”（Service to Sales）的简单原则。以工厂经理来说，公司对他的评价显然是根据传统标准，也就是他是否能符合成本预算，能不能请工厂人员加班以满足市场需求。如果无法达到这些条件，就跟我们那位丢掉大客户的朋友一样，他也会得到公司各方的关切。

我们认为在诸多通过服务接近顾客的相关研究中，花旗银行的黛娜 · 内梅罗夫在1980年的分析最为精辟。

她针对18家公司（其中包括美洲航空公司、迪士尼制片、麦当劳、西屋、赫兹租车公司以及IBM）进行研究，这些公司虽然分属不同产业，但都是服务密集的企业，并且以同样的用语来形容自己。她说：“这些公司对服务议题的用语是一模一样的。”

内梅罗夫发现，有效的服务导向战略有三大原则：（1）资深主管的频繁、积极参与；（2）高度以人为本；（3）严格的评估和意见反馈。

如我们一再发现的，高层主管以身作则更为重要。内梅罗夫更以“服务风范”一言以蔽之。资深主管秉持公司的理念，以身作则来体现这样的风范。事实上，许多企业在其使命宣言中都会以相当显著的篇幅说明对服务的重视。这些企业皆以追求卓越的服务质量为主要目标。他们表示，以服务顾客为最高目标，“利润自然会随之而来”，这样的说法更印证了本章一开始介绍的“创造营收”观点。

内梅罗夫提出许多例证，说明企业加强服务理念的管理风格特质。她发现，高层主管将与服务相关的问题视为“实时性的问题”，也就是需要立刻亲自处理的议题。对与服务相关的决策，他们会不顾指挥链的层级，直接介入，而且还经常和负责回复顾客信件的基层专业人员定期开会。他们会在“顾客来函上加上眉批”，而且会“提供特殊的服务项目以吸引顾客的注意力”（当然，我们应该补充说：以便在全公司强化这种服务至上的理念）。

进一步观察高级管理层的作风，内梅罗夫提出非常重要而且观察敏锐的一点："受访的主管都深信，他们的营收来源主要是靠服务。"美国大型企业往往忽略了这点，但这只是以内部为焦点，难以激励基层员工。公司固然有盈利目标，不过以服务作为目标却能够激发基层员工的热情。让基层人员具备强烈的责任感，是很重要的。内梅罗夫访问的公司中，有位主管表示，"我们每个人都代表公司"。当公司里有人这样讲的时候，就表示这家公司达到这个目标了。

内梅罗夫表示："顾客关系不过是员工关系的折射。"这些以服务为导向的公司都以密集的考评制度来管理员工。在这方面，内梅罗夫更进一步发现，在这些考评制度中，奖惩办法不断更新。譬如，在她的意见调查当中，有位受访者表示："公司至少每年都调整奖励办法，以保持新鲜感，而且大多是由当地的管理团队自行制定。"这让我们在研究卓越企业的各层面工作获得很大的启发。这些卓越企业对员工实施的各种计划，例如奖励计划、培训计划，或是单纯的庆祝活动，都会定期进行更新，就跟产品开发一样。不管是什么计划，影响力都不可能永远持续下去。计划跟产品一样，也有周期，而且说不定周期还更短。

迪士尼公司可以说是重视员工的最好例证。事实上，许多人甚至把迪士尼和麦当劳列为美国最佳的服务提供者，甚至是全世界最棒的。雷德 · 波普长期观察迪士尼，并以其为题材撰写文章。他表示："我认为 50 年来能在娱乐界屹立不动……成功的基础在于对员工的态度（不论是对内还是对外）、重用他们、和他们沟通、奖励的方式。我密切观察他们的做法并参考各种相关理论，发现了迪士尼最擅长的领域……这也是他们能够每天服务好几百万名游客，而且让每个游客都能够满意的秘诀。"

波普的观察显然印证了内梅罗夫的研究论点。譬如，迪士尼管理层每年都要进行一周的"交互换班"（cross utilization）计划，积极参与基层人员的工作。波普表示，这项计划让迪士尼的主管暂时离开自己的办公室，换下平常上班的装束，换上各式各样的道具服，"整整一个礼拜，在游乐园里卖门票、爆米花、冰激凌或是热狗，安装或是拆卸游乐设施，代客停车，或是充当小火车的驾驶员。总之，游乐园里有 100 多项现场工作，他们每项都可以尝试。"

如同其他卓越企业一样，迪士尼对员工服务的重视，也是以特殊用语作为起点。在迪士尼，没有"工人"这个字眼，现场工作人员都叫"演员"，迪士尼人事部的工作则是"指派角色"。在游乐场为游客服务，犹如"上台表演"。譬如波普的两个孩子，分别是 16 岁和 18 岁，受雇于佛罗里达州奥兰多市的迪士

波音就是一个很好的例子。该公司虽然以制造飞机闻名，但是让他们出类拔萃的却是以服务为导向的理念。《华尔街日报》有位分析师对波音有以下的描述：

几乎所有的波音技术人员都可以告诉你一个有关波音如何在临危受命时，为顾客解决难题的故事。例如当阿拉斯加航空公司急需特殊降落装置，好让飞机降落在泥泞的临时跑道时，波音毫不迟疑地立刻送去。加拿大航空公司飞机的排气管因为结冰阻塞，发生故障时，波音立刻派遣工程师乘机赶到温哥华，24 小时加班修护，以尽量减少班机误点的时间。波音对顾客关系的重视，为公司带来了回报。1978 年 12 月，意大利 Alitalia 航空公司一架 DC9 型客机在地中海坠毁，急需一架替代客机，于是该公司总裁昂伯托 · 诺迪奥立刻致电给波音董事长威尔逊，提出一项特别的要求："波音可否立刻送来一架波音 727 客机？"当时订购这款客机，至少要等上两年。但是波音在出货表上稍微做了些调整，让意航在一个月内就得到了这架飞机。为了回报波音，6 个月后，意航取消了购买道格拉斯公司 DC10 客机的原定计划，转向波音公司订购 9 架波音 747 超大型客机，合同总值高达 5.75 亿美元。

波音以制造军用飞机起家，后来逐渐转变为生产商用民航机的航空业巨擘。在《愿景》（*Vision*）一书中，波音谈到这样的改变："我们致力于建立以顾客为导向的团队，因为我们了解，如果要在商用客机市场上成功，顾客就是制胜关键。我们不能让航空公司说，'你们只有在推销新款客机时，才会对我们的问题有兴趣。'我们花了相当的工夫才认清顾客的问题。现在全公司上下对这样的观念都有了共识。"

结束这项讨论之前，我们要提一下许多观察家都相当重视的议题："你可能花太多时间服务顾客吗？"当然，以绝对的观念来看，服务顾客的时间的确可能花得太多。但如果问题的答案为"绝对是"，我们会指出哪些方面是如此，也就是说，根据理性分析，就像 3M 的产品推介人可能"太多"，惠普或是强生的部门也"太多"，我们研究的服务导向企业几乎全都在服务、质量和可靠度上"过度支出"。如奥美广告创始人奥格威跟我们说的："在最顶尖的企业里，不论要耗费多少精力和多少时间，只要是对顾客所做的承诺就一定要做到。"这个道理不仅适用于广告界，对计算机、打字机、游乐园或是椒盐卷饼业者也都适用。

最后，我们发现，企业以顾客为导向的理念，能够激发强大的工作动力。大通曼哈顿银行的资深副总裁曾经在强生会计部门工作过。他回忆说："在前两个星期，我每天都出去拜访客户。这是典型的作风。事实上，公司如果不了解顾客，就别想吃这行饭。"另一位朋友也跟我们讲了个类似的故事：

> 我曾任职于五角大楼海军作战部长办公室。手下有一些GS-11级和GS-12级公务员（中层经理）负责一部分运营与维修预算。我对这些人"上班一条虫，下班一条龙"的现象很反感。他们大多都有兼职，有的在卖房子，有的另外经营小生意，不过其中有个"专家"，让我稍微觉得宽慰。我后来才发现他的秘诀。他很懂得调配资源和额外的预算，所以我常常派他到诺福克两三天处理临时性的事务，他和舰队人员合作，想办法帮他们争取足够的燃料进行额外的演习等等。现在我知道只有他真的在"联系顾客"。他看到实际的舰队和舰队官兵，数字对他而言并非抽象的符号，他的所作所为，最后产生可以衡量、更好而且具体的效果。现在回想起来，我应该要求全体人员效法他的经验。

根据我们观察，卓越企业里的每一部分都和顾客有接触。开拓重工派遣工厂人员实地观察大型机械运作的情形，花旗银行让"里屋办公室"的行员定期拜访客户和客户公司的主管，直接为他们解决运营方面的问题。3M坚持最基层的研发人员必须定期拜访客户，惠普也是如此。通过这些做法，公司全体人员具体体现以服务为导向的精神。而这也是"我们每一个人都代表公司"的真谛。

对质量的执著

大多数卓越企业非常注重质量和可靠度。开拓重工就是个很好的例子。开拓重工承诺客户，不论在世界上的哪个角落，只要客户有需要，他们都能在48小时内把零件送到顾客所在地点；如果做不到这点承诺，客户可以免费获得零件。开拓重工对他们的产品就是这么有信心。如果纯粹以经济的角度来看，过度重视质量可能会被视为有些疯狂。或许如此，不过等你们看过开拓重工的财务报告，就不会这么想了。

《财富》杂志有篇报道简明扼要地指出："该公司的经营原则仿佛童子军准则，包括追求卓越的质量、可靠耐用，以及和经销商维持忠诚的关系。开拓重工改善履带拖拉机效率和性能所做的努力，在全世界同业间无人可及。”《商业周刊》有位分析师也呼应这样的论点：“开拓重工的人员将追求产品质量的信念奉为圭臬。”有一次我们对某农业相关企业的两位资深主管谈到开拓重工，他们立刻露出仰慕的眼神。我们有位同人回忆起当初在越南时，为海军向开拓重工订购建筑设备的情形：“开拓重工的设备总是比较昂贵，为了顺利采购，我们想尽办法延伸解释采购法则的相关规定。我们必须这样做，因为我们知道，要是没有买到开拓重工的设备，指挥官不会放过我们。当你在前线崎岖的道路上操作推土机，试图兴建一条供飞机起降的临时跑道时，你当然希望这些设备能够顺利发挥功用，不能有一点闪失。”

对于开拓重工而言，接近顾客还意味着接近经销商。该公司前任总裁和董事长威廉·布莱克表示：“我们非常尊敬公司的经销商。我们不会试图甩掉他们或是砍掉他们的佣金。我们有些竞争对手会这样做，他们的经销商一气之下就不干了。开拓重工的经销商不会甩手不干，他们忙着赚钱都来不及呢！”除了以经济利益作为激励之外，开拓重工还将经销商视为“大家庭的一分子”。譬如，《商业周刊》报道指出：“开拓重工甚至在皮奥里亚举办培训课程，鼓励经销商的下一代继承父业。公司营销部门执行副总裁查普曼回忆说，‘我们有个经销商的儿子原本在念宗教专业，副修音乐。可是当他上完我们这个培训课程后，就改变了原本的职业生涯计划。现在他已成为我们最成功的经销商之一。’”

开拓重工前任董事长威廉·诺曼表示，开拓重工在第二次世界大战之后开始扩张，奠定了基本的经营政策，并且一直坚守至今。他说，“我们坚守一项政策：凡是开拓重工出品的产品或是零件，无论是在美国国内还是国外制造，都具备同样的质量和性能。客户不论位于何处都可以安心使用，无须担心换不到开拓重工的零件。在机动性极高的产业里，这是个非常重要的考虑因素。我们绝对不会让客户使用的机械设备成为‘零件孤儿’。”

诺曼深信，该公司追求可靠度、质量以及标准化的政策，为其发展奠定了强大的统合力量。“各个工厂制造出来的机械设备都一样，不论是在全世界的哪个地点，零件都可以互换。”

另一个执著于追求质量的例子是麦当劳。多年来，该公司秉持着“品质、服务、清洁和价值”的原则。公司创办人克罗克表示：“如果我每重复一次‘品质、服务、清洁和价值’就有一块砖块，那么我累积的砖块数量说不定可以在大西洋上建一座桥了。”公司从创立之初，就定期根据“品质、服务、清洁和价值”的标准，对各家分店进行考核，考核结果对分店经理的奖金具有举足轻重的影响力。如果一直无法达到四项标准，分店经理可能会遭到开除，或是丧失麦当劳分店的经营权限。克罗克和高层管理团队其他成员的传奇之处在于：他们会亲自视察各家分店，了解分店是否符合“品质、服务、清洁和价值”标准。当时麦当劳分店数量已达 7 000 家，卖出的汉堡数量多达 400 亿个，公司总值高达 25 亿美元，但是它依旧坚持这四项原则。麦当劳 1980 年的年报里，有份致全体股东的公开信，信中开宗明义地说：“品质是麦当劳座右铭‘品质、服务、清洁和价值’里的第一项……这是因为顾客每次来麦当劳消费，都能享有高质量的服务。”

当然，持怀疑态度的人可能说，“所有的公司不是都这么说吗？”我们访问过一位曾任职麦当劳的友人，他后来成为年轻有为的企业主管。我们的访问过程没有什么规定，希望让他想到什么就说什么。他回忆起 17 岁那年在麦当劳工读的情形时，没有多久就提到“品质、服务、清洁和价值”。他说：“现在回想起来，让我印象深刻的是，麦当劳对品质的坚持。他们总是采用最好的牛肉，什么都要用最好的。”他继续说道：“如果薯条稍微炸焦一点，就整批丢掉……如果不小心戳破汉堡的面包（这是常见的问题，当新进人员在处理好几千个面包时，特别容易不小心戳破面包外皮），也会丢掉。”最难得的是，多年后的今天，当我想吃快餐时，还是会去麦当劳。我一直觉得他们最棒的产品是炸薯条。（英雄所见略同。美国明星级的大厨师朱莉娅 · 蔡尔德也喜欢麦当劳的炸薯条。）

麦当劳对清洁的要求也非常高。随便和任何一位曾经在麦当劳任职的人谈谈，问他们印象最深刻的事情是什么，他们几乎都立刻回答：公司对清洁非常讲究。“我们几乎没有清闲的一刻，”有个曾经在麦当劳做过服务生的人回忆起当时的情况时说，“客人比较少的时候，主管总是有一些东西要我们去清理。”

麦当劳前任员工都表示，公司极为重视产品和服务质量的一致性，明智的战略家也同意这类寻常故事的论点。唐纳德 · 史密斯多年前离开麦当劳跳槽到他们的竞争对手汉堡王。有趣的是，他上任之后的当务之急，就是让全美各地分店的产品和服务“更为一致”。他在职的 5 年期间大幅改善这个问题。不过要赶上麦当劳的水准并不容易。史密斯的继任者杰罗姆 · 鲁恩赫克后来仍在努力处理同样的问题。“问题在于一致性。他们在全美的分店产品和服务质量，比我们要一致得多。”

我们在研究过程中不断发现，其实有很多实例可以证明卓越企业追求质量的那股狂热。DEC显然就是这样的公司。他们的理念是：“我们主要的目标不是追求成长，而是成为高质量的企业，从事高质量的工作，这是说我们对本身的工作和未来的产品感到自豪。只要能够达到高质量的目标，成长自然会随之而来。”大型家电制造商美泰克坚持的第一目标则是所有产品都“10 年零故障”。虽然洗衣机有如日用品般普及，美泰克对产品可靠度的坚持，让他们的定价得以比同业高出 15%，而且在通用电气等家电巨擘的光环之下，依然能够占有顶尖的市场占有率。事实上，在经济周期里，质量和可靠度犹如救生艇一样。譬如，当通用电气的洗衣机产品深受不景气打击，而且其他家电制造商都疲于求生存之际，美泰克的获利依然可以成长，只不过没有景气的时候那么耀眼而已。有位分析师观察后表示：“美泰克的声誉建立在稳固的可靠度上……他们的产品既好用、又单纯。”

类似的例子还有很多。以假日饭店而言，可靠度是该公司第一目标，全公司（包括其广告）以“不令人意外”为主旨。宝洁对自己生产的产品质量极具信心，某分析师甚至称此为宝洁的“软肋”。譬如，宝洁通常不愿在时髦的功能上和竞争对手相抗衡。一位观察家说：“宝洁最大的弱点在于表面、装饰性的功能（譬如口味），在预防蛀牙等的实际功效方面要好得多，美化功能在锡卡莫尔 6 号（这是宝洁在辛辛那提总公司的地址）并不吃香。”

宝洁的卫生纸品牌Charmin的某位年轻前任品牌经理描述宝洁对质量的重视，他说，公司会将顾客的投诉案件直接交给品牌经理，由他们采取行动。他回忆说，悬挂式的卫生纸架好像有三种，一种是公厕专用，一种是家用卫生纸架，另一种则是旧式纸架，一半嵌入墙上半圆形的洞里。后来顾客发现Charmin的卫生纸卷太厚，约有 1/8 英寸，无法放入旧式的卫生纸架上。宝洁强调解决方案不得减少卫生纸的张数，以免牺牲产品质量。所以，工程部门、研发部门以及品牌经理齐聚一堂商议，开发出一种可以更快速卷纸的机器，这样一来，卫生纸卷的直径大小刚好可以放入旧型的纸架。

另一个例子是惠普生产 HP 3000 的计算机系统部门。这套系统在 1968 年问世，1980 年时，全世界已有 5 000 个地点安装这款系统，今天安装的地点数更不必说。在各项独立的调查报告里，这套系统在质量项目的评价都是名列前茅。HP 3000 系统的销售量如此可观，质量如此精良，惠普的计算机系统部门还进行大型的质量改善计划，着实令人不解。不过这正是他们的作风。他们秉持业界少见的态度："如果我们无法保持质量领先，日本人会立刻超前。"

最令人印象深刻的是他们追求质量的热情和精神深入到公司每个角落。不用说，高层更是以身作则。计算机系统部门经理理查德 · 安德森安排每个月第四个星期拜访客户，观察系统实地安装的情形，和客户讨论，以及参加业务会议。在这样的过程当中，他掌握了有关顾客需求和竞争对手动态的第一手资料，还针对质量提供反馈意见。

安德森很快推出了最新的质量改善计划。惠普平常都是在公司自助餐厅"咖啡谈心时间"宣布推出重要计划；安德森也不例外，趁着部门将近 1 400 名员工周会讨论公司业务时宣布这项消息。他指示部门同人开始规划、评估质量。他更强调日本业者即将入侵业界，借此显示这件事的紧迫性。这一年当中，整个部门忙于进行各式各样的质量改善计划。

第一年过去后，根据平均无故障间隔时间①之类的衡量指针，他们原本就已非常精良的质量更获得百分之百的提升。安德森第二年计划再推动另一个百分之百的改善计划，让原本就已遥遥领先同业的质量更上层楼。

稍早该部门高层主管以相当戏剧化的方式表明，公司对提升质量有多么认真。有一天早上咖啡谈心时间，主管人员拿了 5 个有问题的电路板进来，当场摔在地上，大家看得目瞪口呆。主管接着解释说，这些电路板以及一些无形的软件错误，令公司损失了 25 万美元的获利（惠普大多数员工都入股，参加股东分红制度）。这个举动充分表现出这个部门对工作绩效的奖惩风格。如果质量有缺失，大家要共同承担；至于改良质量的成就，则公布有功人员，公开加以表扬。

他们的质量改善计划提供各式各样的奖励方式，有正式的和私下的奖励。最简单的就是管理层到各单位巡视，当场称赞表现良好的员工。或是在咖啡谈心时间、团队聚餐以及部门同事一起喝啤酒联谊时，公开表扬有功人员。最正式的应该是集团执行副总裁在 1981 年举行的表扬大会，同样，这也是在咖啡

---

① 无障碍间隔时间，指硬盘两次故障之间的时间。——译者注

谈心时间举行。获奖者都是在各自所属领域达到质量目标的人员。他们分别获得荣誉徽章、一套金笔以及免费的大餐。他们的大名公布在计算机部门的大厅，同时还能免费前往美国各地的惠普分部旅游。“当然，其中包括夏威夷。”有位惠普经理补充说道。

惠普的一般制度旨在加强质量目标，质量目标直接纳入目标管理计划之中。惠普每个人都高度重视该计划。他们经常提供反馈意见。譬如，每周该部门的经理在告知大家有关交货、销售以及获利的最新数据时，也会一并让大家了解有关质量的最新数据。

计算机系统部门所有的单位形成一个质量网，实施所谓的“LACE”计划(Lab Awareness of Customer Environment，顾客环境意识实验室计划)。在这项计划中，惠普的客户对惠普工程师说明他们的需求以及对惠普产品和服务的看法。有位观察家说：“这类会议总是场场爆满，晚到的人只好站着听”。另一项计划里，惠普将业务代表的专用电话分配一部分给软件工程师，让他们了解顾客的想法，工程师也会从使用者的网站直接听取顾客的意见。最重要的是，质量保证部门人员也参与产品开发工作。这点和大多数企业都不一样，那些企业多由质量控制人员扮黑脸（警察的角色），经常和其他单位产生冲突。

在惠普进行的质量计划中，纠察队、质量执行者、顶尖质量、解决方案小组等只是质量团队（惠普版质量圈）的几个名称。现在，惠普的管理系统充满了各式各样的质量目标和衡量方式，没有任何一个部门能够自免于这个计划。有位观察家的描述极为精辟：“惠普随处可见追求质量的精神，员工不论做什么都不忘秉持这样的精神。如果你跟他们谈人事的问题，他们会讲到质量；如果你跟他们谈到业务，他们还是会谈到质量；如果你问他们如何进行目标管理，他们还是跟你大谈质量目标。”

质量优异和可靠度以及技术的创新其实是两回事。我们还发现，即使是高科技企业，也比较重视质量的可靠度，而不是科技的先进性。这点特别有意思，也让我们感到相当惊讶。卓越企业会为了产品的可靠度，牺牲未经验证的技术。我们将这样的现象称为“甘做市场的老二，并引以为豪”。以下有几个特别显著的例子：

惠普：“我们很少率先推出新产品，不像施乐和IBM，它们总是率先推出高价激光打印机。惠普通常采取反击式营销战略。当竞争对手推出新产品后，惠普工程师就会利用拜访客户的机会，频频探询他们对该产品的意见，例如对该产品有哪些喜欢和不喜欢的地方、希望具备哪些新功能……不需要多久，惠普的业务人员就会带着完全符合顾客要求的新产品再度拜访客户。结果是，'客户不仅满意，也更为忠诚'"。（《福布斯》）

DEC："我们必须为顾客提供可靠的质量。我们故意落后尖端技术一两年，好让主要使用者（例如政府研究机构）催促我们，然后我们才为OEM（原设备生产商）客户和其他终端使用者开发出可靠的产品。"（摘自访问资料）

史兰伯杰公司："如果竞争对手率先推出某种产品，等史兰伯杰推出的时候，这项产品会更完备，质量更精良。"（《邓氏评论》）

IBM："早期的IBM很少率先在市场上推出最尖端的技术。UNIVAC（通用电子计算机）和其他业者的例子提供教训，IBM学会了避免重蹈覆辙。IBM虽然极少率先推出新产品，但是并不会落后太久。事实一再证明，市场马上就会出现比竞争对手设计得更好、销路更佳，而且服务质量更好的IBM产品。"（《金融世界》）

开拓重工：即使在比较一般性的技术领域，我们也发现了类似的现象。"开拓重工几乎不会率先在市场上推出新产品。其目标并不包括追求尖端技术。开拓重工总是让竞争对手先经历推出新产品的试验阶段，然后再以后来居上的姿态，一举推出最完善的产品。其实，开拓重工的产品价格通常都不低，他们依靠的是质量和可靠的服务。"（《商业周刊》）

迪尔公司：迪尔（Deere）是农具产业的顶尖制造商，其地位犹如开拓重工在建筑设备的市场一样。有位证券分析师说："迪尔公司不是说是否营销收割机的问题……我想他们会在两年内推出自己的收割机……试着从竞争对手早期的错误里吸取经验"。（《华尔街日报》）

这些卓越企业在创新技术方面虽然采取甘居下风的战略，但并不表示他们技不如人。诸如惠普、IBM以及宝洁等，在基础研发上的支出一向都居于国际前列。不同于其他业者之处在于，他们希望在技术成熟后才提供新产品给消费大众。新产品经过他们过滤之后，总是更符合消费大众的需求。

有位计算机外围设备制造商主管对我们说了个相当常见但是正好相反的战略："我们急着在市场上推出新产品，因为这是相当顶尖的技术设备。我们想尽快抢下市场，可是质量实在不稳定，市场占有率冲上14%之后就一路下滑，现在只剩下8%，原来应该达到30%或是35%的。如果延后6个月，等到产品问题全部解决后才推出，我们应该可以达到预定目标的，真令人沮丧！"

听过我们对服务、质量和可靠性的讨论之后，有人可能会想，业者对这些领域的追求是不是永远都不嫌多？这个问题的答案显然是肯定的。如喜力啤酒前董事长海内肯所说的："我总是跟营销部门的人说，不要把啤酒瓶弄得太花哨，像是裹上金箔或是华丽的标签，否则家庭主妇不敢从超级市场的货架上把它们拿下来。"有位长期研究航空产业的学者也有类似的论点："现在已经消失的布兰尼夫（Braniff）航空公司以为质量的含义不过是亲切的空中小姐和好看的飞机而已。达美航空则知道，班机准时抵达才叫做质量。"服务多少才够，或是什么样的质量才对，答案就在市场里。有位朋友以浅显易懂的方式对此作出解释："顾客如果买售价75美分的沙拉，就不会期待沙拉里头有鳄梨，但是她会期待有鲜脆的莴苣。这种售价75美分的沙拉生产商应该专注在鲜脆的莴苣上，而不是试图找到便宜的鳄梨。"

可能是出于幸运，也说不定是方向正确，注重质量、可靠度和服务的企业都选择了正确的领域，可以激发基层员工的热情。员工们都对自己所从事的工作感到自豪，热爱公司的产品。在《英国经理人的衰弱和没落》（*The Decline and Fall of the British Manager*）里，艾利斯泰尔·曼特（也是曾经任职IBM的老兵）提供了一个很好的例子，具体说明这种对产品的热情和关怀：

> 成功的普莱特服装公司（Platt Clothiers）乍看之下并没有什么特殊之处。表面看来，该公司犹如很有效率、控制得井井有条的蜂巢一般，在里头工作的每一个人所想的、所从事的都是"外套"。如果你问老板蒙迪·普莱特（Monty Platt）有关公司的销售和营销活动，他的回答是："我的外套受欢迎，靠的是质量。"每天早上11点钟声响起时，有兴趣的人都可以走进设计部门，看看昨天制作出来的成品。设计部门会摆出几件外套的样品让大家摸一摸、试一试并加以思考。老板会在那里和经理、基层生产部门人员以及设计师讨论这些外套。普莱特成功地将他对外套的热情带给每个为他工作的人。当然，他也要谈"营销"、"人事"、"生产"，以及特殊的点子，但是每个人都将"外套"这个重点谨记在心。他和员工之间的关系就是工作，大家都非常清楚、在乎自己的工作，并且做得很好。这个例子有什么意义？并非所有的公司都能专注单一的产品，也不是所有的公司都如此整合、精简。不过所有的企业都会生产一些产品，对产品的重视程度，

会对结果直接造成重大的影响。如果公司的组织极佳，让了解产品生产而且做得好的人才执掌权限，整体情况可能会有很大的差别。这样的人才充分了解制造系统的运作，并且能为环境营造出一种完整性。

卓越企业能够完成不可能的任务。但是，要求达到百分之百的质量或是服务合理吗？大多数人应该都会对这个想法一笑置之。不过答案既是肯定，也是否定的。从统计学的角度来看，这似乎不太合理。在大型企业里，难免会出现次品和服务水平低于平均标准的时候。不过另一方面，有位美国运通的朋友提醒说："如果不以百分之百的标准激励自己达到目标，你就是在姑息错误。到头来，你会自食其果。"你很可能会因此尝到失败的苦果，任何失败都可能出现，不论数量多寡。海内肯就很坦率地说："我认为只要出现差的喜力酒瓶，对我个人就是莫大的侮辱。"著名的玛氏糖果公司（Mars）在竞争激烈的市场里经营得有声有色，该公司一位主管曾经形容老板福里斯特 · 玛尔斯："有一次他只是发现有一组糖棒没有按照标准包装好，就大发雷霆，在盛怒之下搬出所有的存货，一个一个摔到会议室里的玻璃板上，让周围的助理吓得目瞪口呆。"老威拉德 · 马里奥特 82 岁时仍亲自过目每份顾客投诉表，万豪酒店有任何招待不周的迹象，还是会让他气愤不已。

真正以服务和质量为导向的企业期待把事情做好，事实上也的确如此。盲目的信念（加上努力）具有巨大的力量，也唯有这样竭尽所能追求完美的信念，才能成功凝聚全体员工。当一台IBM计算机出现故障、开拓重工某个顾客需要零件、菲多利某个业务经理需要更多库存，或是惠普对于日本企业的入侵倍感威胁时，全体员工会齐心协力集中所有的资源解决问题。不过就算把标准定得很高的公司，如果认为偶尔犯点小错是可以接受的，它的士气也会松懈下来。DEC有位主管表示："这是一念之差而已。一种思维是'只许成功，不许失败'，另一种思维则是把顾客视为统计数字。不过设身处地来想，难道你想被这些公司所谓的'可容忍范围'的失误击中吗？"

经济学家所谓的"进入障碍"，是指在市场上竞争所需的资源。我们往往以为，进入市场的主要障碍就跟钢铁一般具体，譬如工厂产能所需的投资成本。不过我们后来从卓越企业的数据了解到，这样的想法其实错得离谱。真正的进入障碍，应该是像IBM一样，80 多年来勤于投资，教导成千上万名员工兢兢业业服务顾客、追求质量、为顾客解决问题，或是像宝洁一样，160 多年来积极投资追求质量。这些才是真正无法超越的“进入障碍”，也就是以人员资本为基石，配合服务、可靠度和质量这三大历久弥新的传统而构成的。

利基市场

顾客导向，是一种“量身打造”的意思，也就是找出你能够超越其他业者的特殊利基。我们研究过的企业当中，有不少非常擅长于市场细分，他们把顾客细分为许多类型，然后提供符合其需求的产品和服务。当然，这种做法不但可以提高产品的附加价值，还可以增加公司利润。以布卢明代尔百货公司来说，他们成功的秘诀在其精品店，每家精品店的设计都针对特定顾客群，以便为顾客提供独到的服务。布卢明代尔百货公司的母公司联邦百货公司（Federated Stores）对布洛克（Bullock's）、梅宁（I. Magnin）、瑞齐（Rich's）和费林（Filene's）等百货公司也采取类似的战略。“每家百货公司各有不同的展示风格”，有位观察家这么表示。旁氏也是针对特定顾客群量身打造产品，因此在市场上取得龙头地位。《福布斯》杂志有篇报道描述旁氏董事长拉尔夫 · 沃德采取的战略时说：“他大可耗费巨资推出各种促销方案，但他却跑到小市场，趁着竞争对手打瞌睡之际，出其不意地出击。”譬如，于 1978 年，他推出雷夫烫发剂，锁定每年达 4 000 万美元的家庭烫发剂市场，当时这个市场由吉列的托尼烫发剂垄断。沃德表示：“这个市场已经沉寂多年，我们推出无氨无味的产品，现在它已成为每年 1 000 万美元的市场。”他还让产品部门独立出来，以便加速探索其他利基市场。这在消费品市场是极少见的创举。

3M 公司在这方面也是业界翘楚。该公司董事长路易 · 李尔表示：“我们公司并不认为只下几个赌注就能成功。我们的人员会针对各种特殊市场开发出各式各样的产品，犹如无数个小赌注一般，我们就是靠这些小赌注制胜的。”这儿有个例子。我们和某家印刷公司 CEO 谈过。这家市值达 5 000 万美元的公司位于弗吉尼亚州的里士满，是高容量平版印刷市场的业界龙头，3M 认为这是个不错的利基，因此决定进军这个市场。它积极了解这家公司的业务领域，从总公司圣保罗派遣业务团队和工程技术人员，浩浩荡荡来到这家公司，希望了解情况。他们还邀请该公司 CEO 和部分主管到 3M 总公司，介绍 3M 如何能为他们提供最好的服务。我们发现这个例子最吸引人之处并非 3M 有多么积极，而是在于

3M的弹性。3M各产品部门充分发挥团队精神，积极掌握时机，没有任何领域之争，也没有钩心斗角导致进度拖延。我们发现，不论市场规模如何，只要3M下决心进攻，就会展现这种惊人的精神和态度。

这些例子让我们不禁怀疑，企业会不会过度细分市场？从理论上来说，就跟服务和质量的情况一样，答案是肯定的。不过实际情况未必如此。对我们而言，3M、DEC、惠普和许多其他卓越企业都将市场分割得比一般企业更细。如果从传统营销惯例来看，他们把市场的大饼切得太细，但是其绩效遥遥领先，却是不争的事实。追求利基的做法看起来未必井井有条，不过的确能够奏效。

通过利基战略来接近顾客的公司，通常具有五大基本特质：（1）具备敏锐的技术操作能力；（2）定价的技巧；（3）市场分析准确；（4）以解决问题为导向；（5）愿意花钱进行市场细分。

麻省理工学院的詹姆斯·厄特巴克长期研究技术推广过程，他的论述极具说服力："新的技术通过特殊市场利基进入市场，是种能够承受高成本的高明战略。"DEC，甚至IBM等企业似乎都持这样的看法。大家是否还记得前面说过的例子？DEC是因为领导使用者而进入新的技术领域。DEC将最优秀的业务工程师派到哪里？答案是学术界和政府大型研究机构客户。DEC为这些客户开发解决方案时，通常也会为一般使用者开发下一代解决方案。利基高手通常都极为擅长先在这个特殊市场上发展新技术，经过这些客户试用后，去芜存菁，再把改良的产品推销给其他客户。

利基高手极为擅长根据技术的价值为产品定价。他们及早进入市场，对少数客户量身打造产品，并收取高额费用，等到其他竞争对手进入市场时，随即抽身。3M有位主管表示：

> 我们首要的目的是不断推陈出新。一旦击中目标，至少未来三四年间，我们就能够主导市场。在这段期间，我们会根据产品对顾客的完整价值来定价。我们所提供的产品能够协助客户节省人力，所以我们希望市场能体现出这个工具的真正价值。当然，我们会尽力保住市场的龙头地位。不过当其他竞争对手以类似的产品、更低的售价进攻市场时，我们不会为了保住市场占有率而与对方正面冲突，反而会选择妥协，也就是退出市场。因为到那时候，我们已经开发出更新的产品，对这个市场和其他领域进攻。

戴维·帕卡德有一次提醒公司各部门经理，当初惠普营销掌上型计算器失败的主要原因时说：“我们在营销的过程中，以为应该以市场占有率为目标，我希望你们已经学到教训。你们以为只要把价格压得够低，就能掌握市场占有率，说不定整个市场都是你的。可是相信我，这样做对你一点好处也没有。”

大多数银行都发现，家财万贯的个人客户是块有利可图的市场。可是银行大多未能彻底了解这些客户，因此至今都迟迟无法推出各种计划吸引这些客户。只有一家银行例外，该银行主管说：

> 我们决定积极争取这些有钱的个人客户。和他们接触的最佳途径，应该是接触他们的会计师。所以我们便对全美前八大会计师事务所办公室积极展开游说攻势。这8家公司里有7家，是第一次碰到银行如此积极地到他们办公室去做业务介绍！而且这8家企业从来都没见过银行派出资深主管向他们做业务介绍。这样的创举立刻为我们带来明显的收获。做过业务介绍后的第二天，我们就有些客户上门了，有些甚至是当场成交。

采取这种市场战略的公司，通常都抱着为顾客解决问题的心态提供服务。IBM在培训销售人员的时候强调，不是让他们向顾客推销，而是为顾客解决问题。3M也是如此。有位通用仪器公司的业务主管深谙这种精神，对顾客了解到足以为他们解决问题的地步：

> 我还记得自己的第一份工作。我花了好久深入了解少数几家顾客，这样的做法让我收获良多。我的业绩超过定额的195%，在部门名列前茅。有天我接到某位同事的来电，他说：“你表现得真好。不过你每天只拜访1.2个客户，低于公司的平均值4.6。想想看，假使你能够达到公司的平均水准，应该会有更好的成绩才对。”你们应该可以猜得到我的回答，我说：“你怎么不反过来想想看，如果其他同事把每天拜访的客户数减少到1.2，他们的销售业绩会有多大的改善？”

追求利基的业者也愿意花大钱进行市场细分。梅西百货（Macy’s）的爱德华·芬克尔斯坦表示：“你只要愿意花钱表现店面的特色，吸引顾客上门，自然能够成长。”对于芬克尔斯坦而言，这表示耗费巨资装点梅西百货各家精品店的门面，和纽约的布卢明代尔百货公司一较长短。结果他成功了。手指屋

(Fingerhut）是一家成功的邮购公司，他们大举投资收购、累积数据。有位主管表示："善加利用数据，我们就可以为每位顾客开一家私人商店。"同样，奥丽达公司对经常性的支出小气得很，但是对市场测试的预算却出手很大方。多年来，奥丽达在冷冻马铃薯产品市场始终所向无敌。

卓越企业并非都以成本为导向

我们当初做这项调查时，以为卓越企业注重的应该是成本、技术、市场，要不就是利基。换句话说，我们以为卓越企业注重的战略导向各有不同，没有想到大多数会偏向某个特别的要素。然而，调查结果却不是如此。

	成本导向	服务/品质/可靠度导向		高附加值的利基导向	
高科技（14）	通用数据 艾默生 美国国家半导体 德州仪器	艾伦-布拉德利 IBM 兰尼尔		DEC 惠普 瑞侃 罗姆 史兰伯杰 Tandem 王安	
消费品（11）		蓝铃	菲多利 玛氏糖果 美泰克 宝洁	雅芳 旁氏 手指屋 强生 李维斯 特百惠	
服务（12）		凯马特	美洲航空 迪士尼制片 万豪 麦当劳	达美航空 奥美广告 沃尔玛	布卢明代尔 花旗银行 摩根银行 尼曼-马库斯
制造（4）	德纳		开拓重工 迪尔		3M
工程管理（3）			柏克德 波音 福陆		
大宗商品（6）	阿莫科 阿科 埃克森	陶氏化工			杜邦 纽科

这些卓越企业虽然分属不同的产业，但是都具备惊人的共同之处：通常以接近顾客为导向，而不是以技术或是成本为导向。

我们以50家顶尖企业来说明这点，按照产业类别及其注重的层面来区分。每个观察家的看法各有不同，而且没有任何一家公司完全忽略成本或是技术。不过他们对某个特定要素的注重，的确会减少他们对其他要素的重视。如下表所示，各个产业的卓越企业在于获利能力，主要是以价值为导向，而不是以成本为导向。我们把这些企业区分为不同的产业：高科技、消费品、服务业、多元产品制造业、工程管理以及大宗商品产业。下面对这6个产业进行简短的介绍。

高科技产业

高科技产业的14家公司里，只有4家主要是以成本为导向。这些公司分别是德州仪器、通用数据、美国国家半导体和艾默生电气。当然，除了艾默生电气之外，其他几家公司过去几年似乎都经营不善，因此正在重新调整战略。通用数据和美国国家半导体一致认为，未来应该以追求利基的战略为主。通用数据的例子特别具有代表性。该公司曾经试图击败DEC，所以把焦点集中在OEM市场，依据少数低成本产品，制定了一套战略，并建立起（甚至鼓励）“强悍家伙”的形象。1979年《财富》杂志有篇报道以通用数据积极、高佣金的业务团队作为对比，质疑DEC产品种类繁多（这会导致成本高涨）以及不发给销售团队佣金的做法。DEC后来摆脱对OEM厂商的依赖，和王安、惠普和Prime等公司一样，率先推出便于顾客使用、有弹性的产品。DEC采取产品多样化和销售团队为顾客解决问题的战略，最后的确为公司带来了回报。反观通用数据，其“强悍家伙”的形象却让公司受到打击，让当初势如破竹的成长之势减缓。

德州仪器在我们研究之前20年来的表现的确相当优异，但是接下来的几年则大不如前，因此再度将重心转为对外，也就是加强营销。德州仪器以往过度重视成本和市场占有率，这应该是他们错失半导体市场领导地位、在家用计算机市场频频出现问题，以及在消费性电子产品市场从未走上轨道的真正原因。譬如在芯片市场，公司把主要精力放在压低成本曲线，以及在8K RAM市场奠定业界标准，可是却忽略了未来开发更大的RAM芯片。这就是问题症结。他们太注重成本，使得内部人员的注意力在不知不觉中逐渐出现变化。在消费品市场，譬如手表和计算器，德州仪器的战略还是以成本为主，“大量制造最便宜的商品”，他们似乎是这么想的。德州仪器的消费品项目不仅遭到了日本竞争对手的打击，而且对重要的芯片开发工作，还直接抽走了关键资源。

如前所说，兰尼尔和IBM公司对服务的重视，在高科技产业都是极为突出的典范。的确，IBM的实验室在约瑟夫森结①之类的高科技领域可能领先同业好几代，不过在一般产品技术上却往往落后。艾伦－布拉德利公司是位于密尔沃基、市值10亿美元的控制系统制造商，他们注重的也是服务、质量和可靠度。公司全体人员为了追求质量和产品的可靠度都不遗余力，对控制系统而言，这才是真正的关键。

另外还有许多公司也是以服务和质量为导向，特别是惠普和DEC，不过他们大多采取利基战略。这些业者为了在市场上推出新产品，采取各式各样富有创业精神的活动。就拿王安来说，他们在20世纪80年代每周都在市场上推出一种以上的新产品，研发的成功率据说高达75%，主要是因为他们和使用者之间关系密切。

罗姆公司（ROLM）也是类似的例子。他们极为重视使用者，并非以技术领导者自居。罗姆在PBX业务曾经对AT&T的西部电气造成重大打击，纯粹是因为他们能够为顾客量身打造更好的产品，协助他们解决问题。Tandem的“不停止的计算机”就是典型以利基领域为目标开发出来的。Tandem所秉持的理念是“每个顾客都是独立的领域”。瑞侃（Raychem）卖的是复杂的“智能型”电子连接器，他们长期投注大笔资金培训和培养销售人员，道理很简单。瑞侃的销售人员都是务实的工程师，根据产品对顾客的高经济价值来销售电子连接器。连接器的安装极费工夫，根据顾客需求量身设计的连接器可以节省大量人力。在最终产品（譬如大型飞机）的价值当中，连接器只是很小的一部分，所以顾客负担得起大批购买的费用。油田服务公司史兰伯杰的故事也是一样。他们的2 000名石油工程师为钻井者提供油井测量以及其他服务项目，就像瑞侃一样。他们的服务产品在油田运作的总成本当中只是九牛一毛，不过对史兰伯杰的使用者而言，把事情做对的价值是非常高的。

从这些高科技产业领导者当中，可以看出一套令大家都感到惊讶的模式。

---

① 约瑟夫森结，一种利用超导材料制成的超导器件。——译者注

这些所谓的高科技企业的主要特色并非在于技术，而是在于为顾客提供可靠、高附加价值的产品以及服务。

消费性商品业

在消费品方面，我们列举的 11 家公司，没有一家是低成本产品制造商。他们提供的其实是服务、质量和可靠度。外人会说，宝洁成功是靠广告和品牌管理，不过真正的内行会告诉你，他们成功的秘诀在于质量和反复测试，当他们发现少见的问题时（譬如卫生棉条造成中毒性休克综合征），会立刻着手解决，不惜投入巨资，尽全力恢复质量声誉。菲多利也是以质量著称。美泰克则追求产品的可靠性，他们长期播放的广告人物是个被称为“寂寞老头”的美泰克维修人员，这个“寂寞老头”无事可做，足以说明公司对产品可靠度的坚持。

许多公司都采取挨家挨户推销的战略，不过没有任何业者像雅芳或是特百惠公司这样密集。我们将这些杰出企业归类于高附加价值的利基项目，无非是因为他们会积极对外创造自己的市场。

李维斯牛仔裤公司和蓝铃公司都是成衣市场的领导者，但采取的战略各有不同。李维斯牛仔裤公司的战略是以质量为原则，其业务蒸蒸日上是因为公司对于特殊营销的敏锐度，表明公司逐渐朝着利基市场发展。第二大业者蓝铃，则因为成本导向以及对于质量的执著，同样缔造了相当骄人的成绩。

我们认为，强生是家相当独特的利基公司。强生由大约 150 家独立的公司组成，每家公司都要负责推出新的产品。强生秉持的信条是：顾客第一、员工第二、社会第三、股东最后。旁氏也秉持同样的信念。

零售邮购业巨擘手指屋在这些公司当中乍看之下有些突兀，但是他们却将利基战略运用得淋漓尽致。他们具备极为精密的系统可以追踪顾客和顾客的获利能力，公司将几乎每一个个别的顾客都视为独立的市场领域。譬如，如《福布斯》杂志所说：“就在你儿子 8 岁生日之前，手指屋会寄给你一个包裹，里头还有一封给你的个人信件，承诺如果你同意试用他们提供的任何一种产品，手指屋会寄一份适合 8 岁男孩的免费生日礼物给你儿子。你下的订单越多，收到的包裹也越多……手指屋专注于核心顾客，其中包括‘预先通过’（pre-approved）的信用服务，而彭尼（J.C.Penney）和西尔斯等百货巨擘却在这些领域缩手。”深入探究之后，我们发现手指屋的成功其实没有什么神奇之处，不过是因为其他主要的邮购零售商都没有费力这么做而已。

服务业

接下来谈谈服务业。以奥美广告而言，奥格威坚持公司必须以无懈可击的顾客服务为第一目标，而追求利润次之。万豪酒店的马里奥特在 82 岁高龄时对于质量的坚持丝毫不逊于当初 40 岁的时候。他儿子接掌公司后，也是秉持同样的信念，甚至万豪酒店的广告也以比尔 · 马里奥特二世亲自到各地分店视察为主题。在航空业界，不论从哪些标准来看，达美航空以及美洲航空都是顶尖的业者，服务表现也首屈一指。美洲航空在各项消费者服务意见调查里都名列前茅，如果分析注重的是达美航空选择的利基市场（主要是商务旅客），那么达美航空也是顶尖的。

银行业中，我们列举两个主要的范例：摩根以及花旗银行。今日的银行业极为重视积极建立服务大型企业客户的管理技巧，然而摩根银行早在好几十年前就出版过一本以此为题的书。花旗银行更在 1970 年就率先配合市场需求大举进行组织重整。其他银行后来才纷纷起而效尤。

在需要大量和人打交道的领域里，麦当劳和迪士尼都是明星级的业者。我们已经讨论过，这两家公司服务顾客的能力和质量简直是无懈可击。

零售业界有哪些明星企业？尼曼–马库斯百货公司（Neiman-Marcus）以及布卢明代尔百货公司自然首当其冲。尼曼–马库斯百货公司于 1907 年开业时，所打的第一个广告就强调“质量之星以及更优越的价值”。布卢明代尔百货公司，则是利基战略的典范。

沃尔玛于 20 世纪 70 年代末与 80 年代初期在零售业界迅速崛起。我们还是要再提利基战略和服务。从 1972 年起，沃尔玛从只有 18 家分店迅速增加到 330 家分店，销售额从 4 500 万美元增加到 16 亿美元。在大众零售业者当中，沃尔玛是典型的利基连锁店。沃尔玛之于凯马特，犹如兰尼尔在文字处理器市场对于业界巨擘的威胁一般。沃尔玛在美国中西部和西南部各州开设“太多”的分店，因此成功地阻止凯马特进入市场。

凯马特也值得列在卓越企业之列，不过跟艾默生电气一样，凯马特是比较特殊的例子。凯马特主要是靠低成本的战略成功。事实上，在 12 家服务业企业当中，凯马特是唯一以低成本制胜的业者。不过在崛起的过程中，凯马特并未忽略对品质的追求。我们甚至可以说，凯马特开始仿效西尔斯百货长期以来的传统理念——“物美价廉”。

制造业

在多元产品制造业当中，3M是利基典范。他们只要找到一点市场，就会积极进攻，竭尽所能从中获取最大利益，然后再席卷下一个市场。这个类别中还包括开拓重工和迪尔公司，这两家公司致力于追求质量和可靠度，同时和经销商保持极为良好的关系。此外，德纳公司也非常突出，就如同艾默生电气一般，该公司成功的主因在于不断提高生产力，借此压低成本的能力。

在工程管理类别，柏克德与福陆工程无疑是产业领导者，都是以商品的服务和可靠度自豪，所以收费颇高。波音虽然担心成本问题，但是重点还是放在品质和可靠度上。我们一再发现，只要仔细聆听员工如何谈论自己，即可了解他们所在公司的导向。

大宗商品业

最后，为了完整起见，我们还要看一看大宗商品业界的明星级企业。在这个领域，最重要的是低成本。从定义来看，大宗商品业务的成本极为重要，销售的对象如果是其他公司，而非最终使用者，成本的高低更重要。譬如，通用电气旗下的犹他国际公司卖冶金用煤给日本人，赚到非常优厚的利润。他们的优势并非来自营销能力，他们只是成本最低的制造商，提供高质量的焦炭和煤炭给日本钢铁制造商。阿莫科、阿科以及埃克森石油公司充其量只能算是出色的探勘业者，能够以最低的成本钻出石油。

不过就算是在大宗商品产业，还是有些值得注意的差异性。陶氏化工和杜邦虽然都是石化业界的佼佼者，作风却截然不同。生产石化工业上游产品的陶氏化工公司能够成为业界领导者，主要是因为在欧佩克对美国施以钳制时，该公司断然采取正确的资源战略，也就是低成本战略。不过，杜邦的新产品向来备受业界艳羡，至少以往都是如此。杜邦不断推陈出新，通过在下游利基市场的创新活动而活跃于业界。

大宗商品产业当中，钢铁业的利润通常不高，下游市场则是例外。纽科（Nucor）是家获利极高的公司，他们成功的秘诀在于特殊钢铁的利基市场具有较高的附加价值。

以上分析不太具有统计上的意义。我们并非断言成本不重要，或说八九成的杰出企业都是以追求质量、服务或是利基为导向。但我们认为，在此所列举的企业具有高度的代表性，这些资料足以佐证，对大多数卓越企业而言，最重要的通常不是成本，而是拥有一套接近顾客的特殊方式。

倾听使用者的意见

卓越企业是最佳听众，了解市场使他们获益良多。关于这点，我们还真是意想不到。他们真正的创新发明或灵感大多来自市场。

宝洁是率先在所有商品包装上为消费者提供免费电话号码的消费品公司。它在 1979 年的年报当中表示，该公司总共接到 20 万个这样的免费电话，顾客打电话来，不外是提供新点子或是投诉对产品的不满。宝洁对每一个电话都予以回应，并且每个月将这些电话内容汇整起来供开会时讨论。熟悉内情的人表示，免费电话的来电内容，是宝洁改善产品的重要构想来源。

令人惊讶的是，宝洁和其他业者的做法其实有强大的理论依据。麻省理工学院的埃里克 · 希普尔以及厄特巴克长期研究创新流程。希普尔曾仔细研究科学仪器产业的创新泉源，他的结论是：他归类为“第一类型”的 11 种重大发明，全都来自使用者的构想；在 66 项“重大改良”中，85%的点子来自使用者；在“次要改良”项目中，大约 2/3 都是来自使用者的构想。

希普尔的报告指出，不仅点子来自使用者，他所研究的重大发明当中（包括“第一类型”），也都是由使用者而非制造厂商对点子进行初步的测试、塑造原型、进行验证，然后使用。此外，在构想付诸商业化之前，也是通过使用者广泛地传播。也就是说，主要使用者发明一种仪器、建立原型标准、开始使用，接着其他聪明的使用者才随之采用。这时候，制造商才采取行动，“根据基本的设计和操作原则，进行生产制造、提升产品的稳定度等工作”。

一群波音公司的主管为我们提供了一些方向上的指引。他们根据自己的经验判断，一致认为希普尔的论点过于极端。他们想到几个例子，说明有些重大点子是由自己的开发人员提出和建立原型的。不过他们有些迟疑地补充说，如果这项产品不能立刻满足顾客的需求，并和顾客建立完整的合作关系，他们会立即放弃。某主管表示：“如果我们一开始就无法激发顾客和我们合作的兴趣，这个构想肯定会失败。”

卓越企业乐于被顾客牵着鼻子走。李维斯牛仔裤公司里，当初发明第一条牛仔裤的是谁？答案是谁也不是。1873 年，李维斯牛仔裤以 68 美元的代价（申请专利权的费用）向它的一位使用者雅各布 · 尤菲斯（专门向李维斯牛仔裤购买牛仔布料的商人）取得补丁牛仔裤的市场销售权。

磨白牛仔裤则是从布卢明代尔百货公司的褪色牛仔裤获得构想。几乎IBM早期的所有发明，包括该公司第一台计算机在内，都是和主要客户——人口普查局共同开发出来的。3M的胶带产品是怎么开发出来的？是由一位销售员（不是技术人员）发明的，他发明了一种可以放在桌上方便取用的胶带座，原本局限于业界人士使用，不过后来在3M的推动之下成为热门的产品。

类似的例子还有许多。DEC的优势呢？一位专家分析：“他们依赖顾客为迷你计算机找出用途，而不是由公司耗费巨资自行开发、推销这些产品。DEC的销售人员、工程人员把产品卖给其他公司的工程人员，和顾客建立稳固持久的关系……令人惊讶的是，DEC的成长大多不是靠自己的力量，多年来，他们都是跟着顾客提出的有趣构想走。”王安电脑的故事也是大同小异。“他们也是以顾客的需求为导向。他们还打算制订联合研发计划，和顾客合作从事整合系统新用途的开发。”王安本人就曾表示：“和使用者合作，能让我们响应他们的需求。”艾伦-布拉德利公司有位主管表示：“除非我们能找到愿意合作实验的客户，否则不会贸然投入。”他表示，当初艾伦-布拉德利公司许多控制和可程序化控制设备一度落后，促使该公司后来迎头赶上的，并不是内部的研究人员或是工程师，而是公司主要客户。一位主管说：“波音、开拓重工以及通用汽车都在打造自己的设备，他们简直就是直接表明要赶紧赶上顾客的需求，否则构想就要夭折了。”

我们访谈过的企业中，有一家是相当成功的高科技公司。该公司研发部门主管 12 年来，每一年都要抽出两个月作为所谓的“暑假”。在 7、8 月的时候，他只拜访使用者的公司，仔细调查客户使用其产品的情形，以及未来的需求。我们最近在帕洛阿尔托正巧听到一段对话：惠普集成电路部门的某工程师正在和一群朋友谈话，其中一人问他在哪里高就，他提到在帕洛阿尔托的惠普，但是很快就补充说，他几乎都是在另一个城市工作——在客户那里。

这些例子如果不是和大部分企业实际的管理方式大相径庭，也不会引人注意。企业往往在犹如象牙塔的真空环境下开发产品，工程师虽然热爱科技，却从未观察过客户如何实际运用公司产品的情况。

所以说，卓越企业的优异之处不仅是在服务、质量、可靠度和寻找利基等方面，他们还是顾客的最佳听众。这是“接近顾客”方程式的另外一边。这些企业在质量、服务等领域有如此优异的表现，主要就是因为他们尊重顾客的要求和建议。通过倾听、邀请客户参与产品的开发，卓越企业和客户建立起真正的合作伙伴关系，反之亦然。

经济学家克里斯托弗 · 弗里曼所领导的SAP-PHO分析，对创新方面的研究最广泛。他曾仔细分析研究 39 项化学工业新发明以及 33 项科学仪器新发明。他以 200 项要素衡量创新，其中只有 15 项具有统计学上的意义。他发现对这两个产业而言，最重要的成功因素是相同的——“成功的公司比较了解使用者的需求”。第二项成功要素同样也是可靠度：“成功的创新产品比较少出问题”。他对特定失败案例进行的分析也很有启发性。受访者指出主要的失败原因如下：

	7 项失败的化学新产品	16 项失败的仪器新产品
完全没有征询使用者的意见	1	3
征询的程度不够或是询问的对象不具代表性	2	4
忽略使用者的回复或是误解他们的意思	0	4
对使用者的使用情况缺乏实地观察	0	3
过于坚持原先的设计	4	2

傅利曼和他的同事总结指出：“成功的企业比失败的企业更注意市场。成功的创新者会根据市场需求进行创新，邀请潜在使用者共同参与产品开发，而且对使用者的需求更为了解。”

本章结束前，我们要先简短介绍反对者的论点。根据对卓越企业的研究，我们相信，使用者是创造以及测试点子的最重要来源。不过有些同人则坚信企业最好注意技术和竞争对手的动向。此外，海斯以及阿伯内西在《哈佛商业评论》有篇广受各界引述的文章，对美国企业过于“市场导向”而非“技术导向”的现象提出批判。他们认为，受限于这样的短期焦点，简直是被最新的消费者意见调查牵着鼻子走。

我们不同意这样的看法。第一，我们并不轻信任何过于简单的答案，也不会试图塞个简单的答案给别人。使用者、竞争对手、技术这三个要素都很重要。然而，竞争对手这项要素很容易摆平。卓越企业针对竞争对手所做的分析比起其他一般的企业要更多、更好。他们不是由自家人员关在象牙塔里阅读资料和撰写抽象的报告。惠普的服务代表、IBM的销售人员以及3M的销售人员或是团队领导、麦当劳的分公司以及布卢明代尔百货公司的采购人员，这些成千上万的优秀人才发挥无与伦比的敏锐观察力，实地观察竞争对手的动向。

反对人士所持的论点当中，最富争议性的首推技术议题。譬如，“使用者告诉你的通常都差不多，并不会给你提供真正创新的构思”。在某些地方，这样的论点或许没错（譬如大宗商品和化工业），但是情况大多不是如此。譬如艾伦-布拉德利公司，促使他们测试机器人的不是其中央实验室，而是主要客户。IBM当初进入分散式处理，就是受到他们的主要使用者所驱使，其中尤以花旗银行为最。NCR在20世纪60年代末期因为忽略其主要客户西尔斯、彭尼百货等，而错失电子产品市场，后来大费周折才恢复元气。

“更懂得倾听”的卓越企业会特别注意主要使用者的意见。这可是真正的尖端科技，而不是像海斯以及阿伯内西所说的那样。就算在消费品领域，领先使用者（这是创新者，而不是一般的消费者）也要比一般消费者超前好几年，在高科技领域甚至会领先10年之久（通用汽车就是典型的“领先使用者”，在测试计算机辅助设计能力方面比同业领先10年，使得该公司在全球汽车设计领域击败福特和克莱斯勒）。同样，不起眼的发明者在新技术的应用方面也可能远远超越大型企业，他们会和他人合作。这样的组合任何时候都会出现。我们的研究结果突出显示，大型企业当中的佼佼者，不论是销售、营销、制造、工程或是产品开发团队，都和主要的顾客保持密切关系，并且定期接触，以观察并迅速赶上这些使用者——创新者的组合。

倾听或是探询客户的意见，绝不是进行意见调查或是组织项目小组，只讨论以往市场的好恶，也绝不是海斯以及阿伯内西以实验室为基础、纯粹的技术开发。当然，业者也应该投资基本的研发工作，不过其主要角色应该是提出各种务实的构思，让内部富有创业精神的人士（譬如推介人、解决问题的业务人员、主要的顾客，以及以顾客为导向的营销人员）当下就可以“窃取”、摆弄以及应用。

07 自主与创业精神

找不到产品的推介人，就只有死路一条……人们对重大技术的变化往往漠不关心，甚至排斥，但参与新点子的开发，则能够激发所需的能量……新发明的倡导者会展现出毅力和英雄般的气概。

——麻省理工学院，爱德华 · 舍恩

大型企业最令人感到气馁的，莫过于丧失当初他们赖以崛起的要素，也就是创新精神。大型企业不是完全停止创新，就是创新的程度大幅萎缩。美国国家科学基金会的研究显示："小型企业的新产品数量，以投入研发经费的每 1 美元来看，是中型企业的 4 倍，约为大型企业的 24 倍。"经济学家伯顿 · 克莱因研究同样的主题后发现，产业界的重大创新几乎都不是大公司完成的。社会学家维多尼卡 · 斯多尔特–海斯卡农（Veronica Stolte-Heiskanen）针对 50 所民间和政府部门的研究实验室进行一项重要的研究后总结说，"目标性资源（财务和人员）与研究效能之间……通常没什么关联，有时候甚至是负面关系。"

另一方面，卓越企业的规模都很大，成长、创新的记录令人羡慕，并且因此累积了庞大的财富。即使在形势不利的时候，他们依然能有如此卓越的成绩，最重要的原因可能是他们兼具了大企业的规模和小公司的行动力。另一个重要的原因是，他们鼓励员工创新，赋予基层人员自主的空间：譬如德纳的"工厂经理"、3M的"创新小组"、德州仪器的九十几个产品顾客中心。在艾默生电气和强生，我们发现“太多”的部门，每个部门的规模乍看之下好像并非最优化。其中许多企业都为他们的“臭鼬工厂”自豪，也就是由8~10名狂热发明者在公司一角发明产品，这种组合往往比公司里动辄上百人的研发部门还要多。

最后我们发现，这些企业原来是故意有所取舍。他们大举分散权力和自主的空间，让员工的工作重叠，环境看似混乱、缺乏协调，并存在内部竞争，借此培养内部的创新精神。他们放弃了井井有条的衡量标准，以便不断地推陈出新。

不过我们越深入探究，越发现从某种意义来说，情况更令人不解。人们谈的是业绩比拼（IBM），至少毙掉计划一次（3M），同僚与个别贡献者计划（IBM与德州仪器）、工作站经理（联合航空）、容忍失败（3M、强生、艾默生）、志愿参与重大项目、参与新的单位、找到倾听者、走私（通用电气）、钻取更多的油井（阿莫科）、同时进军多个领域（百时美施贵宝），以及鼓励讨人厌的家伙和狂人（IBM）。如果我们不知道军队的比喻并不适合卓越企业的管理风格，在分析过成功的创新计划后，我们一定会了解这个道理。

不过我们觉得，除了大规模分散权力以及对自己的队伍喊“发挥你们的创意！”（有个同事说，企业普遍以这种方式激发员工的创意）之外，一定还有一些其他的奥秘存在。我们后来发现果然如此。

创新的推介人

我们观察的这些活动和混乱之处，核心全在于有没有“推介人”存在，以及潜在的创新者（或称为推介人）是否能够脱颖而出、成长、壮大，就算陷入略为疯狂的地步也在所不惜。泰特 · 埃尔德（当时为3M新业务单位主管）就很干脆地告诉我们：“我们希望产品推介人缺乏理性。”

霍华德 · 海德就是十足的推介人。研究战略流程的顶尖学者奎因谈到海德和他发明的金属滑雪板时表示：“他热衷于发明，一心一意只想让他的点子成真。”要想了解推介人是什么样的人，只需看看《运动画刊》对海德发明金属滑雪板的描述：

> 1946年，海德在佛蒙特州的斯托第一次尝试滑雪。他回忆说，“我滑得糟糕透了，当时我很不好意思，觉得自己的滑雪技术很丢脸，于是便归咎

于那些长而笨拙的木制滑雪板。在回家的路上，我对身旁一位军官吹嘘说，我能用飞机的制作材料做出更好的滑雪板。”

海德回到马丁公司之后，他的绘图板上就开始出现各式各样难解的图样，他还到工厂废金属堆里搜集铝片。他当时住在只有一个房间、位于地下室的公寓，他趁着下班时间把公寓旁边一处马厩的二楼改装成工作室。他的构想是做一种“金属三明治”式的滑雪板，也就是用两层铝金属夹板，旁边贴上胶合板，中间填充蜂巢状的塑料。

由于需要足够的压力和温度才能把这些材料接合在一起，海德特别设计了一套流程，就连漫画家鲁伯 · 戈德伯格（Rube Goldberg）也会感到骄傲。因为每平方英寸的材料需要 15 磅的压力，他把滑雪板模型放进一个大型的橡胶袋，然后利用一个旧冰箱压缩机，在上面接一根管子，经由这根管子把空气抽出橡胶袋，从而产生压力。至于所需的温度，海德用铁焊了一个像是棺材的槽，里头灌入从汽车曲轴箱取得的车用机油，并且以两个从西尔斯百货买来的露营灶加热，等机油烧到 350 度，就把装有滑雪板模型的橡胶袋丢入滚热的槽中，然后就像美国明星级的大厨师蔡尔德等着马铃薯的颜色变为棕色一样静静等待。

6 周之后，海德在浓烟臭气中终于制造出 6 副滑雪板，他立刻跑到斯托，交给滑雪专家试用。有名滑雪教练为了衡量滑雪板的曲弧度，把其中一只滑雪板的末端插入雪中，用力弯曲，结果把滑雪板折断了。最后，6 副滑雪板全部都这样断光了。海德说：“每折断一只，我就觉得仿佛自己身体里有什么东西被折断一样。”

海德并未因此把橡胶袋束之高阁。他在 1948 年新年过后第二天，辞掉马丁公司的工作，靠藏在床底下、用玩扑克牌赢来的 6 000 美元，开始热切地投入发明工作。他每周都会送一副经过改良的滑雪板给佛蒙特州布罗姆利的滑雪教练尼尔 · 鲁滨逊测试，鲁滨逊则每周都会把折断的滑雪板送回来给他。“要是我早知道这要经过 40 次不断的改良，可能早就已经放弃了。不过，还好，那时候我只想着下次一定能够成功。”

海德奋斗了三个苦闷的冬天，对滑雪板进行了多项改进。他把有些部分的木制侧边改成铁片，在中间加上胶合板以增加强度，又加上塑料表面以避免在滑雪时受到积雪阻挡，令滑行更为顺畅。在 1950 年的某一天，海德站在新罕布什尔州的塔克曼山坳滑雪锦标赛会场上，注视着滑雪教练克利夫 · 泰勒顺坡飞跃而下，沿着弯曲的滑雪道画出优美的曲线，一路滑到海德面前猛然停住，泰勒欢呼叫道："实在太棒了，海德先生，这副滑雪板实在好得没话说！"海德回忆说，在那一刻，"在我心底深处，我知道我成功了"。

德州仪器曾进行过一项意见调查，针对过去大约50项推出新产品的成功与失败经验进行评估。他们发现，每个失败的案例都有一个共同的原因：这些案例并没有志愿的"推介人"，倒是有人因为经济利益承担这项工作。受访的主管指出，"现在我们讨论产品要不要推出时，会根据新的标准来衡量。第一项标准就是要具备狂热的、志愿的推介人。然后才看市场前景和项目的经济效益，这两项的重要性远不及推介人。"

我们也完成一项类似的分析，针对我们开始研究20年前十几家美国和日本大型企业的绩效进行深度调查，其中一部分是就24个企业计划进行研究，譬如通用电气试图打入计算机市场但功败垂成的问题，以及他们在工程塑料以及航空引擎市场上的成功秘诀。我们同样发现，推介人在此扮演关键的角色。在24个案例中，有15个成功，其中有14个拥有明确的推介人，而9个失败的案例中，只有3个有推介人领导。（另外6个案例里，有的并没有推介人，有的则是推介人很早就离开，结果导致项目瓦解。）令我们惊讶的是，日本和美国企业的数据居然雷同。我们原以为，日本比较讲究集体意识，一般不会出现推介人这样的人物。可是日本企业成功的案例100%（6个案例全部）都有推介人，4个失败案例当中则有3个没有推介人。

我们承认，海德的角色算是典型的发明人，在空气混浊、气味难闻的车库里埋首研究、发明。不过日立和通用电气的情形又如何呢？答案是肯定的，IBM也是一样。奎因研究过IBM二十多年以来的历史后表示："IBM鼓励那些致力于发明创新的推介人勇于提出重大的发明构想。董事长文森特 · 利尔森在IBM创新发明的全盛时期，创立了这样的风气。他鼓励各个小组提出设计的提案，参加所谓的'业绩比拼'，和其他提案竞争。其实，IBM成功的重大发明，几乎都是经过这种直接的竞争流程产生的，而不是通过正式的产品规划产生。"

一位曾在IBM沃森时代任职于IBM的人也表示，"650（一款IBM初期开发出来的重要计算机）就是典型的例子。中央实验室的那群人动作实在很慢。制造和工程总部人员私下同时针对这个项目进行研究，后来传到总公司，经过逐渐改良，产品原型日趋完善，和中央实验室的研究成果比起来，构造更为简单，成本也更低。650 就这样诞生了。”我们和IBM在圣荷塞的主管谈过后，更证实了这样的看法：

平行项目很重要，这是毋庸置疑的。回顾过去推出的十几项创新产品时，我发现，在公司通过系统“下注”的大型开发项目中，半数以上在开发过程都会出现一些“分支”。在每个案例里（我们回顾过所有的例子，我真的是说“每一个”例子），有两三个（有一次甚至有五个）其他的小型项目，即那种一组有四到六个人的小组，其中有个例子甚至只有两个人，也在研究平行技术或是开发。他们要东拼西凑地抽出时间和人力。另外有三个案例，是起初的计划失败之后，后来组成的项目小组后来居上，进度甚至超过原先拟定的时间表。当一群人激发出创新的热情、全心全意地投入时，他们创造的成果实在令人惊讶。当然，他们也有优势。因为他们的资源不多，所以起初只能开发比较简单的产品。

通用电气的故事也是一样。只要深入探索，就可以发现这样的例子不胜枚举。譬如，通用电气在商场上大放光彩，除了收购案之外，则是因为公司曾在市场上推出一项相当热门的产品——特制的合成塑料（这项产品的收益从 1970 年的零增长提高到 1980 年的 10 亿美元）。这项产品的构想也是来自员工私下的活动，《邓氏评论》的评论专家指出：

跟大多数企业一样，通用电气发现，有些研究人员的点子因为缺乏成功的明确保证，连中央研发部门的财务支持都争取不到。所以，通用电气特别通融，让有雄心的研究人员可暗中挪用其他项目的经费，私下进行研究。这种未经许可的研究工作，在通用电气被称作“走私”，但是有时候会为公司带来许多意想不到的收获。例如在 20 世纪 50 年代，有位叫丹尼尔 · 福克斯的研究员，当时负责开发一种电线绝缘体。有一天他带着一个大型的棕色塑料球体走进技术部门主管的办公室，把东西放下来，试着拿铁锤打，结果铁锤反而断了。接着他又用刀子用力割，也割不断。这个东西后来被送到新的化学开发单位，经过进一步的改良之后，成为一种称为“Lexan”的聚碳酸酯塑料，现在是通用电气增长最快速的产品之一。

其实事情没有这么简单。只靠福克斯这个技术上的推介人是不够的。整个过程还需要其他重要人物的协助，才能顺利摆脱行政体系的桎梏，成功地在市场上推出产品。年轻的韦尔奇（后来的董事长）就是典型的推介人。他不停地“走私”，找到值得开发的利基，和顾客一起进行实验，并且在体制外招聘年轻的化学工程师，进一步开发Lexan的其他用途。此外，韦尔奇本身还受到许多强势、勇于突破传统的“主管推介人”的保护。

有人可能会问，既然这么多人都肯定推介人在创新流程中的关键地位，企业何不聘用、培养更多推介人？部分答案在于，推介人的工作风格和大多数企业的管理方式相抵触。在此让我们再次引述奎因的话：

> 有创意的狂热分子虽然一直是大多数重要发明的功臣，但却无法融于大多数企业。创新本身并非企业的主流，在开发初期很难看出成功迹象。而且，推介人的个性往往令人讨厌、缺乏耐性、自大，从公司的角度来看说不定还不理性。所以公司不会雇用这种人，就算雇用了，升迁、奖励也没有他的份儿。他被视为“不认真”、“让人难堪”或是“会影响工作”。

另一个原因在于人们对创造力和创新的混淆。哈佛著名的营销学教授李维特也认同一般的看法：

> 当今虽然有许多人呼吁企业应该积极发挥创意，但问题是，这些人往往未区分创造力和创新之间的差异。创造力是构思新的事物，创新则是从事新的事物……强大的新构想可以在公司流传多年，但一直没有付诸实施，这不是因为公司没有认识到这个构想的好处，而是因为没有人负起责任，采取行动实现这个构想。构想如果没有实际运用，就毫无用处。这些构想的价值唯有通过执行才能够获得印证。执行之前，它们都是处于进退维谷的状态。各位只要跟下属谈谈，就会发现美国企业不乏充满创造力或是创意的人物，缺乏的是“创新者”。人们往往以为创造力自然会产生创新，可是事实并非如此。有创造力的人往往会把实现这些构想的责任推给别人，他们是“瓶颈”，并不会努力说服别人接受这些构想，或略加尝试…… 其

实只要把十来个没有经验的人丢到房间里开动脑筋，照样能激发出许多有意思的新构想。这个事实显示构想本身的相对重要性有多么低……满脑子都是点子的人老是跟别人讲他有哪些提案、备忘录，这些构想虽然足以引起别人的注意、兴趣，但却不够完备，没有对执行面提出任何负责的建议。真正少见的人才是那些具备实现构想所需技术、精力、胆识和毅力的人……因为企业是“完成事情”的机构，有创意但是缺乏行动力的人并不可取，从某些方面来看，这是种不负责的行为。

某家成功的消费性商品公司资深主管也提供了一个实例，印证了李维特的论点。他说，“产品的赢家一定也是产品的推介人。”

有个品牌经理对产品投入的程度，远远超过公司规定的范围。他和研发人员密切合作（在其他较不成功的案例里，下属大多只在正式组织的规范之下和研究人员合作），所以占去研发部门出奇多的时间和注意力。他会偏离正式的组织图，亲自参与实验性质的生产制造。通过如此密切的参与，他得以尝试更多事物，学习得更快，争取到其他部门更多的时间和更大的注意力，最终尝到成功的果实。这并没有奇迹可言。我可以在任何时候召集 500 个研发人员，激发出多达 75~100 个似乎言之成理的新产品构想。重点在于进行测试和后续的工作。这行没有天才，唯有不断行动才行。

推介人并不是天马行空的梦想家，也不是伟大的思想家。他们的构想说不定窃取了别人的理论框架。可是最重要的是，他们是务实的人。如果有必要，他们会一股脑儿地投入，设法使这样的构思顺利实现。

推介体系

我们在第五章讲过尼曼的故事。对于麦考利连锁店而言，他是个不折不扣的推介人，但麦考利连锁店的推介人并非只有他一个。他在印第安纳波利斯观摩的第一家店的店主呢？在通用电气进入工程塑料业务的案例里，我们还发现了一些英雄人物：发明人、公司里富有创新精神的人物，以及协助他人避开行政体系桎梏的主管。

《研究管理》（*Research Management*）的一位作者最近做了以下的结论：“独

角戏通常是行不通的……富有创业精神的人物通常都需要有赞助人。”各式各样的推介体系其实都离不开这种形式：主要的角色是推介人，配合某种形态的保护者。当把考量的重点从个人转移到公司的角度时，我们发现创新的过程需要有三个角色的配合：产品推介人、主管推介人以及鼓动者。（我们故意漏掉技术创新者或是发明者，因为我们认为内部的技术工作、激发点子的工作，并非创新过程里的主要变量。我们相信，创新的问题几乎都归因于缺乏产品推介人、主管推介人或是鼓动者。我们深信，主管推介人和鼓动者在此扮演极为重要的角色。）

产品推介人是指对产品充满狂热的员工，我们先前说过，这类人物并不适合一般的行政事务。相反，这种人多半独来独往、冷傲自负、脾气不好，但是他对脑中构思的产品很有信心。

成功的主管推介人，必定也曾经是产品推介人。他经历过产品创新艰苦的漫长过程，所以知道如何保护具有潜力而且务实的产品构想，以免遭到企业正式组织的干扰与阻碍。

鼓动者这种人物通常是公司德高望重的领导者，他们是推介的典范。3M、惠普、IBM、DEC、德州仪器、麦当劳和通用电气等公司里流传的事迹，对产品漫长的创新过程极为重要。路易 · 李尔和雷蒙 · 赫佐格（3M）、爱迪生、韦尔奇（通用电气）、休利特（惠普）、奥尔森（DEC）、王安（王安电脑），以及利尔森（IBM）都是关键性的人物，公司整体的推介体系就是靠着他们才能创造许多令人赞叹的成果。年轻的工程师或是营销人员无法单凭自己的一些直觉就出来冒险。他们能够踏出办公室，到处冒险，是因为公司有这样的历史传承，鼓励他们以此作为通往成功的康庄大道。所以，就算要经历不断的失败，他们仍能坚持下去。

把玩数字

大多数产品推介人都会失败，这点并不令人惊讶。不过在卓越企业里，推介人和推介体系却是使创新成功的关键。应该怎样协调不断的失败和整体的成功？方法只有一个：创新成功的机会是一种数字游戏。

假设公司推出一项新计划，成功的概率只有 10%。如果推出 10 项这样的计划，根据概率法则，其中至少有一项计划可以成功的概率会高达 65%。如果推出25项这样的计划，至少有一项计划会成功的概率甚至会超过90%（至少有两项会成功的概率几乎有75%）。其中的道理非常明显，任何一项计划成功的概率不论有多小，只要多尝试，概率就会大增。如奎因所说："管理层必须推出足够的项目，并且提供足够长的准备时间，这样才能达到1 ： 20的成功率。不过刚开始的时候，富有创业精神的经理人可以通过失败率比较低的项目建立高层主管的信心。"

所以，确保成功的唯一办法，就是多多出击。这也是DEC、惠普、3M、德州仪器、布卢明代尔、IBM、麦当劳、通用电气、王安电脑、强生等卓越企业的"潜在"推介人远远超过竞争对手的原因。譬如DEC，他们把每一个客户都视为测试新产品的机会。

曾有篇报道针对百时美施贵宝公司的成功故事进行分析，就是这种数字游戏的例子。百时美施贵宝公司董事长理查德 · 盖尔布为公司创造了许多卓越的成绩。《福布斯》杂志将盖尔布形容为甘居次位的人："盖尔布说，'只要我们能结合两个次优的产品'，自然能够创造出更优异的成绩。居于次位能帮公司赚到更多的钱。"《福布斯》杂志观察说，"盖尔布同时四处出击，如果其中任何一个产品失败，他能迅速收兵减少损失。"百时美施贵宝的数据印证了盖尔布的战略能够奏效。百时美施贵宝曾在5年中有33项健康与美容保健产品被市场公认是成功产品（也就是所谓的商业成功，年营业额达500万美元或是更高）。根据《福布斯》杂志的报道，"百时美施贵宝公司在这33项产品中就占了8项。排名第二位的公司只有3项"。盖尔布表示："推出热门产品固然很好，不过在制药业中，还有其他在市场上出类拔萃的办法。我们不会孤注一掷。如果我在制药方面的营业额有10亿美元，我希望会是由10个营业额分别为1亿美元的产品所创造的，而不是两个分别为5亿美元的产品。"《福布斯》杂志的文章最后总结说："所以百时美施贵宝公司才能够迅速出击，在市场上推出许多产品，获得丰厚的利润。百时美施贵宝公司最大的长处是：他们不会把2.5亿美元丢到研发部门后就松懈下来，祈求有人会突然开发出治疗癌症的药品。"

在石油产业中，数字游戏的威力最为明显。阿莫科石油公司在董事长约翰 · 斯韦林根的领导之下，创造了美国石油探勘的成功纪录，在业界傲视群雄，就连埃克森、阿科和壳牌石油也望尘莫及。他们的秘诀纯粹是数字游戏。《财富》杂志有位评论家指出："标准石油公司喜欢尽可能地探勘油井，阿莫科竭尽所能四处探勘油田的热情，让他们遥遥领先其他业者。而埃克森除非拥有所有权，否则他们几乎不会动用资源去探勘油井。阿莫科的盖洛威（生产部门主管）在休斯敦的一次会议上很惊讶地发现美孚石油在某个区域内租用的面积只有 50 万英亩，阿莫科却有 20 倍之多。”（盖洛威还补充说：“美孚石油对他们探勘的精确度应该很有信心。我想我们没有那么聪明。”）

如果大多数企业（甚至石油产业也不例外）没有“只争第一”的心态，这些故事也不值得详加描述。这种“只争第一”的心态归因于企业对规划、创新过程的误解，迷信大规模的效力，以及无法理解、管理有组织的混乱和大量出击的效果。

对推介人的支持

推介人形同先锋队，总是第一个遭到攻击。所以说，企业如果具备稳健的支持体系供推介人充分发挥，就能从推介人身上获得最大的好处。这点的重要性再怎么强调都不为过。没有支持体系，就不会有推介人的存在。没有推介人，就没有创新。

卓越企业最令人折服之处在于，他们具备完整的支持体系协助推介人。事实上，卓越企业的结构完善，可以培养出推介人。他们还故意把体系设计得有“漏洞”，好让这些推介人顺利调度资源，完成创新工作。

他们通常在“臭鼬工厂”开展创新。譬如有一家规模达 50 亿美元的测量公司，最近推出的 5 项新产品中就有 3 项来自这样的臭鼬工厂。他们的“臭鼬工厂”设在距离总公司 6 英里外一座仓库的二楼，里面光线昏暗，但总有 8~10 个人埋头研究。这群技术天才中，拥有最高学历的人不过是在驻韩美军基地取得高中同等学力（尽管该公司具备上千名博士级的科学家和工程师），其中甚至有一位曾经因为没有通行证偷偷溜到工厂里，窃取一些实验所需的材料而被捕过。

这群小组开发出来的第一项产品，后来每年为公司创造 3 亿美元的营业额，是当初在 28 天内就完整开发出来的（产品原型）。后来该公司有个重要产品一败涂地。臭鼬工厂有个成员获得主管同意后，拿了两个样本回家摆在地下室里，一个拿来作为基准，然后对另一个敲打修补，大约 3 周之后，几乎所有的缺陷都荡然无存，而且性能比原先的设计还要好。该公司总裁亲自参观他的地下室，并当场通过他对设计所做的改变。这个臭鼬工厂的成员后来和公司大约 700 名成员的工程“团队”正面竞争，大获全胜，算是他们最新的丰功伟绩。

臭鼬工厂成员脚踏实地的程度是出了名的，这儿有个小故事可以佐证。某大型工程团队针对某台新机器过热的问题研究了好几个月，最后决定加装重达一吨的空调器。臭鼬工厂有个成员这时候正好经过。他看了看问题，然后到街角的店里买了一台售价 8.95 美元的家用风扇，装上去之后，顺利降低了机器温度，解决了问题。

我们听说，有臭鼬工厂的企业大多缺乏支持或是鼓励推介人的精密结构。卓越企业通常采用我们的同事安德森所谓的“有限自主职位”（limited autonomy position）——担任这种职位的人物具备高度的创业精神，就如同推介人一样，但实际上仍受到相当的限制，而且意义涵盖很广。

在分析联合航空时，我们第一次发现了这样的概念。联合航空在卡尔森的领导之下，业务蒸蒸日上。卡尔森大谈“模拟创业”。他让大约 1 900 名主管拥有一些自主权，这是公司第一次不以他们的整体绩效作为考核评定的依据，而改用他们能够控制的要素来衡量。卡尔森表示：“我们希望用切合实际的方式来考核每个主管的绩效，让他们在 6 个月后可以骄傲地对上司或是自己的老婆说，‘我帮公司赚到钱了’。”

我们后来在德纳又碰到类似的现象。如前所说，该公司董事长麦克弗森首创“店长”的概念。也就是说，他赋予公司大约 90 位工厂经理相当大的权限，让他们直接控制自己的人事、财务、采购事宜，这些工作通常都是由总公司决定的。麦克弗森的观点是：这些人身处最前线，长期而言，应该会比公司任何行政人员都更了解情况，所做的决策自然也最为理想。

宝洁和菲多利的“品牌经理”也是同样的概念。品牌经理实际上就是充满活力、富有创业精神的人物。不过这也正是公司设立这种职位的目的。就拿宝洁的体系来说，他们希望让这号人物觉得自己是英雄人物。因此，公司会流传着某位品牌经理的传奇和事迹，传颂着他多年来如何挑战上司，不顾各种阻碍，最后终于击败其他品牌经理，顺利让自己的品牌获得新定位，脱颖而出。

钻井设备制造商史兰伯杰公司派出 2 000 名年轻的石油工程师，到钻井部门主管尤安 · 拜尔德负责的各个偏远地区服务。拜尔德表示：“对我而言，史兰伯杰公司的人应该迫切地想要赶赴前线，为顾客解决问题，而且自以为是无所不能的金刚。”这种做法人员占用率虽然高，但对于史兰伯杰公司而言，真正重要的是到各个偏远的前线去服务客户。以某些衡量标准来看，这种工作的责任虽然有限，但是通过培训，每一个人都深信自己拥有公司的充分授权。

IBM、DEC和瑞侃等公司则把有限自主职位的概念应用在“解决问题”的销售人员身上。沃森约于1920年开始在IBM推行这个政策。DEC随后效仿，并且沿用至今。3M素有“销售员的公司”之称，因为他们的销售人员会直接接触工厂的实际操作人员，避开采购代理人。这种方式至今依然为3M的业务团队所采用。瑞侃公司的销售人员几乎都是来自哈佛商学院，他们先从销售人员做起，然后逐渐成为专为顾客解决问题的专家。

在我们看来，要让这类职位发挥作用，只有一个诀窍，不过做法并不简单。公司要让经理人相信，他们是深具潜力的推介人，同时又要在主要问题上接受控制。无法摆脱“权责相副”等陈腔滥调的企业，大多无法掌握这种艰难的双重任务。许多企业推出品牌或是产品管理的各类计划，其中不乏想要仿效宝洁者，可是他们几乎都不会花时间树立公司里的传奇事迹、典范和英雄人物，把重担（承诺、热情）转移到品牌经理身上。就算是把重担交给品牌经理，他们还是无法掌握另一个层面：提供严密且固定的支持体系，协助品牌经理完成任务。宝洁的案例就是典范。公司一方面让品牌经理相信，他们只要像金刚那样所向无敌，有朝一日说不定能做到董事长。可是，由于公司垂直的品牌管理结构，以及少数“根深蒂固”的体系，品牌经理的自主空间其实相当有限。

“小而美”的单位

我们曾发现，有家规模达60亿美元的公司把技术单位组织成“职能中心”，分成物理、化学等领域。这些职能中心成为主要的组织要素，项目和产品的重要性则远远落在后头。这种失衡的现象，使得员工的时间分割得过于零碎。每个人可能要同时进行专属技术领域中多达6个项目。而这些项目横跨三四个单位，两三个小组。组织简直是场灾难，几乎所有的项目都无法准时完成。在我们看来，这主要是因为员工对工作不够投入，以及把重点错放在技术层面，而不是产品、项目和顾客。隔了五年之后，这家公司终于回头采取项目模式（技术能力则摆在第二位），开发活动随即明显增加，而且成效几乎是立竿见影。

惠普则正好相反。惠普的营业总额达35亿美元，却分在公司50个小部门（平均每个部门为7 000万美元）。每个部门只有大约1 200名员工。作者之一后来拜访惠普的一个部门时发现该部门的人数已增至2 000人。恰当的解决办法是：进行组织重整，将该部门分为三个单位，每个单位各自具备完整的产品开发能力。

就跟3M一样，这种做法的重点不是扩大部门规模，而是向外拓展，或是分立新的单位。有位评论专家补充说："惠普的每个部门在执行基本任务时，本身就像是一家独立的公司。因此，他们要负责自己的财务会计、人事制度、质量保证，以及对所属领域的产品提供支持。"跟3M一样，惠普每个部门都有自己的产品开发小组，数量甚至有过之而无不及。有位总经理表示："我们本来应该集中管理软件，可是每个单位都开发自己的软件，而且觉得一定要这样做才对。老实说，我是从另一个角度来看，我也觉得不对劲。同样，每个单位都各自开发自己的芯片。"我们问："从头开始吗？""是的，每个都从原料硅开始设计……我担心生产运作时间短以及难以自动化的问题……不过我宁可有新产品开发出来，即使有重复也在所不惜。我们所做的工作当中，有相当大的比例'应该'由其他单位承担。"

其他卓越企业也是大同小异。譬如3M有上百个独立的创新产品小组团队，规模达50亿美元的强生有超过150个小型单位，德州仪器有90个产品客户中心、IBM有产品推介人领导的团队、通用电气有"走私"团队、DEC有不断调整的小组，布卢明代尔每个月都推出新的精品专柜。总结而言，这是"小而美"的真谛。

内部竞争

企业解决问题主要有两种基本方式。第一种是按规定行事，也就是理性主义者的做法。它具有行政体系的本质，也就是凡事照规定办理。我们曾经看过有家公司居然设了多达223个委员会，每当要推出新产品，须层层经过这200多个委员会签字核准才行。另外一种做法是把市场引入公司内部，由内部市场和内部竞争带领公司成长。如同3M、柏克德工程与福陆工程、德州仪器等公司的做法，内部人员必须经过市场的考验才能如愿加入项目团队。IBM的"业绩比拼"让各项目之间直接竞争。通用电气或是IBM不仅对"走私"睁一只眼、闭一只眼，还私下鼓励支持这样的行为。宝洁则鼓励旗下各品牌之间的竞争。宝洁、DEC、惠普、3M、强生和王安电脑都故意让各部门、产品线之间有些重叠、重复。

我们有个重要的发现：卓越企业往往绕过正式、理性的组织方式。譬如3M，公司故意让各个部门甚至团队彼此竞争。每个小组的部门规定都一样（“我们宁可看到市场上屈居第二的产品是来自公司其他部门”）。在本部门或是小组之外进行新产品开发活动的经理，还会受到公司的特别奖励。

这种构想其实来自通用电气。通用电气当初是个组织结构叠床架屋的大型集团，但在斯隆的整治之下，成为井井有条的组织。他故意让部门有些重叠：譬如一端是庞蒂克和别克，另一端则是庞蒂克和雪佛兰等。不过后来通用电气偏离了斯隆的设计，组织变得更为庞大。董事长罗杰 · 史密斯就表示，当务之急是恢复旧有的竞争精神，他还计划“放手让各个部门树立自己的形象”。

各部门经理之间的竞争可能更为激烈。以布卢明代尔百货公司来说，广告营销副总裁、采购人员，以及安排服饰专柜的协调人员为了争取有限的店面空间而彼此激烈竞争，因为会出现输赢，公司定期进行组织重整。

宝洁的品牌管理制度是典型的内部竞争。该公司于1931年正式实行品牌经理竞争制度，各品牌之间可以充分自由竞争。即使在当时，管理层就已经认识到，“唯有通过内部竞争，公司组织才能避免变得过于僵化”。现在，公司不会为品牌经理提供其他品牌的动态信息（除了市场公用信息之外），而是鼓励他们彼此竞争。有人甚至以特殊的说法来形容这种内部竞争，比如：“创意竞争”、“淘汰点子”。宝洁违反了理性的原则。本书作者之一观察某位前任宝洁品牌经理之后发现，宝洁各个品牌经理之间的竞争，已经激烈到自相残杀的地步，而非单单在竞争中取胜。这位宝洁旧将也对此表示认同，他说：“我还记得，几年前佳洁士牙膏通过美国牙齿协会检验时，我正好担任质量控制经理。一周之后，我碰到公司另外一个牙膏品牌的品牌经理。他半开玩笑地说，‘你就不能对那种牙膏动动手脚？’”宝洁推出的新产品，绝大多数都是靠着品牌经理这种强烈的好胜心开发出来的。品牌经理之间每年会形成“等级”，各等级之间的竞争极为激烈。

IBM鼓励内部人员以各种新的产品构想彼此竞争，这样的能力在业界广为推崇。该公司正式鼓励“走私”的做法，并主张对同样的问题采取多元化的解决方式。各小组之间还进行“业绩比拼”：以硬件和软件的性能进行“真枪实弹”的战斗，不仅是在计划书上“纸上谈兵”。

惠普有内部竞争的惯例："推销给销售团队"。除非销售团队想要，否则他们不一定要接受公司内部开发出来的产品。公司流传着各种类似的故事：公司花了好几百万美元，好不容易开发出某种新产品，可是销售团队却说"不要，谢谢"。德州仪器也有相同的做法。他们的销售团队通常也是跟营销团队分开，迫使营销人员和产品开发工程师直接面对顾客——带着销售资料和装备开车去客户那儿，就新产品的原型进行第一场业务介绍，从而激起竞争压力。这可是水深火热的艰苦考验。

DEC内部竞争的做法略有不同，公司希望各部门经理和销售人员让重复的产品挤进产品清单。DEC要求高度以使用者为导向，所以新产品主要是根据使用者的需求量身打造，公司并不会要求各产品之间必须有明确的差异。《财富》杂志有篇报道分析指出："DEC的成长虽然引人注目，但是有其代价。譬如，他们的价格清单上有多达一万项产品是重复的。在某些应用领域，DEC可能有两套系统多少具有同样的功能。"DEC跟宝洁一样，也愿意接受产品重复的代价。但至少这是可以衡量的，而且和骄人的营收业绩比起来，这样的代价微不足道。

卓越企业常见激烈的内部竞争，很少见到由正式单位主导、公事公办的行为。公司要为"重复"付出极高的代价——自相残杀、产品重叠、部门重叠、多元的开发项目。公司耗费巨资开发出来的产品，如果销售团队不接受，经费就泡汤了。这种做法虽然比较难以衡量，但好处通常是付出代价的数倍之多，而且特别有助于激发员工的承诺、创新以及对营收的关注。

密集的沟通

惠普有位资深经理说过，"我们其实并不十分清楚创新流程是如何运作的。但是有一件事我们很有把握，那就是在这样的过程当中可以顺畅地沟通，彼此可以自由交谈，这是非常重要的。不论我们做什么、采取什么结构，或是尝试什么系统，这样的沟通都是基础，我们会尽全力予以保护。"

卓越企业的沟通系统有五大特质有助于促进创新：

1. 沟通系统不拘形式。在3M，永远有开不完的会，不过很少是事先安排的，大多是不同部门的人员临时聚在一起讨论问题。这主要是因为圣保罗的环境犹如校园，加上中西部实事求是的工程素养、卷起袖子投入工作的气氛，以及公司组织结构的本质，让人们很容易经过一段时间后彼此熟识。总之，这一切使志同道合的人经常聚会、联系。

麦当劳的高层主管团队秉持不拘小节的态度，并让公司整体弥漫着这样的气氛。在DEC，总经理奥尔森"定期和工程委员会（包括各层级大约20个工程师）会晤"。奥尔森设定议程，并且定期将委员会解散、重新组织，以便不断激发出新点子以及新构想。他自视为触媒的角色，或是"专门跟人唱反调"。有个名叫爱德华·舍恩的研究人员在为一篇研究推介流程的报告做总结时，强调这种互动的重要性："成功点子的支持者通常是通过私下互动，而不是通过正式的组织。"企业核心的推介体系实际上就是一种即兴的非正式文化。

2. 沟通密度异常频繁。埃克森石油公司和花旗银行向来以"畅通无阻"的沟通风格而闻名。我们有机会观察这两家公司的行事作风，他们和竞争对手的差异之大，着实令人惊讶。他们只要一上提案讨论会的会议桌，每个人就开始彼此大呼小叫，就算面对董事长、总裁、董事，照样可以随时打断他们的谈话。

反观我们参观过的公司，共事长达一二十年的资深主管，除非是正式安排的会议，平常根本没有聚会。就算开会，也不过是静静地听发言人的陈述，偶尔有礼貌地就内容稍加评论。更糟糕的情况下，就算同一楼层办公的同事，居然还要靠公文沟通。这种情况和卓越企业的沟通方式形成强烈的对比：开拓重工最高层的10名主管每天召开"没有议程、没有会议记录"的会议；福陆工程与达美航空最高层的10~15名主管每天都会"喝咖啡闲聊"；麦当劳的高层主管也会每天私下聚在一起讨论各种议题。

英特尔的管理风格是开放式的，以冲突为导向，大家针对议题直接发表意见。有名主管将这样的沟通过程称作"同事决策"。大家平常就勤于沟通，所以有意见可以直接讲出来，他们的会议并不是正式安排的稀有活动，所以也不会有钩心斗角的问题。

3. 沟通系统能得到具体支持。IBM有位资深员工换了工作，跳槽到另一家高科技公司从事重要的研究计划。有一天他到公司后就走进主管办公室，关上门说："我有个问题。"这个主管顿时脸色发白，以为这个家伙在批评他的研究计划。这个人继续说："我不明白，你们这儿为什么没有黑板？到处都没有黑板，大家如何彼此沟通、交流呢？"他的抱怨是有原因的。沃森刚开始的时候，就是站在讲台上，随时都拿着黑板擦，才把IBM建立起来的。公司到处都可以看到黑板，大家可以把构想画在黑板上彼此沟通。这类具体的安排有助于刺激创新过程中各种非正式沟通的不断进行。

我们研究过的卓越企业当中，有一家公司的总裁谈到他的一项创举："我把公司餐厅 4 人用的小圆桌，全部换成长方形的大长桌。这是很重大的改变。如果是原来的小圆桌，每天坐在一起用餐的那 4 个人都是熟识已久。但是换成长形桌子，其他不认识的人也有机会坐下来，譬如几个技术专家可以跟一些营销部门或是制造生产部门的人员聊天。这就像是玩概率游戏。彼此接触的机会只要多一点，就能促进重要点子交流的概率。"

英特尔在硅谷的新办公大楼多设立了许多会议室。管理层希望大家在那儿一起用餐、解决问题。这些会议室都配备了黑板（或许我们应该把这种现象叫做"黑板要素"）。

麻省理工学院的汤姆斯 · 艾伦多年来研究实体配置（physical configuration）。他在研究环境和工程环境上的成果相当引人注目：如果人与人的距离超过 10 米，一周沟通一次的概率就只有大约 8% 或是 9%（如果距离为 5 米，则沟通概率是 25%）。下页图表明了这种明显的变化。

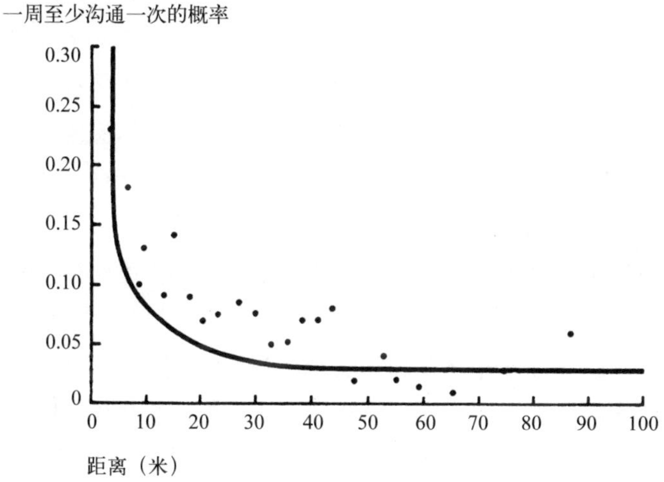

沟通距离的影响——研发与工程实验室

以最宏观的层面来看，非常多的卓越企业都设有企业"校园"，这也难怪最顶尖的企业都不设在纽约、芝加哥或洛杉矶。迪尔公司设在莫林，开拓重工设在皮奥里亚，3M设在圣保罗，宝洁设在辛辛那提，德纳则有托莱多中心，陶氏化工的总公司设在密歇根州米德兰，惠普的总公司设在帕洛阿尔托，德州仪器的主要设施位于达拉斯，柯达在罗切斯特的“柯达公园”。这些企业大多将重要部门集中在非大都会的环境里。

4. 促进沟通的象征。卓越企业的沟通体系还有另外一个层面，那就是通过制度化的计划促进创新。IBM的“创新人员计划”就是典型的例子，这是出自沃森希望打造“野鸭”的典故（沃森从Ibsen得到这样的比喻）。IBM约有45位“创新人员”，各有不同的称谓，譬如《新闻周刊》有个广告曾列举了“梦想家”、“异议分子”、“讨厌鬼”、“王牌人物”和“天才”等。其中有人表示：“我们的人数比公司副总裁还要少。”每位“创新人员”拥有彻底的自主空间，在5年期间的任务很简单：为公司的体系带来震撼。

他们也的确做到了这点。我们有位同人在从圣荷塞搭机到纽约的途中，就碰到一个这样的人物。对方刚花费好几百万美元，从硅谷的公司买了一批微处理器。他解释说：“IBM必须成立6个实验室专门研究微处理器，可是大家都没有先去了解一下现在市场上已有哪些类似的产品。所以我刚派了几个下属，先去买几台回来玩玩，仔细研究一下。”说来实在难以置信，这号拥有公司充分授权、看起来有些疯狂的人物，在IBM至少6项重大创新发明中扮演着关键性的角色。

类似的故事还多得很。IBM这样的“创新人员”在圣荷塞和阿尔蒙克之间有好几百人供他调配。这些人员并非他的直接下属，但只要他需要，就能安排这些人为他工作。他的专长是分子物理学，但最喜欢的活动却是拜访客户。

虽然IBM已不再规定每个人必须穿白衬衫上班，但依然是相当保守的公司。不过这位IBM“创新人员”却穿着皮夹克，佩戴首饰，还拥有两座酿酒厂。这表明他在IBM肯定是个天之骄子。

德州仪器的“个别贡献者”计划以及3M的“新事业投资部门”，都是促进创新的类似机制。我们还发现另一个例子。哈里斯以及联合科技公司颁发各式各样的奖项，鼓励跨部门的技术转移。柏克德要求每个项目经理都抽出20%的时间，就新技术进行实验。通用电气则有“顶尖商店”（toy shop），内部人员可以在此观察或租用机器人，以鼓励大家迈向“未来工厂”。德纳成立“科技中心”，无非是为了让各领域的专业人才以创新的名义聚在一起。以上这些例子，都说明了卓越企业如何将创新融入组织之中。

5. 公司里非正式、密集的沟通系统虽然有助促进创新，而不是压抑创新，但仍要进行严密的控制。3M就是个很好的例子："当然，我们实施严密的控制。所有的团队在花研究经费时，都要接受上面一大堆人的监督。这不是要指使他们，而是对他们的工作进度真的有兴趣。"我们相信，其他卓越企业也有类似的严密"控制"。这些公司都会有许多人"私下"不时地过来查看工作进度。我们知道，其他公司的控制系统比较"僵硬而且正式"，只要你的表格填写正确，而且准时交出去，你就算花了500万美元，也不会有人知道。

容忍失败

积极、创新、追求成功的企业环境有个特质，那就是能够容忍失败。强生CEO詹姆斯·伯克表示，强生的信条之一是："愿意接受失败"。他补充说，强生创始人曾经说过："我要不是犯过错，也无法做出正确的决定。"艾默生公司的查尔斯·奈特认为："要具备承受失败的能力。不愿意接受错误，就无法创新。"对失败的容忍精神，是卓越企业的一大特色，而且是自上而下贯彻的信念。推介人必须尽量尝试，并能忍受随之而来的失败打击，否则就无法从错误中学到教训。

我们对此有个重要的心得：如果经常沟通，就算失败，后果也不会太严重。那些严重的错误（真正会留下伤痕的失败），往往是因为公司任由项目进行多年，也不认真查询、指导。在奉行开放沟通的卓越企业里，这样的后果几乎不可能发生。卓越企业的沟通开诚布公，根本无法隐瞒任何事情，关键在于你不会想隐匿坏消息，也没有必要这样做。

所以，推介人拥有许多支持，我们发现的支持工具就有上百个。不过这些都是象征意义，并不是万灵丹。但这些彼此互通的支持系统本身就足以传达出这样的讯息。

推介人不会自动出现。他们能够脱颖而出，是因为公司的历史传承，以及有无以数计的支持体系鼓励他们积极尝试，成功的时候为他们喝彩，偶有失败则安慰他们再站起来。在这种种支持之下，推介人再也不局限于少数特别有创造力的奇才，许多人都有机会扮演推介人的角色。

我们在本章讨论了许多重点：推介人、推介体系、实验次数、无数的连锁支持体系，位于明尼苏达州圣保罗的3M应该是说明这些重点的最好例子。3M的财务绩效令人艳羡，最重要的是产品不断推陈出新。3M的成功并非偶然，它依靠的不是业界自然而然的成长，或是新奇的技术，而是多元的产品战略：在各项业务领域当中，公司并不会放弃成长缓慢的业务，而迁就成长快速的产品线。

3M：重点案例

我们的研究对象主要是大型企业，可是这些业界巨擘的创新程度却未达到“应有”的水准。3M在1980年的营业收入达61亿美元，在《财富》500强企业中位居第51，可以说是名副其实的企业巨擘。3M当时已经发明了5万种产品，每年推出的重大新产品超过100种，拥有40多个产品部门，而且每年还会有新的产品部门成立。3M一直都很成功，60多亿美元的营业额，税后纯益就有6.78亿美元，在《财富》100强企业当中名列前茅，仅次于Sohio石油公司、柯达、IBM以及美国家用产品公司（American Home Products）。

3M横跨许多业务，其中最大的（占销售额大约17%）应该是胶带和其相关产品（包括透明胶带在内）。其他产品还包括绘图系统、研磨剂、黏合剂、建筑材料、化学制品、保护用品、摄影器材、印刷产品、录音器材、电器以及保健产品。尽管如此多元，3M各个业务单位仍有共通之处——主要是由化学工程师主导，以发展上漆与黏合工业技术为重心，不过这并不表示他们只能开发出平淡无奇的延伸产品。《财富》杂志指出：“他们过去两年开发出来的新产品，包括一种防水型防晒乳液、一种外科医师可以快速缝合伤口的特殊缝合器，还有一种无须昂贵银元素的特制平板胶卷，以及一种可以抑制杂草生长的药剂。”

德鲁克观察后表示：“我发现，唯有身负使命感的狂热人物，才能顺利完成任务。”3M积极灌输员工“承诺”是产品开发成功的必要条件。《财富》杂志的报道对这种“承诺”的评论是：“最令3M感到欣慰的是，就算别人失去了信心，那些仍能想出如何大量生产以获得经济效益的办法的人，每个发明、提倡新产品的人，仍可将产品视为自己的事业，兢兢业业地努力，而且高层也会赋予最大的尊重，让他们放手去做。”

前面介绍过推介人的支持体系类似保护或是缓冲的机制。3M的主管推介人就是扮演保护者的角色。由于公司创新传统由来已久，主管推介人本身几乎都曾经是产品推介人，而且很可能曾经为了某个产品的开发项目坚持了10年之久。所以当他们成了主管推介人，就更能够设身处地为年轻人着想，以免行政人员过早干预，并且适时在市场上推出产品。3M的主管推介人并不是“老板”，而是教练、导师。公司聘请他，就是希望他能以耐心和技巧培养其他推介人才，这种人物就如同马奇所说的“防雪墙。”

3M对推介人提供的基本支持就是“创新产品小组”。这种工作小组具有三大特色：是由各领域专业人员全力共同参与的无限期任务，参与人员都是自愿的，而且具有工作保障。

3M成立创新产品小组之后，就会迅速从各部门召集人员专职加入，至少会包括技术、制造、营销、销售，说不定还有财务部门。不论小组发展初期是否需要，公司都会让这些人才加入。3M知道这样会造成人才浪费的问题，特别是在初期，小组可能只需要来自制造部门的1/3人员。不过为了激发成员对任务的“承诺”，公司也愿意付出这样的代价。3M认为，唯有指派专职工作，才能促使员工全力以赴，专注于一项任务。

3M另外一个激发成员承诺的做法是：创新产品小组全体成员都是自愿加入的。有位主管表示，“团队成员并不是公司指派的，而是招募的。这两者之间的差异可大了。如果我是制造部门的人员，而公司派我去评估技术人员的新产品开发构想，我为了早日摆脱这个苦差事，大可挑出所有的缺点，然后说这个构想很差……不过如果我是自愿加入的，这样的情况就不可能发生。”

3M还赋予产品创新小组极大的自主空间和工作保障。公司坚持团队成员从一开始加入，一直坚守到产品问世为止。麻省理工学院研究3M 20年的爱德华·罗伯茨说：“3M对小组成员表示，公司将他们视为整个团队。只要他们符合公司绩效评核标准，公司自然会让他们随着产品问世，步步升迁，随着产品销售量成长，获得应有的利润。万一失败，公司承诺他们有工作保障，至少还能回到当初加入小组之前的原有职位。”（后面这番话说明公司支持体系的另一个层面：鼓励尝试，就算失败也在所不惜。）

公司的奖励制度，不论是对团队还是对个人都有激励作用。当项目克服重重挑战取得节节进展时，产品创新小组全体成员都可获得晋升。小组的成长能为推介人带来好处，反之亦然。罗伯茨在此说明产品创新小组成员随着产品的成功而晋升的过程。

产品创新小组里的个别成员，会随着产品销售量的成长，获得职位和薪资上的晋升。譬如，一开始是第一线的工程人员，支领这一职位的最高或最低薪资。当他的产品进入市场后，他就晋升为“产品工程师”。当产品的年销售额达到100万美元，自动成为完全成熟的产品时，他的头衔也会随之改变，薪资也跟着水涨船高。当这项产品的年营业额达到500万美元大关时，他就跨入了第二个门槛，成为“产品线工程经理”。如果产品销售额达到2 000万美元，公司会为这项产品成立独立的产品部门，如果他是这项产品相关技术的灵魂人物，就可以成为这个产品部门的“工程经理”或是“研发经理”。

要想了解3M如何鼓励公司内部的创新活动，不妨从他们的价值体系开始，特别是“第11项戒律：切勿随意扼杀新的产品构想”。公司可能会放缓产品开发的速度，或是不愿为其成立产品创新小组，但是并不会扼杀产品构想的推介人。而且，罗伯茨表示，“如果你想制止某个产品开发的项目，就要负责证明这项产品不值得开发，而不是让项目小组的负责人证明这是个好产品。这样一来，公司环境会更适合富有创新精神的人发展。”

3M的领导层不遗余力地褒扬公司过去和现在的英雄人物，从而强化自主权、创新、自动自发以及创业精神等共同的价值观。我们有位同人曾拜访一位3M高级主管，讨论过去几任董事长和关键决策者的行事作风。毫无例外地，每一位主管对于捍卫创新都有一段脍炙人口的成功故事。整个高层管理团队以及许多他们的前辈，就是年轻一辈景仰的典范。这些潜在推介人从公司流传的种种英雄传奇中获得激励和启发：不要随便扼杀点子，失败没有关系，把新点子化为新产品需要好几年等等。就拿传奇人物理查德 · 德鲁和约翰 · 伯登来说，他们的故事对年轻一辈的启发极大。董事长李尔表示：“我们的销售人员拜访某家汽车工厂时发现，工人在为新款双色汽车调喷漆时，两种颜色的漆料老是混在一块。3M当时有位年轻的实验室技术人员德鲁开发出一种可以掩盖不需要油漆部分的遮盖胶带（这是3M第一款胶带），顺利解决了问题。到1930年，也就是杜邦推出玻璃纸6年之后，德鲁又研究出将粘胶涂到玻璃纸上的技术，透明胶带就这样诞生了。这种胶带起初仅限于工业包装使用，直到3M另一位英雄人物——业务经理伯登发明一种内置切纸刀片的卷轴，透明胶带才开始大放光彩。

这些小故事反映出3M的典型作风，并有几项重要意义：第一，公司和顾客之间的互动得以加强；第二，这些故事显示发明者不见得是技术人员；第三，3M并不会以潜在市场的规模来筛选项目，因为产品起初的用途和最后的产品潜力往往没有直接的关系（譬如透明胶带一开始只是作为工业用的粘胶）。认真研究创新的人一再发现同样的现象，几乎所有的新产品都是如此。

推介人一旦成功，将会受到盛大的赞扬。李尔表示："3M每年有15~20个以上的新产品项目突破百万美元的销售数字。如果你以为这不会受到注意……那你就错了。这时候，镁光灯、鸣钟、摄影机全部出动，热烈赞扬这支创新团队的成就。"那位28岁的工程师就是在公司的鼓舞激励下，带着绝佳的构想勇敢地放手一搏。

3M的价值体系特别强调，几乎所有的点子都是好的。某位评论家说："因为采取多元产品战略，所以3M很容易弥漫着几乎任何点子都可以应用的想法。"有个流传已久的故事。某种带状材料失败之后，3M拿来二次利用，做成胸罩里的塑料罩杯，但也没有成功。美国职业安全卫生管理局成立之后，3M把这项材料拿来做成安全面罩，后来甚至成为美国劳工的安全标准配备。公司虽然坚守上漆与黏合技术，但是并未因此画地为牢，对所接受的产品种类设限。罗伯茨表示："如果产品构想符合成长、获利能力等财务标准，3M就乐于接受，不论这是否属于公司主要的业务领域。"另一位3M主管也提出类似的论点："我们不喜欢摇钱树的点子。只有成功部门里具备成功传统的人们，才最了解不断追求创新所激发的潜力。"3M知道，成功的传统能够激发更多成功。

就算失败，公司也会予以支持。董事长李尔就以这个传奇性的故事来做说明：

> 由于某位员工坚持要找出利用不合格砂纸矿的办法，我们开始从事沥青屋顶材料的生产业务。不过他最后因为在这上头花了过多时间和精力而遭到开除（很显然地，推介人有时候也会遇到挫折，就算在3M也不例外）。不过他还是一直回来工作。我们的沥青屋顶材料部门现在为公司创造了非常引人注目的营收。这位功臣后来以该部门副总裁的身份退休……就在第二次世界大战结束后不久，我们曾进行过一项开发手术衣的计划，这种产品可供外科医生在手术时使用，以避免细菌侵入皮肤。该计划两度遭到资深主管封杀。不过由于相关人员的坚持，最后终于开发出成功的手术衣，并为一年营业额高达4亿美元的医疗保健业务铺路……我们保留、不断传颂这些故事，

> 当大公司里具备创新精神的员工面临困难、受到挫折或是失败打击时，可以通过这些故事知道，他们并不是唯一遭受困难阻挠的人……然而，在3M，你有坚持到底的自由，也就是意味着你有尝试、犯错的空间。

坚持到底的人终究会得到公司肯定。另一位主管说道："我们不会扼杀点子，但是我们会适时喊停……我们毕竟是在下赌注。"他补充说："产品开发计划成功之前，你难免要喊停一次。但也正因为这样，才能迫使真正狂热的发明者，为产品成功而全力以赴。"

这是什么意思？这意味着要与（管理）矛盾共存：一方面要非常支持可能成功的好点子，但是又不能冒昧地过度投资，因为3M毕竟是非常实际的公司。3M通常的做法是，假如推介人的点子已从概念阶段发展到产品原型阶段，他可以开始号召五六个人成立小组。如果项目碰到困难（根据统计显示，通常会如此），3M可能会略为缩手，抽掉几个小组成员。不过跟公司所流传的故事一样，推介人只要本身拥有足够的热忱，公司会鼓励他坚持下去，让他自己干，或给他找个同伴，拿出30%的精力协助他。大致而言，3M发现，一项产品通常需要10年甚至于更长时间，才能为市场所接受。(10年听起来好像很长，不过许多正式调查报告显示，不论什么领域，不论技术高低，从构想发展为商业产品，需要10~20年)。所以，推介人在产品开发过程中要经历许多起伏，最后当市场终于成熟时，他也得以重新建立自己的团队。

有位主管说："我们深信，我们有能力解决实际问题。"3M的确是这样，不论是销售人员还是技术推介人，都能解决实际问题。有位分析人员观察后说："3M对于发明的执著可以追溯到公司草创初期。当时有几个当地的投资人买了一个矿场，以为这个矿场有极为宝贵的金刚砂，可以生产高端的研磨材料，但后来发现，这个矿场的金刚砂纯度不够，最后的结论是，唯有想出其他具有高附加值的应用方式，才能生存下去。"李尔表示："销售人员挨家挨户地敲门，甚至在商店的后门跟小孩讨教，希望了解他们需要哪些还没有人生产的东西。这些销售人员后来顺利解决问题。销售人员和与之配合的技术伙伴，至今依然是3M战略的基石。"

3M是第一家将创新视为"数字游戏"的企业。研发部门副总裁亚当斯表示："我们的战略是生产一些，卖掉一些，然后再多生产一些。"他的一位同事进一步阐释3M的战略说："从小处着手，逐渐朝大目标迈进……投入适当的资本，取得进一步开发所需的技术知识……在很短的时间内进行许多小型实验……开发的过程是由一连串小型实验构成……所有的点子都有机会实现，成为在市场上推出的产品……公司对原始的构想不会设限。”所以在3M随处可见推介人不断地实验，随着进展逐渐增加投入的经费。这些案子虽然大多失败，少部分稍有斩获，最后终究有几个会克服重重关卡，获得成功。

凡是想要组织小组开发产品的人，不论所研究的是编篮器（真的有这么一回事）、固态物理，还是微电子，3M都很乐意提供研究资金。而且，坐落于圣保罗的总公司犹如“企业校园”，本身就是创新实验的温床。他们能根据构想迅速做出产品原型，其速度令人叹为观止。在产品开发过程中，从概念成型一直到产品问世，使用者也一直密切参与。

在访问3M的初期，我们曾经听说他们的新产品开发计划书平均只有5页，这样简短的篇幅让我们非常惊讶。我们的同事有一回在演讲中提到这点，当时3M某位副总裁也是主讲人之一，他起身先对这番分析表示肯定，但随即不以为然地说道：“这点你们都看错了。”我们都注意他接着要说什么。他说：“3M可曾像其他大多数企业一样，要求新产品提案要长达200页？在我们看来，第一次提出的新产品提案，只需用一个条理分明的句子说明就够了。”

由于公司极力减少行政机构的阻碍，诸如推介人、创新小组、非正式沟通、志愿参与小组、容忍失败等种种做法才得以成功。这位副总裁又说：“产品开发初期，我们不会把时间、精力浪费在一切都还不确定的事情上。我们当然会进行规划，譬如精密周详的销售执行计划，不过要在发展到相当程度，有些端倪后，才进行这么详细的计划。一开始，我们在客户那边进行过一些简单的测试或是试用之前，为什么要花时间写长达250页的计划书？”

3M还秉持“产品最低规模”的理念。新事业投资部门主管表示：“根据以往的经验，在产品进入市场之前，我们实在无法精确预估新产品的销售成长情形。所以我们通常是在产品问世之后才进行市场预测，而不是在之前。产品创新部门的产品如果详加分析绝对过不了关，这要靠信念才行。”

就某个层面来看，组织结构对3M并不重要。罗伯茨观察说：“如果单从理论来看，3M的结构似乎没有什么特殊之处。”有位3M主管甚至说：“结构形态和我们没有关系。”

尽管如此，3M的结构还是有几个重要的特征。第一，3M的功能性或矩阵形组织固然都以技术为核心，不过组织分权的自主程度依然很高。3M以前只有大约25个部门，后来有40多个部门，而且将继续成立新部门。把各项业务分割出去，而不是集中资源追求某个部门的销售量，这样的做法在3M具有悠久的历史（和传统企业的做法大相径庭），并顺利带领公司迈向成功之路。

3M的许多做法都非常有弹性，特别是新构想的开发。在3M，如果某产品开发部门成员提出一个新构想，他会依循正常的途径，先向直属上司争取经费。假设上司拒绝他的要求，这时候3M就可以施展弹性的魔力。他可以转向另一个部门申请，如果再度吃到闭门羹，他可以再接再厉，去另外一个部门争取。他可能属于黏合剂生产部门，不过说不定几经辗转之后，他会跑到办公室用品部门去。如果所有的部门都拒绝了他，他最后还可以投入产品创新部门的怀抱。许多真正高深的研究提案最后都在这儿落脚。

3M是怎么让这种做法成功的？很简单，公司给予经理充分的奖励，鼓励他们这样做。小组负责人如果能对外争取到研究经费，本身也可以获得一部分奖金。公司也以同样的原则激励部门主管。在直接的奖励吸引之下，部门主管会积极对外推销新构想，争取经费，如果你是买方，则会积极寻找值得投资的构想。所以，3M调动人力的组织结构非常有弹性。A小组的某个成员在把点子推销给B小组的经理之后，就会随之转移到B小组工作。

3M还有一些相关的规定。譬如，每个部门的营业额中，至少有20%必须来自最近5年之内开发的产品。公司四十几个部门（不论业务的成长速度快慢）都必须遵守这个规定，就传统的理论来看实在不可思议。在其他公司，这样的目标主要是针对整个公司，部门主管难以激发所需的员工热忱。3M始终要求各个部门必须达到这样的目标，迫使40个部门主管积极开发研究新产品。

不过正如我们一再强调的，最重要的概念在于：3M的成功绝对不只是建立在一两个要素上。当然，推介人、主管推介人以及创新小组都是这个过程的核心要素。但他们能够成功，完全是因为公司流传的诸多英雄故事，注重“窃取资源”的价值体系配合，有容忍失败的气度，利基导向，和顾客保持密切联系，产品开发流程采取渐进式，每次行动的成果都是可以衡量的；公司内部的沟通频繁且不拘形式，实体设施提供许多可以进行实验的地方；富有弹性的公司组织结构，没有过多的书面材料和繁文缛节，内部竞争非常盛行。各项要素彼此配合发挥作用，经过几十年的历练，3M的创新才能有今日的成绩。

08 以人为本

美国前海军作战部长埃尔默·朱瓦特曾表示："在海军，指挥官级别以下的人都被视为不成熟。"有位朋友经营通用汽车的多家工厂，他给我们看一首工人们私下里流传的诗，内容和朱瓦特的这番话居然极为雷同：

这些男男女女
是世界的劳工？
还是出自超大型托儿所——
男孩大吼大叫、手舞足蹈，
女孩则流着鼻涕痴痴地笑？

工厂入口和这些大门是怎么回事？
问题出在这些守卫、出示名牌——还是这种感觉？
有没有一双看不见的眼睛
看透你的身躯
让你彻底改观？
空气里弥漫着一种气息
仿佛在命令你"八小时之内，你将不再是你"。
不过几分钟前他还是个父亲、丈夫，拥有自己的财产，
有投票权，是个爱人、成人，
讲话的时候至少有些人会听。
推销员巴结他，拉保险的对他大谈家庭责任……
不过在他经过这些守卫走进大门，

走上阶梯，
挂上外套，
在生产线的座位坐下之后，
一切就已不在。

给我看这首诗的这位朋友说，以人为本的关键只有一个，那就是“信赖”。“不过有3%~8%的人会滥用这一点。”他因为自己的估计精准而笑着说，“而持相反意见的人会告诉你：‘不能信赖员工的理由说也说不完。’大多数企业的规定都是假设一般员工缺乏能力，只想偷懒，只会把事情搞砸。”他打了个比方，“有没有去过公园？大部分公园都竖立警告牌：‘不准践踏草坪’、‘不准在此停车’、‘这个也不行、那个也不行’。有些公园的告示牌却写着：‘欢迎在此露营’、‘请随意使用野餐桌’。这两种类型的公园，一种告诉你‘不应该’做些什么，另一种则是告诉你‘应该’做些什么，并欢迎你的加入，多多利用设施。”这两种截然不同的假设方式，会对人造成极大的影响。他言之有理。

朱瓦特任职的短短几年之中，就让海军出现了革命性的转变。这全是因为他的简单理念：把人当做成人看待，他们自然会有好的表现。他回忆起当初一次指挥任务：

> 我希望船上官兵不仅知道我们在做些什么，我们为什么要改变战略，而且要了解这些活动和战略彼此如何配合，从中领略高层指挥官所面临的挑战和乐趣。我们采取的战略没有什么特殊，就是经常通过广播宣布正在进行哪些活动。早上和晚上，我会跟军官们讨论事情，他们再去跟自己的下属讨论船上发生了哪些事情、我们即将采取哪些行动、竞争的情况如何，以及我们应该如何克服挑战。我们还发布书面的当日计划，激发船上官兵对各项活动的兴趣。我经常到基层军官的休息室去喝杯咖啡，并为他们打气。最重要的是通过沟通，让他们从我们所从事的工作中感受到刺激、乐趣和热情。

朱瓦特补充说，这艘舰船的效率在他的中队里原本是居于人后，但是在短短的18个月内，就冲到第一名的位置。他表示：“我从经验中了解到把水手视为成人的威力。”Tandem公司董事长詹姆斯·特雷比格也呼应这样的论点：“我们把人视为成人。”我们的日本同人大前研一表示：“日本企业不断强调，在最前线（第一线）的人最了解业务，创新和改善必须来自这些实际操作的人们。”从沃顿商学院毕业的彼得 · 史密斯不当分析师，而是成为通用信号（General Signal）公司的工厂经理。他对于这番话深有同感：“只要你给人们机会，他们给你的点子会让你应接不暇。”

有个MBA的工作经验印证了这些论点（包括不怎么愉快的结局）：

> 我在某卡车运输公司担任旧金山运营点的经理。这家公司在该地区除了亏损数字之外，没有任何一项指标在同业中名列前茅。我对一些卡车司机工会的人表达这样的忧虑。他们表示很喜欢卡车司机这份工作，而且对这样的角色也觉得很满意，可是以前的主管从来没有请教过他们该如何解决问题，或是让他们觉得自己也是公司里很重要的一分子。听到这一番话，我立刻采取行动。第一件事就是让卡车司机早上来上班时，看到他们的卡车都已加好油，洗得干干净净，可以准备上路。我希望以此让他们感受到工作的急迫性。接着，我发给他们一些绣有公司名称的帽子和小手册，让他们碰到合适的客户时可以发给他们。（公司当时严禁由卡车司机发放这些物品，只有销售人员才可以这样做。我是某天早上从销售人员的车里偷出这些帽子的。）
>
> 最重要的是，所有的当地船运路线都是由主管安排的（通常都不成功）。我告诉这些主管，每第三批或是第四批货的路线不要预先安排，如此一来，当码头工人询问他们时，他们可以很有技巧地请教对方的意见。我都是私下执行这些点子，上司和工会主管都不知情。我后来很惊讶地发现，公司运营居然转亏为盈。我把财务数据公布在工会的布告栏上（这也是严重违反规定的），没有任何人对我抗议。销售人员还发现，卡车司机吸收的新客户居然比他们的还多，所以有些销售员决定搭这些司机的卡车一起去学习他们的“秘诀”。
>
> 公司好几季都有获利，但是后来上司发现我私底下所做的事情，情况发生了改变。公司担心我采取的行动让卡车司机工会的人有太大的空间，于是采取一套控制系统，要求每个工会成员每15分钟就跟公司报告工作情况。结果公司转盈为亏，顾客抱怨的个案增加。于是我也决定离开公司，重回校园充电。

以对待成人的方式对待员工，把他们视为合作伙伴，尊重他们并赋予尊严，把他们视为提高生产力的主要来源，而非资本支出和自动化工具。这些是我们研究卓越企业得到的基本心得。换句话说，要想提升生产力以及随之而来的投资回报，就要把员工视为最重要的资源。在《一个企业的信念》一书中，沃森有很精辟的阐释："IBM的哲学可用三项简单的信念来说明。我认为最重要的一项是：我们对每个员工的尊重。这个概念虽然简单，但是在IBM却占去大部分管理时间。我们在这方面的努力比任何其他领域都要多。这个信念深深刻印在我父亲的心里。"

尊重个人

卓越企业"尊重个人"的经营哲学深入人心。这个基本信念以及假设无所不在。不过，如同我们讨论过的其他主题一样，只靠单一的假设、信念、陈述、目标、价值、系统或是计划，不能让这样的主题深入人心。真正使公司茁壮的方法是组织结构的方式、制度、风格以及价值观的配合，这些因素相辅相成，才能使公司有杰出的能力，激发一般员工有杰出的表现。这些公司让员工掌握自己的命运，为其人生赋予意义，从而激发平凡员工的优点，让他们摇身一变成为赢家。

我们最后要强调，我们不是在讨论溺爱员工，而是在讨论尊重员工个人，愿意提供培训，赋予合理及明确的目标，给员工适当的自主权，让员工投入工作。

真正以人为本，跟一般公司常见的两种做法有着天壤之别。这两种做法主要是：言行不一与玩弄手段。

言行不一应该是这两者当中最糟糕的。我们碰到的管理者几乎每个都强调员工有多么重要，又说员工是公司运营的关键。尽管嘴上这样说，他们却没有真正关怀过员工。事实上，他们自己可能也没有发现这样的疏忽。常听到的借口是："人员问题已经占去我全部的时间。"其实心里头想的是："要不是得处理人员问题，经营公司可就容易多了。"

唯有在观察卓越企业的作风时，我们才看出这两者截然不同的差别。卓越企业早在几十前就开始以人为导向了。就算面临经济不景气，他们也坚持不裁员，而且在培训还不普遍的时候，就给员工提供非常多的培训机会；在企业官僚气氛依然相当浓厚的时代，这些企业的主管就可以叫得出每一个员工的名字。在卓越企业里，主管的身体里流着关怀的血液。

卓越企业的用语充分反映出这样的员工导向。在达美航空公司，他们强调的是"家的感觉"；在惠普，则是"惠普之道"以及"走动式管理"；在德纳，公司年报、高层主管的演讲、政策说明当中，"大家"这个字眼不断地出现（前任董事长麦克弗森对此非常坚持。我们私下和他谈到福特新车的广告内容时，他说："该死，他们用的字眼是'工人'，而不是'员工'"）；在麦当劳，员工称作"伙伴"，而不是"人员"；在迪士尼，则称为"演员"；在彭尼百货则叫做"同人"。

举行庆祝大会的做法听起来可能有点过时，但效果却很好。我们起初还以为，这种庆祝活动只有餐具制造商特百惠之类的公司才会举办。据说该公司总裁和资深经理一年中有多达30天都在参加这类狂欢庆祝活动，以此表扬前15 000名优秀销售人员和主管的成就。不过我们发现，高科技公司也有这种庆祝活动（譬如惠普在庆祝推出其3000系列计算机时，员工大唱"抓只大灰熊"这首歌）。开拓重工推出巨型推土机时，也曾在这些庞大的机器上披上化装舞衣大肆庆祝。

令人惊讶的是，以人为本的做法也有严苛的一面。卓越企业乐于评估员工的绩效，期望也相对提高，不过这靠的是同事评估的压力，而不是靠经理拍桌子咆哮和复杂的控制体系。事实上，卓越企业在这个层面可能要比一般的平庸公司或是以正式制度为导向的企业更为严谨。人们都有被需要的感觉，没有什么会比这种感觉更吸引人的了。"被公司需要"具有神奇力量，能刺激员工产生高期望。此外，如果你的同事对你有很高的期望，你会更想积极表现。如在第三章所说，人们喜欢彼此比较，也喜欢和标准比较——如果这个标准是可以达到的，特别是如果他们也参与设定目标。

重点是，卓越企业以人为本的导向是"全面性"。如果只是停留在口头，那么不管公司说什么，以上所描述的一切都会荡然无存。裁员固然会引起反弹，但是我们发现，IBM、达美航空、李维斯牛仔裤或是惠普真正付出努力，希望避免员工的饭碗受到市场波动的冲击，这点是其他企业无法企及的。这些卓越企业的用语也不一样。平庸的公司流传的各种故事，和德纳、DEC或是IBM等强调的关怀、管理以及培养完全不同。在只是嘴上说说的公司里，"经理"这个词通常不是指卷起袖子、和员工一起努力完成任务的人，而是指雇用助手代劳的人。这些公司从来不会提到同事评估，他们作风神秘，而且故意隐藏信息不让员工知道。这样的做法显然是认为员工不够成熟，不足以面对现实。至于庆祝大会，欢呼，形式多样的奖项、奖品和各种奖励制度呢？这些公司全都没有。当然，有时候他们会推出新的计划，譬如当目标管理、质量圈，或是史坎隆计划（Scanlon Plan）流行的时候，他们也会抢先施行，可是每次都是旋即失败或是沦于表面的官样文章。他们往往将失败的原因归咎于"工会"或是"员工缺乏善意"，几乎不会提到管理层缺乏毅力和对员工真正的关怀。

这样的现象直接导致第二个问题：玩弄手段。20 世纪 80 年代盛行质量圈，这项计划的理念绝对没有问题，只要看看日本企业就可以知道。不过质量圈跟一些其他管理工具一样，可能很有帮助，但也可能用来充当烟幕或变成掩饰管理层规避参与实际生产工作的幌子。20 世纪 70 年代流行的是工作扩大化。再更早一些，随处可见的是组织开发运动、建立团队、T 团队、化解冲突，以及管理方格等。美国企业生产力低落的荒原上散落着这些计划的残骸，至今仍然没有什么改变。顾问和业者把他们的计划推销给比较低层的管理人员，譬如培训主管，高层主管让下头独立去做，自己袖手旁观。可是这些计划不能完全以由下而上的方式进行，也就是说，如果高层主管没有热情投入，这些计划就算是万灵丹也无法成功。高层主管团队一定要积极支持，计划才可以持续下去，而公司需要为此做出惊天动地的改变。

这几项计划不可能持续下去，也不可能促使公司进行根本的改革。同样，我们也没有理由期望某种特殊计划的效果可以超过几年的时间。大多数卓越企业都有目标管理的体系，也的确有质量圈，说不定还试过建立团队，而且可能至今仍在执行这些计划。不过他们的法宝不止于此。我们在研究过程中发现，卓越企业员工计划的数量之多，着实令人惊讶，而且他们还不断加以调整、更新。这些计划可不是嘴上说说，或是玩弄手段。我们发现卓越企业都有优厚的奖金制度配合，这点与我们当初的预料相符。让我们感到惊讶的是，他们还具备各种其他的奖励计划，以及让人眼花缭乱的实验计划或是新计划。即便在最顶尖的企业里，也没有任何一项计划的效果可以无限期地延续下去。重要的是，要像应对新产品挑战一样来看待这些计划。公司必须准备好各种可以替代的计划方案，就跟新产品的开发点子一样，其中大多数都不管用。如果工作丰富化的计划在密尔沃基的工厂失败，可以尝试其他 7 项在其他工厂或公司可以成功的计划。

成功案例

大多数高层主管都声称自己的公司关怀员工，但是卓越企业关怀员工的精神之普及、强烈，却令他们望尘莫及。让我们以实际的例子来加以说明。

RMI

RMI公司是美国钢铁与国家蒸馏厂（National Distillers）的子公司，是一家钛金产品的整合生产商。多年来该公司的绩效一直没有起色，生产力低落，获利也很微薄。不过在20世纪70年代末，RMI却创造了惊人的成绩，主要是因为采取了高度员工导向的生产力计划。

这项计划是在丹尼尔（大家都亲切地叫他"老吉"）走马上任、接掌公司CEO一职后展开的。老吉曾是克利夫兰布朗职业橄榄球队队长，他推行一个《华尔街日报》称为"地道的老式笑话"的计划——包括一些夸张的标语，强调沟通，号召人人保持微笑。他的工厂到处都张贴了标语："如果你看别人不笑，你就对他笑"，或是"热爱工作才能成功"。每张标语上都署名"老吉"。

这个故事就这么简单。公司的标志就是一张微笑的脸，公司所有的信纸、文具、工厂的招牌，以及员工的头盔上，都印有这个标志。RMI的总公司设在俄亥俄州奈尔斯市，现在大家都以"俄亥俄州微笑市"称之。老吉大部分时间都驾着他的高尔夫球车，在工厂四处巡视，和工人们招手、开玩笑，他还能叫出每一个人的名字（全部有2 000人之多）。他甚至花很多时间和工会来往。当地的工会主席曾经这样称赞他："他打电话叫我去开会，并且让我知道公司的状况，这种做法在其他企业是前所未闻的。"

这种做法的成果如何？在3年当中，他几乎未增加一分钱投资，就成功地提升了几乎80%的生产力，工会投诉案件平均数量从大约300件减少到大约20件。他的顾客说，老吉不过是展现他对顾客和员工的关怀而已。

惠普

有项调查报告显示，受访的20位惠普主管当中，有18位指出，惠普的成功秘诀在于以员工为导向的理念，也就是所谓的"惠普之道"。创始人休利特的说法是：

我觉得如果用一般的文字来解释，这个信念就是一种坚定的想法生成的政策和做法。这个想法是：不论男女，大家都希望得到富有创造力的好工作，而且只要有适当的环境配合，大家就会全力以赴。公司的传统向来是体量、尊重每一个人，肯定他们的个人成就。这听起来或许有些陈词滥调，但是戴维（惠普的创始人之一戴维·帕卡德）和我真心相信这套哲理……个人的尊严和价值是惠普之道非常重要的环节。秉持这样的信念，好几年前我们就淘汰了打卡机，最近还引入了弹性工作时间。这表示我们对员工的信赖和信心，让他们有机会根据自己的生活调整工作时间……许多新进人员以及访客都注意到惠普的另一项创举，那就是，我们不拘形式，大家彼此直呼名字的风气。我还可以举其他的例子来说明，不过问题是，惠普之道的精髓不是这些例子可以完全体现的，也无法以统计数据来说明。它是一种精神，一种观点。惠普之道是一种感觉，让大家都觉得自己是惠普团队不可或缺的一分子。诚如我一开始所说的，这是一种以个人为根本的理念。这样的理念能够存在，是因为员工亲眼看到它的成效，并深信惠普能有现在这样的局面，完全是这种感觉所造就的。

惠普很早就开始采取以员工为导向的做法。早在20世纪40年代，休利特和帕卡德就决定“惠普不能成为请了人然后再解雇人的公司”。当时，美国电子行业几乎全靠政府支持，惠普这样的决定可说是勇气十足。后来，20世纪70年代经济不景气，公司销售严重萎缩，惠普的理念再度受到考验。休利特和帕卡德并未因此裁员，反而以身作则，和公司全体员工都减少10%的薪水，每个人的工时也都减少10%。惠普成功地度过了这段风暴期，没有裁掉任何一位全职员工。

惠普不但很早就采取以员工为导向的理念，还不断进行修正。惠普经常将公司目标重新撰写，发给全体员工，其中包括重新描述企业哲学。企业哲学开宗明义第一句话就是：“企业的成就是每个员工共同努力的结果……”后面几段话里，惠普还强调对创新人才的承诺，并表示公司就是凭借着这样的理念而成功的。“第一，公司应该到处都是充满才干和创新精神的人……第二，公司目标和领导人应该激发全体员工的热忱。位居重要管理职位的人不仅本身要有工作热忱，还应有能力激发同事的工作热忱。”经过修正后的公司目标声明，其序言的结论说："惠普不应该有严苛得像军队一样的组织，而应……赋予员工足够的自由，让他们在自己的岗位上自行决定如何朝着整体目标迈进。"

惠普的"开放实验室存货"政策充分展现出对员工的信赖。我们有几个学生在圣罗莎的部门观察到这个现象。实验室存货区存放着电子和机械零件，开放实验室存货政策让工程师可以取得这些设备，甚至还鼓励他们"拿回家自己用用看"！惠普的构想是，不论工程师对这些设备的运用跟他们从事的项目有没有直接关系，都能从中获取一些心得，而且有助于加强公司对创新的热忱。有个传奇性的故事是这样的：休利特某个星期六去工厂，发现实验室存货区居然上了锁。他立刻回到维修区，抓起切锁锯，把大锁切断。他还在门上留了个纸条。周一早上，大伙上班时看到纸条上写着："这道门再也不要锁起来。谢谢合作，比尔 · 休利特。"

有位刚进公司不到一年的 24 岁工程师，在说到新的人事程序有些问题时，也表示："我不清楚如果是比尔和戴维，他们会不会这么做。"他们奠定的价值观在这么短的时间内就能深入人心，这样的速度着实令人佩服。这位年轻人接着描述惠普对于"苦干实干"的重视，大家都须全力以赴，才能成功推出新产品，在辛勤的工作中累积成就，而不是锻炼推托的技巧。他接着说到他所在部门的总经理和资深主管，说话的口气仿佛他们是他亲近的朋友，而他是他们唯一的员工一般。他接着随口谈到走动式管理，又说到"咖啡谈心时间"这类备受赞扬的沟通管道。惠普每周都安排这种非正式的活动，让大家通过这样的沟通管道一起想办法解决问题。媒体对这种做法的种种赞誉和宣传，其实毫不过分。

简而言之，惠普最令人称道之处在于言行一致，采取的战略完全符合公司理念。在惠普的天地，不论走到哪里，都可以听到人们在讨论产品的质量，并对所属部门的成就感到自豪。惠普全体员工都展现出无限的精力和热情，我们许多同事在和惠普的主管、工程师或是前线工作人员谈过后，都为他们的热忱所震撼，并不禁问道："这是真的还是装出来的？"他们和更多惠普人接触之后，原先的怀疑渐渐地消解。我们也曾试着保持冷静，告诫自己不要一味推崇惠普之道，但是事实证明这是不可能的。

沃尔玛

沃尔玛在 1982 年拥有 26 000 名员工，当时为美国第四大零售商。在 20 世纪70年代，沃尔玛飞速成长，营业额从4 500万美元攀升到16亿美元，分店从18家激增到330家。素有“山姆先生”之称的创始人山姆·沃尔顿，是推动公司迈向成功巅峰的主要力量。沃尔顿成功的秘诀很简单，不过是关怀员工而已。事实上，他坚持公司全体主管都要佩戴写着“我们关怀员工”的徽章。

沃尔顿从彭尼百货学到以员工为导向的道理。跟彭尼的做法一样，他也把下属称为“同人”，而不是职员。他也倾听员工的意见。他表示：“重点在于积极巡视各分店，倾听同人的意见。每个人的积极参与极为重要。我们最好的点子就是来自店员和仓库管理员。”沃尔顿的故事充满传奇色彩。《华尔街日报》报道指出：“沃尔顿先生连续几周失眠，于是起身去24小时营业的面包店买了4打多纳圈。清晨两点半，他带着多纳圈去批货中心，站在货运甲板上和工人聊了一会儿。这么一会儿的工夫，他就发现这里还需要两个淋浴棚。”令人惊讶的不是这个故事本身（任何小型企业业主都可能有类似的故事），而是在于规模高达20亿美元的公司里，像沃尔顿这样最高层的主管，依然流露出对员工真挚的关怀。

沃尔玛所有的活动都充分反映出对基层人员的重视。主管办公室经常是空荡荡的，总部就如同堆货的无人仓库，因为沃尔顿的主管们大多数时间都花在外头，到遍布于11个州的服务点视察。他们做些什么呢？“带领当地团队为新店开业加油打气，考查竞争对手凯马特的动态，并且和员工坦诚地沟通”。沃尔顿从1962年起，每年都亲自视察每一家分店，请记住，到1982年分店数量已经有330家。

沃尔玛的每个员工都觉得自己是胜利者。公司固定在星期六早上7点半召开主管会议。当月的采购人员会获得徽章，每周还有几个分店荣登“荣誉榜”，“特遣部队”每周都会去正在装修的店面，突击检查是不是做得很好。沃尔顿会站起来大吼：“谁是全美第一？”当然，每个人都吼着回答：“沃尔玛。”

所以沃尔玛充满了这类鼓舞士气的欢呼、喝彩之声，如同我们在其他公司观察到的一样，这点很有趣。《华尔街日报》也说：“沃尔顿先生似乎最为乐在其中。不久以前，他搭私人飞机去得克萨斯州的芒特普莱森特。飞机停妥之后，他指示飞机驾驶员在前面大约100英里处和他会合。接着他挥手拦下一辆沃尔玛的运货卡车，一路上和司机聊天直到目的地。这一切对他而言似乎都乐趣盎然。”

我们研究了许多卓越企业，发现这种乐趣的元素似乎随处可见。领导者和经理都乐于工作，并对工作充满热忱。要不就如同发明家和创业家海德所说的，“依我看，一定要对自己从事的工作充满热情。我热爱设计。这工作要是没有乐趣，我就做不下去。”

德纳公司

麦克弗森领导的德纳公司规模达30亿美元，专门生产铜制的螺旋桨叶片和齿轮箱等产品，主要供应汽车和卡车运输产业的二级市场。德纳激发人员和生产力的故事，令我们印象深刻。如果从战略管理的角度来看德纳公司，你们一定会给他们贴上失败者的标签。不过在20世纪70年代，这家老式风格的美国中西部企业为股东创造的投资回报总额，却跻身《财富》杂志500强企业之列。在20世纪70年代初期，德纳公司每名员工的平均销售额相当于整个产业的平均值。但是到70年代末，德纳公司并未大举投资，每名员工的平均销售额却暴增3倍，而整个产业平均值的增长幅度却不到一倍（德纳公司的产业细分中，生产力几乎没有提高）。在这样平淡无奇的产业里，这样的生产力对企业而言是非常惊人的纪录。而且，大多数工厂都加入了联合汽车工人工会。不过在这10年当中，工会成员申诉案件却逐渐下降，到最后只占工会整体平均水准极低的比例。

德纳公司成功的关键在于激发员工的生产力，就这么简单。如我们前面所说的，麦克弗森于1973年执掌德纳公司时，率先采取的行动就是淘汰厚达22.5英寸的公司政策说明书，并以一页的理念声明取而代之。主要内容如下：

- 没有什么比面对面的沟通，更能有效让员工参与，继续表现良好，或是激发工作热忱。让全体员工知道公司的绩效数字，并且和他们讨论，是非常重要的工作。
- 我们有责任提供培训，让公司绩效卓著的员工有机会成长、提升技术、拓展事业机会或是单纯提升一般的教育水准。
- 公司必须给员工提供工作保障。
- 依个人的创意、建议和努力工作的程度建立奖励计划，设立工作绩效奖金。

麦克弗森表示："这样的理念在公司占第一位。几乎所有的主管都认同，员工是公司最重要的资产，可是真正秉持这样理念做事的人实在少之又少。"

麦克弗森迅速将行政人员从500人减少到100人，把公司层级从11层减少到5层。工厂经理（大约90位）全部变成"店经理"。就跟达美航空和迪士尼一样，他们必须学会工厂里所有的工作，并且有权独立完成所有的任务。麦克弗森表示："我并不认为提升生产力最需要的是放松规定、减少限制、以奖金激励，或更新研发活动。我的建议是：放手让我们的人去完成工作。"在美国大多数企业中，如果有人说出他这番话，很可能会被董事会给轰出去。

在德纳公司，理念的确摆在第一位，之后主要就靠人们自动自发传播这样的理念。每个人都把提升生产力视为己任。麦克弗森表示："高层主管个人的生产力具有重要的象征意义。"不过公司不会告诉任何一个人该怎么做，而是纯粹信赖基层人员会积极追求效率。诚如麦克弗森所说的：

> 我们深信，不论是哪种工作，真正的专家应该是亲自执行的人，否则他们对公司的贡献，以及本身的成长都难免会有局限。以制造业来说：在25平方英尺的面积里，有谁会比机械操作人员、材料处理人员以及维修人员更清楚如何操作机器、创造出最大的产出、改善生产质量、充分发挥材料流动效用和维系生产效率？答案是：没有任何一个人能比他们更清楚。

他补充说：

> 我们不会在一些愚蠢的事情上浪费时间。我们没有程序，也没有很多行政人员，而是让大家根据自己的需求说自己要做些什么，以及要达到什么成果，放手让他们去做。我们也提供足够的时间……我们要承认，公司里最重要的人，应该是实际提供服务或是制造产品和为产品增加价值的人，而不是管理这些活动的人……也就是说，如果我在你所管辖的这25平方英尺区域之内，我当然最好听你的！

麦克弗森的焦点始终如一，不论是在即兴的谈话还是正式的演讲中，他一直强调重视员工。麦克弗森以前的助理告诉我们："他每次谈话一定会讲到员工。"麦克弗森表示："看看年报上董事长的照片。别担心，他的照片底下一定有他的大名，而且绝对正确无误。看看基层人员，有几个人的照片可以像这样登在年报上呢？”

如同惠普一样，德纳公司也淘汰了打卡机。麦克弗森表示：“大家都在抱怨，没有打卡机，我们该怎么办？我说，你是怎么管理10个人的？如果你老是看到他们上班迟到，就直接跟他们谈。你为什么需要打卡机才能知道员工有没有迟到？”他还强调必须以正面的角度来看待人员的行为，他用一个故事来加以说明：“我的员工说，‘你不能淘汰打卡机，政府规定每个员工的出勤状况和工作时间都必须有记录。’我回答说：‘好，现在每个人都是准时上下班，记录上就是这样。至于有例外，则依个案处理。’”

麦克弗森还坚持面对面的沟通，和所有的员工讨论所有的事情。他要求各个部门主管必须每个月和员工面对面交谈，直接明确讨论所有的事情。（在此我们又发现，卓越企业普遍注重分享信息，极力避免信息的垄断。他们为了激发员工的工作热忱，愿意牺牲一些竞争的信息。）麦克弗森甚至在公司的招聘广告里强调面对面的接触。他说，公司的广告词是“跟上司回嘴”，另外一个则是“提出愚蠢的问题”。麦克弗森对主管们不愿意倾听的态度感到头痛。“有一次，我需要一张工人跟领班谈话的照片在讲话中展示。我们的档案里有14 000张照片，居然没有一张是领班在倾听工人说话的。”

麦克弗森的大半时间都在各地工厂巡视，直接与下属沟通。他坚持召开所谓的“市民大会”，要求每个员工都必须出席。他回忆说，有一次在宾州瑞丁镇，“我想跟全体员工谈话，该地主管却说没有场地。这样的情形连续3年多。后来我说：‘把出货区的场地整理出来。’那次大会总共有1 600位员工出席。在我四处巡视的这些年来，从来没有听过员工提出无聊的问题。可是当我坚持工厂经理和部门主管跟我一起去各地巡视时，却没有人去……看看这些照片。”他把一沓照片推到我们面前。“这些都是在大会上拍的。出席大会的都是机械操作人员，都没有经理提出问题。你知道为什么吗？经理不会问问题。他们怕得很。”

麦克弗森另一项坚持是培训，也就是给员工提供不断提升的机会。麦克弗森对德纳大学深感骄傲和喜悦。去年德纳大学教育出好几千名德纳的人才。他们的课程切合实际，同时也强化以人为本的理念。许多课程都是由资深主管讲授，例如企业副总裁（我们发现迪士尼大学与麦当劳汉堡大学也都是如此）。麦克弗森认为，对所有管理层而言，再没有比担任德纳大学的校务董事更光荣的事了。校务董事通常是由德纳公司 9 个部门的总经理所担任的。

在德纳，没有一件事是公司强制执行的，颇受各界瞩目的史坎隆计划就是一个很好的例子。我们很惊讶地发现，德纳 40 个部门当中，只有 7 个实行了史坎隆计划。麦克弗森表示，“适合的部门就会采用，就这么简单。没有一个部门经理是因为公司压力而不得不采用的。”

德纳的主要压力（如同其他大多数卓越企业一样，是很确实的压力）是“同事压力”。德纳每年会举行两次“地狱周”，大约 100 名经理齐聚 5 天，彼此交换工作心得以及提升生产力的故事。麦克弗森鼓励这样的做法，因为他相信，公司就是靠着同事压力才能进步。他表示：“你骗得过上司，但是瞒不过同事。他们知道实情。”而且当然，在“地狱周”进行期间，大伙自由、公开地进行沟通，彼此完全没有界线的划分。他的广告词特别强调“让他们‘水深火热’”。

由于美国汽车产业不景气，麦克弗森的工作保障哲学备受考验。尽管公司极力避免裁员，终究还是免不了走上这条路。就算如此，德纳仍不断进行密集的沟通，告知每个人公司的情形，而且毫无隐瞒。麦克弗森谈到此举的成效时表示：“1979 年公司有大约 80%的员工入股，后来裁员 9 000 人。现在参与公司入股计划的员工比率如何？还是 80%。”而且，1981 年德纳力挽狂澜，股价回升，这才是真正的了不起。

麦克弗森的理念核心其实就是重视每个人贡献的点子，而不只是跟上生产线的速度而已。麦克弗森表示：“让自己不断进步的方法，就是不断地旅行，倾听大家的意见，不断地询问别人的想法。”通用汽车有位员工在庞蒂克部门服务 16 年之后遭到公司裁员，他的说法和麦克弗森的这番话正好形成强烈的对比。他说：“我想我遭到裁员，是因为我制造的车子质量不好。可是 16 年来，我从来没有开口问过别人应该如何改善工作表现。一次也没有。”

达美航空公司

达美航空公司是航空产业放松管制之后，少数仍然能创造骄人绩效的业者之一。

达美航空公司是以人为本的公司。他们提出“以达美为家”的哲学，并全力实践。公司从内部实践这套哲学，支付给员工的薪资比大多数航空公司都更为丰厚，而且，尽管航空产业向来会受到经济周期的影响，达美航空仍极力避免裁员。

如同大多数卓越企业一样，达美航空对求职者的筛选过程非常缜密。《华尔街日报》报道指出："譬如，光是选个空中服务员，公司就得从数以千计的应征者当中进行筛选，面试两次，进一步缩小人选范围之后，送到公司的心理学家悉尼·贾那斯博士那里再接受考评。贾那斯博士表示：'我会判断他们的配合意识或是团队合作精神。在达美工作，你不只是加入一家公司而已，而是参与对目标的追求。'"

达美航空的成功是由许多小事情所累积起来的。"开门政策"奠定了达美航空的基调。前任副总裁汤姆·毕比解释说："我办公室的地毯必须每个月清洗一次才能保持干净。我找机械师、飞行员、空乘人员来见我，我会给大家时间。他们不用层层向上报告。包括董事长、总裁、副总裁，我们都不会用'行政助理'筛选访客，也不会有任何的干预。"当然，开门政策能够成功，主要在于员工走进主管办公室之后的情况。达美航空花了很多时间和金钱（不采取这种政策的公司可能会觉得此举简直是匪夷所思）了解员工的想法。公司往往会因为员工意见而大幅调整政策，譬如薪资或是会计程序。有位分析人员表示："公司具备这样的优良传统：员工愿意接受开门政策，高层主管愿意把门打开。"

《华尔街日报》曾报道一个典型的例子来说明这项政策：

> 1979 年 2 月，詹姆斯·伯内特的薪水单上少了 38 美元。他有一天清晨两点到公司修理一款 L-1011 型的引擎，但是公司并没有给他加班费。这位 41 岁的机械师向上司反映，但是上司并未理会。他于是一状告到总裁戴维·加勒特二世那里。他写信抱怨说："我们碰到的薪资问题实在很糟糕，而且会造成优秀员工对公司不满。"三天之后，伯内特先生就收到他的加班费，而且还有一封来自高层主管的道歉信。达美航空自此改变薪资政策，凡是在正常工作时间之外加班的机械师都能拿到更高的加班费。

达美航空的理念中，最有意思的就是，管理团队的成员可以互换工作。譬如董事长坚持，全体资深副总裁都必须接受培训，可以接手公司里任何一项工作（不过想必不包括驾驶飞机在内）。就算是资深副总裁，也应该知道别人的工作领域，甚至到了可以随时顶替的地步。公司还有个传统，就是让高层主管在圣诞节期间，到机场给行李处理人员帮忙。

就跟德纳公司一样，达美航空的主管花了相当多时间和人员沟通。高层主管每年至少举行一次“开放论坛”，和全体人员（从最高层到最基层的人员）进行直接的沟通。他们花在沟通上的时间多得惊人，对于没有这种环境的公司而言，这种做法是难以想象的。譬如，达美航空资深高层主管每年会抽出4天，和位于亚特兰大的空乘人员谈话。资深副总裁通常每年花100多天到各地巡视，这样的任务可不容易，其中包括清晨一两点搭机和检查夜班。公司这种密集的沟通，从高层主管开始以身作则。每周一早上都有例行性的行政人员会议，针对所有的计划、问题、财务进行周密的讨论。会后，资深副总裁领着自己手下的各部门主管共进午餐，让他们了解最新情况。这些消息会迅速、定期地传遍公司各个角落。

公司非常重视倾听人员的意见。譬如，有个空乘人员委员会负责替达美航空6 000位空中小姐、空中先生选择制服式样。有位空乘人员表示：“这很重要，因为你整天都穿着这套制服。”机械师甚至可以选择他们的直属上司。

麦当劳

麦当劳的董事长弗雷德 · 特纳是从卖鞋子的销售员起家的，这听起来也很有道理。在许多人力密集的企业里，领导人都是通过这些途径学到基本功夫，例如满足顾客的要求，提供实时的服务，并且因平淡无奇的工作自豪并富有责任感。麦当劳在这些基本工作上的表现极佳。特纳表示：“过去的经验告诉我们，竞争对手如果不注重细节，其管理方式终究会失败。”

麦当劳相信，资深主管应该积极出外视察，注意员工的情况，提供培训和执行政策。麦当劳创始人克罗克表示：“我认为企业管理应该掌握‘越少越好’的道理。以规模而言，麦当劳可以说是当今最不具组织结构的企业。不过我想，应该没有其他公司像麦当劳这样，主管如此开心，享有这么高的工作保障，工作如此勤奋。”

麦当劳非常强调个人贡献。克罗克指出：“餐厅如果经营得好，就好像赢球的棒球队，能善用每个成员的才华，掌握每个可以加速服务的机会。”克罗克极为注意细节：“我强调细节的重要性。如果希望公司有突出的表现，每个基本的环节都必须达到完美。”要让细节尽善尽美，需要经常而热切的学习，这是麦当劳的要求。有位曾在麦当劳工作过的员工说：“我刚进公司时，他们给我戴上一顶白帽，上面写着‘受训人员’。他们让我从最简单的工作做起——炸薯条和做奶昔，然后再改为处理面包以及汉堡。我们只有一个小房间可以休息，里面有台电视机，一直播放录像带，强调麦当劳做事的方式，譬如如何做出比较好吃的汉堡，以及如何把薯条炸得酥脆。”

麦当劳在工作手册中详列工作流程和各个细节。譬如，“煎汉堡时要记得翻面，但千万不要向上弹”，或是“巨无霸做好之后，如果 10 分钟内都没有人买，就必须丢弃，薯条的时限则是 7 分钟。收银人员必须面带微笑地看着每一位顾客”。

尽管工作程序如此严格，分店经理仍可发挥自主的空间，让工作环境充满活力。《财富》杂志报道指出，“黛比 · 汤姆森 8 年前在麦当劳从收银员做起，现在 24 岁的她已经是埃尔克格罗夫村分店的经理。她以奖金制度鼓励收进最多现金或是服务最多顾客的收银员，让大伙在客人最多的午餐时间都忙得不亦乐乎。她还给本月优秀员工颁发徽章。”另一位员工还说：“每当创造每小时销售量新纪录时，我们可以获得一美元的奖金。如果能在一小时内创造 300 美元的业绩，你也可以获得一美元的奖金。那个工作时段的同事，每个人都可以获得一美元奖金。创纪录的当天，可以获得两美元奖金。在奖金制度的激励之下，每个人都全力以赴。这对我们有特殊的意义。”

《纽约时报》报道指出，麦当劳汉堡大学是这套系统中极为重要的环节：

> 芝加哥市郊麦当劳汉堡大学的校园里，美国国旗和麦当劳的旗帜高高飘扬，从旁边的高速公路就可以看得到。麦当劳加盟业者以及公司主管在这所学校努力学习各种技巧，以使全美大城小镇 61.4 万栋同样的麦当劳砖房店面旁边耸立的金黄色拱门标志成为一种象征：“可以预期的气氛和美味的标志”，或是如同麦当劳创始人克罗克所说的，“品质、服务、清洁和价值的福音”。克罗克本人是个高中辍学生，但是却捐了好几百万美元给慈善机构，并呼吁员工也积极投入社会活动，以提升麦当劳的形象。不过他拒绝赞助高等教育机构。他在《麦当劳之父的创业冒险》（*Grinding It Out*）一书中指出：“许多一流学府都来争取我的赞助，不过我告诉他们，除非他们把这些钱用来成立商业学校，否则别想从我这儿拿走一分钱……”麦当劳汉堡大学每一门课程都会选出一名对课程讨论最有贡献的学生，并且颁

发一顶象征黄金大厨的帽子……另外还会选出一名学业表现最优秀的学生，颁发一个陶制汉堡模型的奖杯……麦当劳汉堡大学的学分获得美国教育委员会的承认，念完汉堡大学课程的学员，如果到其他大学念书，6个学分可获得承认……18门不同的课程当中，有的是一两天的座谈会，有的是长达一周的讨论，主题包括“市场评估”、“管理技巧”以及“实地监督”……麦当劳成功的基础在于快速便捷的食物、亲切的服务，以及低廉的价格。这些课程强调麦当劳的经营风格以及激发员工动能的重要性……

麦当劳也提供各种奖励。有位员工回忆说：

我们这家分店有人赢得“全美汉堡大师”的荣誉，也就是麦当劳全国各地连锁店最会煎汉堡的人。这项竞赛从春季开始。公司从来自全美各地的厨师当中，挑选出最棒的人选，也就是做汉堡的大师级人物。这项比赛很重视煎汉堡肉饼的速度，不过也要求煎得接近完美，具有最高的质量，煎的过程必须一丝不苟。公司会给你一支小型温度计插在汉堡肉饼上。煎盘必须干净到发亮的程度，你把6个肉饼摆上去一字排开，不时以铲子在上头烙上整齐的印记，适时洒上盐，摆上洋葱。然后把肉饼铲起，放到面包上……首先，你得先胜过同一家店里的同人，才能参加区域竞赛，过五关斩六将之后，才可以参加全美竞赛——我想应该是在芝加哥举行。胜利者可以获得奖杯，我想应该还有奖金，不过我不清楚是多少。重要的是胜利者可以在衬衫上别上全美冠军的徽章。

IBM

说完麦当劳，再让我们看看IBM。这可能是高度重视员工导向的美国企业当中，规模最大、历史最悠久的一家。唯一的问题是该从何谈起。从他们由来已久的开门政策谈起吗？还是谈老沃森在20世纪20年代就兴建乡村俱乐部，让全体员工每年只要花一美元就可以享用？还是谈公司“尊重个人”的理念？终身聘用？坚持提拔内部人才？人事部门每个月进行意见调查？IBM的托儿中心？还是IBM旅馆、田径场和网球场？销售人员极为出色的成交率？密集的培训？IBM全部的历史完全是以人为导向的。就跟麦当劳一样，IBM就算是最细节的部分也充分反映出这样的理念。只要走进IBM位于纽约的财务部门，映入眼帘的是一个从地面一直通到天花板的大型布告栏，上面贴满该部门所有员工的大幅照片，下面用硕大的字写着："纽约财务……以人为本"。

沃森很早就采取开门政策，而且一直沿用下去。他手下有些经理曾抱怨他太偏袒员工。老沃森过去的一位同人曾经说过，他想不出沃森有站在主管这一边的时候。这就是开门政策奏效的原因。它靠的是信赖。跟李维斯、惠普、Tandem以及达美航空采取开门政策的情形类似，IBM的经理也必须尽力查明事情的真相。这招的确管用。小沃森表示，IBM许多延续下来的政策，都是当初他父亲奠定的基础。他描述父亲当时的情形时表示："父亲不会干预公司、大举进行组织再造，而是让原本就在公司服务的老员工有机会发挥潜能，获得成功。这个在1914年所做的决定，促使IBM建立了保障员工工作的政策，这对全体员工意义非凡。"沃森表示，他父亲就算在经济大萧条期间，依然坚持这样的政策。"IBM生产零件并储存起来，从此建立自给自足的政策。我们为了培养人才，费了很大的心力，员工工作性质改变时，我们会提供再培训的机会。发现员工不适应工作，会再给他们一次机会。"老沃森是受到NCR传奇创始人约翰·帕特森的启发。当企业界在和工会对抗时，帕特森却率先采取多项创举：在公司提供淋浴设施，让员工在上班时间也可以淋浴，并提供用餐室，提供平价的餐点，还提供各种休闲娱乐、学校、俱乐部、图书馆以及公园。帕特森的举动让其他企业大感惊讶，不过他表示，这些投资终将看到成果。此言果然不假。

沃森在许多地方都仿效帕特森的做法。沃森自己说，"我们所采取的各种措施，几乎都是为了激发人员的热忱……我们初期对人际关系的重视，并不是基于利他主义……而是纯粹相信，如果我们尊重员工，并且促使他们自重，公司自然会取得满意的盈利。"

许多小细节凸显出IBM重视员工的政策。1940年《财富》杂志有篇报道介绍IBM（当时市值为3 500万美元），谈到IBM的无缺点工厂，公司兴建乡村俱乐部，让全体员工每年只要花一美元就可以享用，还有IBM的歌词（"我们知道我们爱你，也知道你心中顾念我们的福利"——这个"你"，当然是指老沃森）。

《财富》杂志称，老沃森很早就展开利他主义的规范，以此引导他的人生和公司政策。他有一半的时间在各地走访，每天工作16个小时，几乎每天晚上都在无数的员工俱乐部里，和大伙一起庆祝或是参加各种活动……他喜欢和员工谈话，但并非以上司这一角色试探员工，而是以员工的老朋友自居。

这就是沃森早年的故事，不过了不起的地方在于IBM始终坚持他的理念。开门政策、俱乐部、组织单纯、沟通、庆祝和培训，这种种作风和过去并没有两样。IBM有位主管说得很简单："如果你失败一次，不管如何，公司都会再给你一次机会。可是在人员管理方面只要有些许失误，你就完蛋了。也就是说，在这个领域如果不是顶尖，就只有出局的份儿。"

说到最后，就跟其他企业一样，如果基层人员对IBM的所作所为并不引以为荣，这些政策很可能也无法奏效。IBM资深营销主管罗杰斯表示："最重要的是，我们希望建立起注重细节的声誉。"如同惠普或麦当劳，IBM是质量的代表，而且就跟德纳公司一样，每个人都把生产力的提升视为己任。不管是什么情形，大家对公司的一切都引以为荣，这样单纯的骄傲，就是IBM以人为导向的政策关键。

共同的特色

当我们对卓越企业以人为本和提升生产力的特色分析完毕后，突然发现这些卓越企业的资料之间，有着惊人的相似之处。首先是用语。重视员工的企业有共同的用语。在许多方面，都是先有形式，才有实质。我们有些客户就是如此。当公司开始谈论企业哲学，便会将它融入生活当中，即使起初这些文字并没有意义。譬如，"惠普之道"初次出现时，公司里大概没有几个人会对这几个字有多大的感觉。不过久而久之，这个用语的意义越来越深，越来越丰富。这是当初大家都始料未及的，就算休利特或是帕卡德本人也想不到。

事实上，我们在想，除非公司有套特殊的用语配合，否则真正以员工为导向的政策其实很难生存。像是"家的感觉"、"开门政策"、"员工大会"、"大庆典"、"走动式管理"之类的特殊用语，让全体员工都了解，公司就会拥有根深蒂固的以人为本的理念。不同于英国人或是美国人，因纽特人有许多不同的词来形容不同的下雪状况，这对他们的日常生活、生存和文化而言是很重要的。如果公司真的以人为本，就需要许多词汇来形容人们的相处之道。

卓越企业的用语当中，最令人印象深刻的是关于他们如何提升个别成员的地位。譬如沃尔玛的"同人"、麦当劳的"成员"、迪士尼的"演员"，这些用语体现了卓越企业里员工的特殊重要性。

许多企业真的把全体员工视为家人一般。我们发现“家庭”、“家族”或是“家的感觉”之类的用语在许多企业都非常普遍，譬如沃尔玛、Tandem、惠普、迪士尼、德纳、特百惠、麦当劳、达美航空、IBM、德州仪器、李维斯、蓝铃、柯达以及宝洁。3M董事长李尔所说的以下这个例子精确地传达出这样的信息：

> 美国企业的创业精神实在很棒。另一方面，日本企业强调的父权和纪律，同样也很了不起。有些公司融合了这两个国家的特色，3M就是其中之一……3M这样的企业就如同员工的社区中心，而不只是工作的地方。我们有员工俱乐部、运动设施、旅游俱乐部，甚至还有合唱团。公司会成为大家活动的中心，主要是因为传统组织的瓦解，社区、学校和教会不再是家庭社交的中心，公司便弥补了这样的缺口。对员工而言，公司犹如母亲，但同时仍不失其创业的精神。

李尔表示，对3M全体员工而言，家具有更为深广的意义，员工的所有家人都包括在内。有个同事以前在宝洁暑期工读时曾经参加过品牌管理计划，他说离开宝洁之后，一直到第5年，他的家人都还收到宝洁的感恩节贺卡。

卓越企业另一个令人惊讶的特色，在于他们的指挥系统并不僵化。他们当然具备指挥系统，不过日常沟通不会动用这样的系统。至于信息的交流，非正式的方式属于常态。员工四处走动，高层主管定期跟基层人员（以及顾客）接触，大家彼此直呼其名。最极端的例子是，Activision这家规模达5 000万美元的电子游戏制造商，每年以100%的速度增长。在如此成功的企业里，电话名册居然是按名字的首字母顺序排列！

通用汽车公司的一位经理以两大工厂截然不同的作风来做说明：“我知道这听起来很有讽刺意味，不过我想人生就是如此。绩效不佳的工厂，工厂经理可能一星期才到工厂一次，而且每次总是西装笔挺，满口敷衍，让人无法亲近。在南盖特这家绩效比较好的工厂，工厂经理总是在一楼工作现场，头戴棒球帽、身穿着工会夹克。对了，你觉得一尘不染的工厂应该是哪一家？哪一家看起来像是垃圾场？”

我们认为，这种四处走动的管理风格未必适用于每一个人。许多主管的天性都不适合这种活动，如果他们对扮演这种随意的角色感到不自在，员工可能会觉得他其实带有优越感，而且如果他们利用访查的时候当机立断决定某事，则会破坏指挥系统，违背借着四处走动促进信息交流的原意。不过另一方面，要是没有这种走动式管理风格，我们很怀疑企业会有多成功。

这种不拘形式的作风还有其他形态。譬如，卓越企业的设施配置方式也不一样。简朴的摆设、开门政策、没有墙壁阻隔、办公室数量比较少等做法，刻画出公司的非正式作风。许多企业，甚至部门办公室都耗费巨资装潢，在这种豪华、正式的环境里，我们实在很难想象信息如何自由地交流。

欢呼、庆祝和热情

请看看以下的对话：

通用汽车财务部门人员：我去工厂看过，那些家伙才不会像日本企业或是特百惠公司那样唱歌呢！

第二个人（来自中西部）：开拓重工制造最顶级的设备，员工都加入工会。他们才不会搞些欢呼的愚蠢活动。

第三个人（也是来自中西部）：我换到了皮奥里亚。我不在开拓重工工作。不过，他们每年都有"机械日"。全体员工和他们的家人会一起出去，共享啤酒和三明治。去年的主题是"牛仔和印第安人"。他们把所有的机器都罩上戏服，给它们取名字，然后举行比赛，看哪一台机器挖土的速度最快。大家在一旁鼓掌叫好。

第二个人说：你应该看看South Gate的工厂。他们的经理非常会鼓舞士气，到处都是"打败日本人"之类的标语。最近的员工大会上，他们甚至请来一些看似地狱天使的人物，来工厂大唱《天佑美国》的歌曲。

美国人不喜欢欢呼庆祝之类的活动吗？我们还需要举更多的例子吗？朱瓦特在一艘海军驱逐舰上学到以人为本的道理。有一件事情看似微不足道——改变舰船上的无线电呼叫名称，不过他可是花了好大的工夫才顺利完成。他回忆了当时的情况：

> 这位指挥官接掌伊沙贝拉号之后，对我们采用的无线电呼叫名称一直觉得不对劲。其他舰船都是采用"火球"、"毒蛇"之类刚强无比的名称，"SAPWORTH"这样的名称，不但无法传达水手的精神，甚至让舰上官兵觉得有些丢脸。

经过反复推敲，6个月之后，他们终于找出新的呼叫名称，而且随之创造了惊人的效果——“地狱猫”这个名称一推出就大受欢迎。舰上官兵的袖子和帽子上都绣着这个图案——从地狱的火焰里步出一只尾巴卷曲的黑猫，爪子玩弄着一艘潜艇。每个人都以此自豪，士气大振。

京瓷公司在圣迭戈及其市郊共有2 000名员工，是日本京都半导体公司的子公司。京都半导体公司曾获“日本第一流企业”的称号。京瓷公司在美国6座工厂的2 000名员工，每天早上集会的第一件事，就是聆听主管报告公司状况，接着是全体员工做健身操。主管的论点是，“每天一起做同一件事情，有助于凝聚公司的团结，而且也很有趣，有助于激发高昂的士气”。高层主管轮番进行报告，演讲内容无须事前经过审批或是由某个人过滤，而且内容大多亲切得犹如私下的谈话，容易打动人心。

我们第二次拜访惠普公司的员工时，在公司大厅等人，这时候广播突然传来CEO约翰 · 杨的声音，他在向全体员工报告该季度公司的绩效成果。约翰 · 杨说话的声音很温和，不过要是有“安静的拉拉队”这个称号，那么他当之无愧。

彼得 · 维尔是专门研究“高绩效系统”的学者，企业、合唱团、足球队，都可以算做这种系统。维尔表示，这种系统的行为宛如自我实现的预言——有时候成功是基于极为明显的理由。维尔还提到“私下的用语以及各种象征”的必然出现：“人们觉得士气高昂”，因为有些部分已经成功，而且如果可以的话，他们会以崭新的方式重新来做，因而产生更好的结果。“达到高峰的经验……使得大家热血沸腾，那种狂喜交流……一起努力的体验……产生了惺惺相惜的现象……大家需要的是真正的鼓舞动力。”最后，一种所向无敌的气氛，能让他们达到同样的高峰。

我们对此尚无系统的资料，所以无法断言卓越企业花在培训方面的时间，是否远远高于其他企业。另一方面，这些密集培训的迹象，已足以证明卓越企业的确很可能因此而杰出。企业大学就是最明显的例子，如迪士尼大学、德纳大学、麦当劳汉堡大学等。如我们前面所说，IBM对培训课程的投资不遗余力。开拓重工也是一样，通过密集培训培养人才，所有的销售工程师都要花好几个月学习如何使用设备。惠普、宝洁以及史兰伯杰也都为新进人员提供大量的在职培训。

柏克德在职培训的方式可能是最罕见的。该公司故意在世界各地承接各种不符合经济效益的小型工程。一位高级主管表示："此举纯粹是为了让年轻的项目经理人快速学习，及早从实际工作中学习如何完成任务的秘诀。"（通用汽车的斯隆也秉持这样的传统。他总是把旗下乐于表现的年轻人才分配到小部门接受磨炼，让他们及早了解整体的运作方式，而不会在雪佛兰车厂迷宫里迷失。）

卓越企业以人为本的倾向还有个惊人之处，那就是他们挑选适合公司的管理人才的方式。当然，第一步就是招聘新人，进行非常严格的筛选。我们访问过的公司当中，许多在招聘人才时都要求经过七八道面试关卡。他们希望以此确定所聘用的人的确适合公司，而且他们也很明白地对应聘者说，"一定要了解我们公司，判断自己是不是适合这儿的公司文化。"

接下来是入职，这也许是最重要的环节。这些卓越企业喜欢把这些斗志高昂的人才分派到公司主流的"基层"职位。譬如惠普CEO约翰 · 杨所说的，"年轻的工商管理硕士和电子工程硕士必须具备推出新产品的实际经验。公司通常会把新进人员安排到这样的职位，让他们取得把新产品推向市场的整体概念，这对我们具有极高的商业价值。"同样，《商业周刊》指出："开拓重工总是让深具潜力的管理人才从基层做起，通常是在生产线上。在这家公司里，晋升没有快捷方式。"

这点和其他许多大型企业截然不同。工商管理硕士或是储备经理因为薪水比较高，公司会让他们从行政人员的职位做起，并让他们在这样的职位上历练几年，所以根本没有机会去了解公司运作的实际状况。

这两种截然不同的做法会产生完全不一样的结果。从公司主业（制造或是销售的部分）起步的人员，晋升之后碰到规划、市场研究或是管理系统之类比较抽象的环节，也不会迷失方向。此外，他们对销售的直觉会越来越敏锐，学会不仅靠数据管理，更重要的是，靠对公司的真正感觉来管理公司。因为他们已在主要基层职位多年，具有准确的直觉。柏克德的座右铭"对可行的事情具备敏锐的直觉"，充分说明了这一点。

这种同化的过程中，下一个重要的环节就是效法典范，也就是效法公司的英雄和传奇人物。新进人员会从他们的故事当中学着如何处理工作。在IBM，这类故事都跟顾客服务有关。在3M，主要是某些产品在开发初期面临瓶颈，推介人如何凭着坚强的毅力坚持到底，最后开发出成功产品的故事。在宝洁，这些传奇故事都是以质量为主题。惠普则以《惠普之道》这本书，通过基层小人物如何努力到达公司高层的故事来激励员工。惠普甚至通过意见箱有系统地收集“惠普之道的故事”，不断充实、更新这些故事的来源。

信息的可用性和比较

我们在针对现有信息的重要性进行比较时，意外地发现，卓越企业会让员工知道公司的事情，以便相互比较工作能力。这完全不是军队模式，也不像指挥系统那样，除非领导指示，否则没有人会采取行动。这些卓越企业设定一致的目标及价值观，大家广泛地分享信息，以迅速掌握任务是否已经完成，以及谁做得好、谁做得差。

有些业者深信分享信息的重要性。克罗敦公司（Crompton Corduroy）就是一个极为鲜明的例子。《财富》杂志报道指出，在克罗敦公司某个旧工厂里，操作机器的工人只需按一下按钮，就可以得知自己的产量，还可以和同事比较。他们不用别人督促就会自己去查，通常是趁着午休去终端机上打印出同事之间的生产数据。《财富》同样也报道通用汽车公司公开信息的决定：

> 让工厂基层员工也能取得财务信息，是拉近管理层和员工距离的重要方法。它优于其他任何措施，能让公司的目标明确，使员工的伙伴性质具体化。在Gear这家旧的雪佛兰汽车工厂，经理会告诉员工工厂的直接劳动成本、废料成本以及利润（或是亏损），并且和公司设定的财务绩效目标比较。在通用汽车，以往就算是领班也拿不到这类资料。通用汽车认为，如果因此泄露任何相关的竞争资料，终究还是利大于弊。

卡尔森担任联合航空公司总裁时曾经表示：“对所有同人而言，缺乏信息对士气的打击最大。我把这个情形称为‘大家任何事情都不告诉我’，我也曾试图解决这样的问题。”分析家帕斯卡尔发现：“卡尔森让一线人员知道公司每日运营的数据，这些资料在以前被视为高度机密，不能透露给员工。”

蓝铃牛仔裤公司也很乐于提供生产力的相关信息。每个员工都可以取得有关个人、团队和单位的工作成果资料。（我们发现，德纳之类的公司可以提供的资料非常丰富。）

许多心理学研究报告都发现，分享信息的过程中，最主要的部分可能在于这个过程不具评估性质。我们同意，其中有很细微的差异。不过我们所说的"不具评估"性质是说主管不会拿着数据对着员工吹胡子瞪眼睛。"上司"不会告诉"下属"该做些什么。另外一方面，分享数据的做法却具有"评估"的功能，主要是带来同事压力。譬如，我们注意到，德纳公司从来不会逼着部门经理一定要接受什么，不过公司每年要求他们参加10天的"地狱周"，和同事交换提高生产力的心得。英特尔表示，各部门经理每周会交换目标管理的成果。

很久以前，组织理论学家梅森 · 海尔表示："经过评估的事，可以顺利完成。"他主张，仅仅设定评估标准，就可以促使人们努力完成任务。评估可以让管理层密切注意要完成的工作。公司给员工提供信息，员工也会对此有所反应。我们最喜欢用以下故事来说明制度精简、同事压力以及易于评估的重要性。AT&T西部电气工厂员工旷工的情形一直没有改善，管理层什么办法都试过了，就是解决不了。后来他们想出一招，摆出一个巨大的公告板，上面写了所有员工的名字，只要员工来上班，就在名字旁边贴一颗金色的星星。旷工的情形几乎在一夜间大幅减少。另一位朋友告诉我们，有个领班开始在各班次工作结束之后，在房里用粉笔写下各个班次的生产量。各班次之间的竞争因此立刻出现，而且越来越激烈，生产力也随之跃升。

我们认为，我们全都像克罗敦公司的机器操作人员，会悄悄地走到绩效显示板那儿了解自己的表现如何。我们会对比较性质的绩效信息做出反应，而且反应的程度远超过我们自己的想象。非学院派的人最感到惊讶的是，如果这些信息不带批判性，我们的反应会更好、更强烈。如果公司暗地里把这些信息传给我们，而不是唐突地硬塞过来，更能够激发我们努力改善的决心。不过遗憾的是，一般企业大多担心员工会滥用信息，让竞争对手得利，这点和卓越企业提供信息的政策形成鲜明的对比。这也是出于不把员工当做成人的心态，说得更彻底一些，就是不把他们当做胜利者看待。

曼彻斯特回忆他在第二次世界大战当步兵的经验时说："士兵不会为你卖命，却会为了一条彩带为你冲锋陷阵。"他还回溯到拿破仑时代的故事来作为佐证。拿破仑很懂得以勋章、彩带来鼓舞士气。如果你想印证这种做法的效果，不妨像我们这样去看看自己的柜子和抽屉。我们看过后，发现布满灰尘的童子军善行徽章、奖杯，还有好几十年前参加某场小型滑雪比赛得到的一两个奖牌。

我们在进行这项研究时，对卓越企业大量采用非金钱的奖励方式感到相当惊讶。积极鼓励是最有效的方法。大家都会利用这种方法，不过卓越企业运用得更频繁。麦当劳、特百惠、IBM或是许多其他卓越企业不断找理由来颁奖给员工，利用勋章、徽章、彩带的数量，多得惊人。

玛氏糖果公司是极为成功的消费品公司，每个员工，包括总裁在内，如果一周内每天都准时上班，该周即可拿到10%的奖金。这是一个好例子，可以充分说明企业如何创造一个大家都能不时得奖的环境。如前面几章所说的，人们喜欢以赢家自居。IBM提供“金圈”给业绩排在前10%的销售人员。不过在我们看来，全体销售人员当中几乎2/3都参加“百分百俱乐部”定期举办的各式各样庆祝活动，才真正重要得多。奖项多，赢的机会也多，所以就算一般人员也会为了得奖而全力以赴。许多公司的确认为特殊奖励很重要，不过通常是用来奖励极为少数的人才（而这些人本来就斗志高昂，就算没有这些奖励也可能顺利完成任务）。这些奖励对普通人员能够发挥激励作用。如麦克弗森所说，成功的关键在于协助中间60%的人，让他们在晋升阶梯上顺利攀高。

麦肯锡咨询公司日本分公司董事长大前研一在《世界经理人》(*Chief Executive*)杂志中指出，日本企业具有正式结构的程度很低。“大多数日本企业甚至没有组织图。总经理对公司运营具有极高的影响力，但是也很少出现在公司的组织图上……许多职务都有专门负责的人员，但是他们也不会显示在组织图上。譬如，本田公司除了经常有项目小组之外，并不明确划分公司组织。”大前研一还指出，在日本，人们讲到“组织”，通常不是从结构层面来看，也很少是指跟整个实体本身不同的东西。

我们发现，卓越企业的组织结构较不明显，当然层级也比较少。还记得达美航空、德纳以及迪士尼吗？他们都秉持人员可以互换工作的原则。麦克弗森在斯坦福商学院问一班学生：“你们觉得天主教教会需要多少个层级才能运作？”这些学生最多只能想出5个——修士、神父、主教、红衣主教以及教皇。重点是，即使在教会这么庞大的组织，也只需要几个层级即可顺利运作。层级过多可能导致严重的问题，像是行动迟缓以及僵化的官僚制度等等。一般企业有这么多层级，有时候好像只是为了多增加一些主管名额而已。卓越企业的例子对这些做法形成挑战。如帕金森定律所说的：管理层级过多，会使人们为了证实自己存在的必要性，而干扰别人的工作。每个人看起来都很忙，但事实上，不过是管理层的一堆冗员在做样子而已。

除了结构和层级相对较少之外，卓越企业的结构还有一大特征。我们前面就提到过，不过这点对于人员和生产力实在太重要了，所以在此还是要再强调一次：规模小即是生产力。

小即是美的真谛

芝加哥大学曾举办过一场名为“创意组织”的座谈会，在座谈会当中出现了这样的对话：

彼得森（贝灵巧公司总裁）：我们的产业似乎培养出了一群没有生气的经理人，他们对产品没有特殊的情感，并不“热爱”产品。这种主管不会创造什么东西，管理方式也流于表面。我听说泰德 · 本辛格谈到保龄球以及他所做的事情，他对这东西是有感情的，就如同奥美广告创始人奥格威对广告的热情一样。我在想，这种对于厨艺、广告或是任何事物的热情，是否应受到足够的重视？

奥格威：这和“超然”的心态正好相反。

加里 · 斯坦纳（来自芝加哥大学的座谈会主席）：最棒的厨师是厨房里最有效的领导者，这种概念听起来好像有道理，但难道不是局限于只有一种明确专业技能的公司或是组织？像是通用汽车或是芝加哥大学这样，这些组织并非只有单一专业技能，或是单一层面，那又要如何解释呢？

奥格威：这样的组织不好，因为太多元。

斯坦纳：组织如何才能发挥创意？

奥格威：把它拆开来。

彼得森：把公司分割为不同的单位。

银行业界因为政策松绑而经历了革命性的变化。企业现金管理等根据客户需求量身打造的业务也应运而生。这些业务通常是由所谓后面办公室的员工进行的，他们无须什么高超的技能，只需机械性地处理这些工作，这听起来有些像是血汗工厂。第一芝加哥银行董事长巴里 · 沙利文在对美国银行协会发表演说时对此提出解决办法，“我所说的重点是把后面的办公室分割为独立的销售”。汤姆 · 范德史莱斯离开通用电气，接下通用电气设备公司（GTE）董事长的职位。他在说明新公司的主要目标时表示：“我极力主张尽量分割销售单位，让它们成为多个小型、可以管理的部门。”另一位3M主管则重申：“重点只有一个，那就是进行分割。规模小，才有竞争力和效率，也才能生存。”

规模小不但有助于管理，而且能激发员工的工作热忱。在小规模且具有核心纪律的单位，管理者可以真正了解所有的事情。更重要的是，即便员工人数众多的企业，如果部门的规模小，或是有其他办法刺激大家自立，个别员工仍能凸显自己的才华。我们前面强调过有必要使员工出类拔萃，每个人都希望获得肯定。除非单位的规模（不论是部门、工厂和团队）符合人性，否则个别成员不可能有出头的机会。小即是美，“小”的确能够奏效。经济学家可能不认同这点，不过卓越企业的做法却证明了这个事实。

艾默生电气和德纳公司都是以成本为导向的公司，他们的做法的确能够奏效。不过同时，这两家公司都把部门规模限制在1亿美元之下。如前面所说，惠普和3M也严格限制部门的规模，即使会造成叠床架屋或是重复的问题也在所不惜。德州仪器有90个产品顾客中心，每个中心的平均规模介于4 000万~5 000万美元。

强生也使用同样的技巧，尽管大多数人都认为，大规模对于消费品产业极为重要。强生的总营收高达50亿美元，拥有大约150个部门，每个部门平均规模为3 000万~4 000万美元。DEC也是采用同样的战略。销售与服务部门副总裁泰德 · 约翰表示：“基本上，我们的运作就像一群小公司一样。”DEC进行组织再造，扩增产品线，实施多层次组织架构，销售人员要“创造一个接一个的顾客利基”。DEC以及大多数卓越企业的人员，不时会抱怨生产期短、库存混淆、有时候顾客重叠，不过让我们补充一点，他们是直接对银行这样抱怨的。

企业应及早提防各部门的规模过度扩张。罗姆是经营得有声有色的电信设备制造商，产值高达两亿美元，和西部电气之类的业界巨擘相比毫不逊色。他们成功的主要原因，在于他们针对中型企业客户的问题量身打造解决方案。公司创始人表示：“我们不断成立新部门，甚至为新单位兴建新的办公大楼，公司也随之不断成长。”

从这些卓越企业的故事中，我们逐渐发现了一个经验法则：卓越企业大多把部门规模限制在5 000万~1亿美元之间，每个部门的员工人数顶多1 000人左右。而且，他们还赋予各个部门极大的独立空间，提供所需的资源和功能配合。

卓越企业的工厂规模更是让人吃惊，他们知道工厂规模小才能发挥效率。艾默生电气就是很好的例子。《邓氏评论》将该公司评选为“管理最佳的公司”之一，并且表示他们成功的关键在于：“艾默生电气不像通用电气等竞争对手那样偏好庞大的工厂规模，他们的工厂人数通常不会超过600人。董事长奈特认为，这个规模才能让管理层和每个员工个别接触。他说：‘我们不需要为了降低成本而把工厂规模扩大到5 000人，这让我们很有弹性’。艾默生电气极为重视和个别员工接触。”

蓝铃在成衣业界是仅次于李维斯的巨擘。这家拥有15亿美元的公司能够保持竞争力和获利能力，主要是因为具备绝佳的运营技巧以及低廉的生产价格。在蓝铃的各项计划中，“小”扮演了极为关键的角色。蓝铃CEO曼恩把制造单位的规模降到300人。他表示：“这样一来，管理层就可以迅速回应问题……行政人员可以服务员工。”他还指出：“我们面对面接触的机会增加了。主管必须了解每一个员工的家庭状况、所担心的事情。”他认为“小即是美”的原则，为公司带来创造力和多样性。“有谁会比亲自操作的人员更了解工作本身？”他指出，“在大型单位里，等到构想获得某个主管通过时，当初提出构想的人说不定早就已经忘了，或是构想本身已经被改得无法辨认。”总的来说，他认为：“我们希望工厂能够让员工觉得他们的老婆和儿女也可以来这儿工作，我们要每一个成员都以公司的形象为己任。”曼恩相信，唯有保持小规模的工厂，才能保有这些特征。

摩托罗拉也有类似的故事。总裁米切尔平淡地说：“当工厂人数开始逼近1 500人的时候，很奇怪，很多事情就开始出问题。”德纳公司具有高超的生产力，他们也深信，将工厂人数限制在500人以下，是提升生产力的关键。西屋电气大举进行提升生产力的计划，主要就是缩小他们三四十家工厂的规模。通用汽车的生产力计划，也是把新工厂的规模控制在1 000人以下。

负面论点听起来同样有道理。联合爱迪生公司前任总裁表示：“过去10年来，公用事业产业迷信大型工厂的效益，于是大举收购。”CEO乔治亚 · 鲍尔对我们所做的说明也呼应这点，他说：“大型工厂太棒了——如果它们能运作。”我们都笑了。他表示，虽然理论上大工厂可以创造丰厚的利润，但大型工厂常常停工，所以无法达到目标。

哈佛的威克 · 斯金纳是专门研究生产流程的学者。《财富》杂志引述他所举的例子，说明“小即是美”的真谛：

斯金纳所说的例子发生在霍尼韦尔公司，他在加入哈佛之前曾在该公司工作10年。霍尼韦尔有家工厂专业生产回转仪（一种高度专业的科学与技术仪器），以及飞机的燃料测量容器。这两个产品线在工厂的生产线上是混在一起的，最后问题终于出现。斯金纳回忆说：“制造回转仪的难度要高出10倍。不过霍尼韦尔的人员老把这两种产品进行比较，并且对燃料测量容器很有意见。他们一直想了解为什么成本居高不下。他们进行过会计分析，还请了工商管理硕士，可是都没有用，所以他们决定退出这项销售。后来当工厂主管跟高层主管要求拨款两万美元的时候，有个高层主管跟他悄悄提了一个建议……他们于是买了些隔板把工厂隔出一个角落……把工人分开来。不到6个月的时间，问题就迎刃而解。”

研究过上百篇有关规模经济报告的英国学者约翰 · 蔡尔德也印证了这样的说法：“各界过于夸大大规模产业的经济利益，在20世纪60年代欧洲掀起的并购以及合理化热潮期间，这个现象特别明显。研究工业生产规模的调查报告普遍指出，对试图成为中型规模的小公司而言，可能有些重要的经济门槛，可是这种现象对较大型的公司而言却不存在。”他接着列举了几个理由。“工厂规模与劳资冲突、劳工离职率，以及劳工表达不满导致公司损失惨重等现象之间，存在高度的关联性。”

我们可从以上的例子归纳出结论，作为指导原则：不论是什么产业，只要员工超过500人，就会出现具体和意想不到的问题。更重要的是，就算是以成本为导向的公司，规模小也不仅能激发创意，还有助于提高生产力。

证明“小即是美”的重要证据，来自更低的层级，即小组、部门或质量圈。一般人认为，大多数企业（不在我们卓越名单之列的公司）的战略性事业单位或是大量人员的组织是公司的基本元素。不过在卓越企业，小组才是非常重要的元素，不论是从服务、创新还是生产力而言都是如此。美国银行有位主管解释得非常精辟：

我们不断地尝试，进行最优化，寻找最理想的大型体系，希望把事情做对。不过情况好像都没变。记得当时我在伦敦，有个长久以来的问题

（在业界也是常见的问题）就是如何把营业、系统和信贷（放款）部门的人员集中起来工作。我觉得这是用迷你计算机进行实验的大好机会，于是我们划出一小块服务区域，组成一支小型团队来解决问题。结果非常棒，他们顺利克服了无数的难关。这支只有10人或12人的小组一旦开始运作，他们就可以看到彼此的贡献。负责经营的这个人很害羞，而且官僚气息很重。不过很快，负责系统和信贷的同事就发现他对自己负责的工作了如指掌，于是推举他成为小组领导人，即使他的级别远低于小组里的部分同事。在短短的3~4个月之内，他们就形成一套非常有效的系统，为顾客服务，为公司赚到利润，小组士气也因此高涨。我们后来在伦敦分公司全面采取这种方式。小规模组织对人员的激励力量之大，着实令人惊讶。你只要试着这样做，肯定能够看到成效。

前面介绍过，“臭鼬工厂”对企业创新成功扮演着极为重要的角色，这些小组的成效往往高于动辄上百人的实验室。现在让我们看看几个具体的例子。在布卢明代尔、3M、惠普、DEC，整个公司遍布着无数这种只有10人的“臭鼬工厂”，这种团队是生产力提升的大功臣。德州仪器坚持几乎每个人每年至少参加一次“人员参与计划”团队。“人员参与计划”深入德州仪器每个人的生活当中。

德州仪器的小组有何特色？这种小组通常只有8~10人，其中包括工厂人员以及一两位工程师，这些工程师的加入，通常是由小组自行决定。小组的任务是在可预见的未来，创造一些能有投资回报的东西，期限通常为3~6个月。德州仪器董事长谢泼德表示，“小组成员自己设定改进目标，根据这些目标自行衡量进度。小组成员会设定自己觉得有挑战性但是能够达到的目标。计划一旦展开，他们发现自己不但能达到目标，还能超越目标。如果目标是由别人设定，而不是小组自行设定，那么别说是超越，有时候连达到都很困难。当我们说提高员工效率时，我们是说让员工有机会发挥自己的创意资源。”最后，公司一再找机会庆贺小组的成就，经常对各层级的人员进行评估，其中包括由两个小组的成员定期跟董事会成员报告。

德州仪器公司有9 000个小组，每一个小组都是自行设定目标。在3M，每一个新产品开发小组都是由志愿者全力投入，并由产品推介人领军。德纳的

“工厂经理”或联合航空的“工作站经理”也是一样。他们能成功激发员工对工作的承诺，主要原因是规模小。这种论点虽然没有分析模型可以佐证，但却有明确的实际例证。如英国经济学家E · F · 舒马赫所说的：“人们唯有在小型、易于掌握情况的组织里，才能够展现自我。”

背后的哲学

卓越企业都有根深蒂固的哲学，譬如，“尊重个人”、“让人们成为赢家”、“让他们突出”、“把人当做成人对待”。

诚如安东尼 · 杰伊所说的，在人类发展的轨迹当中，这些哲学可能早就已经存在。

> 罗马帝国能够发展得如此庞大、维持得这么久，其中一个原因是当时没有铁路、汽车、飞机、无线电、纸张或是电话。最重要的是，没有电话。所以你不会幻想直接控制某个将军，不可能还想常常打电话给他，或是他可以打电话给你。要是情况恶化让他无法应付，你也不可能飞过去支持、解决问题。你任命一位首长之后，就只有目送他载满行李的马车扬长而去……所以，你绝对不会任命没有受过充分培训、不胜任的人。你知道，他必须是担任这个职位的不二人选，能把所有的任务一肩扛起。因此你在遴选人才的时候会特别小心。不过更重要的是，你要确定他对罗马、罗马政府、罗马军队了解得十分透彻，才能让他走马上任。

像史兰伯杰这样的石油勘探公司，唯有秉持杰伊所说的这项原则才有机会生存。该公司能够顺利运作，完全是因为公司充分信任2 000位受过系统培训、认同公司文化的年轻工程师。公司将这些年轻的工程师派到偏远地区（就像罗马的将军一样），他们只有依循史兰伯杰的哲学以及平日精良培训的引导，才能顺利克服各种挑战。维萨信用卡公司的迪 · 霍克所说的话，可作为这个道理的总结。他说：“以僵硬的规定取代判断力，会产生恶性循环，终致失败，因为判断力只能在临场应用时产生的。”

09 亲身实践，价值驱动

假设要从这些卓越企业的调查当中，提出一项全面的管理建议，我们可能会说："请建立自己的价值体系，明确公司存在的价值。每个人对公司所做的哪些事情最感到骄傲？而10年、20年后，当你回顾过去，什么事情能给你最大的满足感？"

我们将卓越企业的第五大特质称为"亲身实践，价值驱动"。卓越企业极为注重价值观，领导者不但亲自关注、坚持不懈，而且深入公司最基层，直接介入，营造一个令员工振奋的环境。

著名作家加德纳在《士气》一书中指出，"许多当代作家都不愿意或不便于写有关价值观的文章。"

我们从经验中发现，大多数企业人士都厌恶撰写、提及甚至认真考虑价值体系的问题。就算考虑到价值体系，也不过是将其视为模糊的抽象概念。正如我们的同事朱利恩 · 菲利普以及艾伦 · 肯尼迪所说的："冷静严谨的经理和顾问几乎不会注意公司的价值取向。价值观不像组织结构、政策和程序、战略或是预算这样具体实在。"菲利普以及肯尼迪的论点大致没错，不过幸好卓越企业并非如此。

小沃森写了一本有关价值观的书。在《一个企业的信念》一书中，他回顾IBM的经验说：

> 造成企业衰败的原因不胜枚举。科技、顾客口味改变和时尚变化都会造成影响……这些要素的重要性是不容置疑的。不过我怀疑它们本身是否具有决定性。我认为企业成败的关键，在于如何激发人员的能力和才智，

如何协助人员找到共同的使命感？如何让这样的使命感和发展方向代代相传，就算面对诸多变化也不动摇？只要看看基业长青的卓越企业，就可以发现，他们靠的不是组织形态或是管理技巧，而是我们所谓“信念”的力量，并以此吸引人才。这也是我的论点。我深信，不管是什么公司，只要是为了生存，为了成功，都必须具备一套稳健的信念，而且所有的政策和行动都应该以此为准。另外，我相信，企业成功最重要的单一要素，在于坚持这些信念。换句话说，基本理念、精神及动能对公司成就的重要性，远远超过技术或是经济资源、企业结构、创新和时机。这些要素都关系着企业的成功。不过我认为，员工对公司基本信念的坚持和信心，对公司能否在业界脱颖而出，有着很大的关系。

我们研究过的卓越企业都表示极为重视塑造价值观的过程。事实上，我们怀疑，如果企业没有明确的价值观，它们还有没有可能成为卓越企业。

在肯尼迪的带领之下，我们进行了一项名为“最高目标”的分析。（我们如此称之，是因为当时麦肯锡的7S框架就是这个名称。后来我们把名称改为“共同价值观”，尽管如此，意思还是一样，都是指基本信念、最重要的价值观。）进行分析之后，我们还针对卓越企业做意见调查，结果和我们的观察非常一致。第一项调查中绩效比较好的企业，几乎清一色都具备明确的指导信念。表现比较差的企业，多半具备这两种特色之一，有些是缺乏一致的信念。有些虽然具备明显的目标，也经过了全体人员的讨论，可是过于注重量化的部分，也就是财务目标，譬如每股盈余和增长率之类的衡量目标。具有讽刺意味的是，看似最为重视量化目标的公司，在财务绩效上反而不如那些财务目标比较不明确，但注重企业使命的公司（缺乏价值体系的企业表现得也不好）。

公司表现的好坏，和价值观的表达方式和内容都有关系。将财务目标列为第一要务的企业，或许善于激励15名（甚至50名）高层员工，不过对从事产品制造、销售及服务的千万名基层人员而言，这些财务目标通常无法激发他们的热情。

如加德纳的观察，只有少数几个商业作家勇于身先士卒，以价值观为题大举论述。这些作家当中，尤以第四章介绍的塞尔兹尼克说得最为精辟。他在《领导与管理》一书中谈到价值观以及领导者的角色：

> 企业的建立是靠决策者对价值观的执著，也就是决策者在决定企业的性质、特殊目标、经营方式和角色时所做的抉择。价值观的抉择通常不会诉诸文字，也很可能不是刻意塑造的……企业领导者主要是促进以及捍卫企业价值观的专家……如果只注意守成，这样的领导者是失败的。企业的生存，就是价值观的维系，以及大家对价值观的认同。

亨利·基辛格也强调同样的重点："领导者的工作是带领部属迈向前所未及的境界。大家并未充分了解这个世界的未来脉络，领导者必须发挥魔力，让大家看到美丽的愿景。缺乏愿景的领导者，即使在当下似乎颇受欢迎，终究还是会失败。"

事实上，学术界对这个现象的论述更为深奥。如塞尔兹尼克所说，价值观通常不是通过书面程序来传递的，而是通过比较软性的途径，例如在公司里流传的故事、传奇、神话和比喻。塞尔兹尼克就提到传奇故事在传递价值观上扮演的重要角色。

> 建立企业需要依赖许多技巧，在员工日常的行为当中灌输历久弥新的使命感和意义。这些技巧当中，最重要的就是在公司里流传传奇故事，以激励和理想主义的表达方式说明公司的目标和经营方式有何独到之处。成功的例子绝非仅是愤世嫉俗或操控驾驭……这些传奇故事要发挥效果，就不能只在正式会议上传颂，而要在日常决策当中反复咀嚼、解读。这些故事有助于凝聚共同的使命感，促进全公司的和谐。不管这些故事的来源为何，都是建立公司的要素。创意领导的艺术，就是重新运用人力和技术资源，赋予其历久弥新的价值，从而为公司奠定基石的艺术。

卓越企业为了促使员工支持其基本信念，会努力搜集各种故事、传奇和神话，并且不厌其烦地讲述。例如，菲多利讲的是有关服务的故事，强生讲的是质量的故事，3M则是讲创新的故事。

我们另一位同事约翰·斯图亚特很喜欢观察，他说："想要了解企业的共同价值观，只需看看其年报即可。"当然，卓越企业的年报和各种报告都会说明他们最引以为豪和重视的事情。

达美航空：“达美航空和员工之间存在一种特殊的关系，这在其他公司是罕见的。这种关系能激发团队精神，反映成员彼此间积极的合作态度、乐观进取的人生观和成就感。”

德纳公司：“德纳的管理风格是让每个人积极参与，尽力维持事物的单纯性。公司没有政策或是施行细则，也没有叠床架屋的管理层级、成堆的控制报告，或是阻碍信息和沟通途径的计算机……德纳公司的作风并不复杂，也不虚幻。它成功的原因，就是尊重每一个员工，让每个德纳人都可以参与公司的成长。”

开拓重工：“经销商及公司零件经销处的零件可用率在1981年达到新高纪录。顾客一再提及经销商是他们购买开拓重工产品的主要原因。许多经销商和开拓重工已有两三代的生意关系。”

DEC：“DEC认为，不论什么活动，互动程度最高的都应该存在于顾客服务和支持的领域。”

强生：“早在1890年，强生把急救药品放在一起，组合成急救箱，供美国铁路工人在各地铺设铁轨时带在工作现场，以备不时之需。90年后，强生依然是家庭急救设备的代名词。”

看看以上卓越企业，就能了解为什么研究学者在看过卓越企业的资料之后，有时候会说：“整体而言不错，不过每家公司的做法都有一点不同。”产业环境让每家公司注重不同的主题，譬如德纳的主题就不同于强生。此外，几乎每家公司都有自己的一套信念。每家公司都有其独特之处，所以大家愿意和我们分享信息。他们认为，没有人能够模仿他们。

另一方面，我们发现，卓越企业的价值观虽然各有不同，但是仍有一些共同的特质。第一，我们的初期调查显示，这些价值观几乎都是以“质”表达，而不是量化的。例如，他们提到财务目标时，几乎都是模糊带过，而不是精确陈述。而且，他们从来不会单独陈述财务和战略目标，而是在公司提到其他希望有良好表现的地方时，顺便提到这些目标。他们会灌输员工一个观念：获利是表现优秀的自然产物，不应该因果倒置。

这些企业第二个共同特质是，他们会积极激发基层员工的斗志。假设公司的财务目标只能鼓舞1 000个人，或是这个数字的5倍，在当今大型企业里，其影响力实在有限。20世纪80年代，IBM的员工超过34万人，DEC则超过6万人。

套句日本京都半导体公司会长稻盛和夫的话说，也就是“要让能力只有50%的人也能充分发挥潜力”。

以服务为导向的卓越企业显然深谙这个道理，这也是为什么他们能提供如此周到的服务。不过就算是以成本为导向的优秀制造商，似乎也懂得这个道理。蓝铃公司特别注重成本和运营，对质量非常坚持，特别是主要产品“蓝哥”牛仔裤。公司董事长曼恩就斩钉截铁地表示：“蓝哥牛仔裤有一个皮带圈，在我公司里，没有人会为了省个几毛钱而拆掉这个皮带圈。”他表示，对部门经理和工厂经理而言，省钱固然重要，可是产品品质和坚持品质的形象却会影响到公司里的每一个人，下至北卡罗来纳州新进的裁缝师傅，上至曼恩本人，一定都会受到影响。

我们可从蓝铃公司的故事，引出杰出公司的第三个共同特质。如政治学家伯恩斯所说：“领导者最主要的责任，是在发展历程中掌握所有的主要矛盾。”企业存在许多重大的矛盾：譬如成本和服务、经营和创新、注重形式和不拘形式、“控制”导向和“以人为本”的导向；等等。我们觉得值得一提的是，卓越企业的价值体系会从这些矛盾的对立面当中，选择其一作为坚持的理念。有人说有效的价值取向都是千篇一律，这种说法其实没有根据。

卓越企业几个基本的价值取向包括：

1. 相信自己是最好的。
2. 相信执行工作中细节的重要性，尽力把工作做好。
3. 重视员工的差异性。
4. 坚持优越品质以及服务。
5. 大多数人员都应该积极创新，而且愿意容忍失败。
6. 不拘形式地进行沟通。
7. 肯定经济增长和获利的重要性。

研究战略流程的顶尖学者奎因相信，企业的主要目标“必须是一般的。不过他们也必须明确划分你我之别”。最常见的价值取向是“相信自己是最好的”。奥美广告创始人奥格威表示：“我要全体员工都认为，他们是在全世界最好的广告公司做事，荣誉感能创造奇迹。”艾默生公司的奈特更进一步表示：“设定并要求卓越的标准。不论是在学习、工作还是人生都只求过得去的人，只是个凡事妥协的家伙。一旦领导者妥协，整个公司也会跟着妥协。”IBM的小沃森在谈到公司的服务目标时，更是野心勃勃地表示：“我们要提供全世界最棒的顾客服务。”

各家企业的信念各有不同，不过许多都注重执行的细节。譬如IBM的沃森表示：“不论是什么工作，我们认为都应该想办法以更好的方式来完成。IBM期待全体人员对于所有的工作都有最好的表现，这也是公司对他们的要求。这样的信念可能会造成人们过度追求完美，并因此产生心理恐惧。的确，完美主义者很少具有令人觉得舒服的个性。要求完美的工作环境可能不好待。不过以完美为目标，绝对能够刺激进步。”

百事可乐公司总裁安德尔 · 皮尔森对提高各层级执行力的看法也很一致：“我们从经验中了解到，如果没有有效执行，就算是最好的新产品构想、最有竞争力的战略也是枉然。事实上，在我们这行，绝佳的执行力通常比激发新构想更能促进生产力，也更为实际。我们公司最了不起的成就，就是以卓越的执行力为核心，譬如乐事薯片以及百事可乐。”

卓越企业的信念结构有个常见的共通之处，以戴维 · 帕卡德的话来说，就是“企业各级人员都必须发挥创意”。卓越企业认识到，机会可遇不可求，绝对不是中央规划可以掌握的。如果希望通过创新激发成长，需要依赖许多人的力量，而不是单靠几个中央研发部门的人。

若要激发全体员工的创造力，就要明确展示容忍失败的决心。艾默生的查尔斯 · 奈特、强生的詹姆斯 · 伯克，以及3M的路易斯 · 李尔都非常明确地讨论犯错的必要性。苹果计算机在1981年创造了7.5亿美元的销售额，公司创始人史蒂夫 · 乔布斯表示：“我至今依然会犯错，而且是错误连连。大约两周前，我跟几个营销部门的人员共进早餐，席间我谈起所有他们无法解决的错误。这15个人都很生气，于是我在大约一周后写了封信给他们。在信中的最后一段，我告诉他们，当我在华盛顿的时候，人们问我，‘苹果怎么样啊？’我回答说，‘嗯，我们聘用了非常优秀的人才，并且创造了一个容许员工犯错、成长的环境。’”

卓越企业还有一个共同点是，通过不拘形式的气氛促进沟通。高层主管应该避免使用指挥链以便促进沟通，鼓励最大的流动性和弹性。例如，惠普公司的全体同人之间直呼名字，管理层会四处走动，公司就像一个大家庭。

对老沃森这样的管理者而言，价值观显然是极为重要的。不过价值观是如何奠定的呢？在此，我们也发现卓越企业之间具有惊人的相似之处。卓越企业具备一致的价值取向，而为他们奠定价值观的领导者几乎都具有极为鲜明的人格特质，譬如惠普的休利特和帕卡德、DEC的奥尔森、IBM的沃森、麦当劳的克罗克、迪士尼公司的迪士尼、Tandem公司董事长特雷比格、沃尔玛创始人沃尔顿、达美航空的伍尔曼、李维斯的施特劳斯、彭尼百货公司的彭尼、强生的前任董事长罗伯特 · 约翰逊、万豪酒店的创始人马里奥特、王安电脑的王安，以及德纳的麦克弗森，等等。

一个大有作为的领导者必须兼顾思想和行动两个层面。他的思想必须在最高的抽象层次上，行动必须落实到日常琐事中。一方面，为公司塑造价值观的领导者要具备极为崇高的愿景，激发公司数以万计员工的热情。领导者身为开路先锋的角色在此极为重要。另一方面，公司必须将价值观落实在许许多多日常的工作中，才能给员工传递对价值观的热情。换言之，领导者也必须是卓越的执行者。在这样的角色里，领导者极为注重细节，并把握所有的机会，直接通过行动对员工灌输公司的价值观，而不是光说不练，所以要极为注重公司的理念以及各种工作细节。

重视理念（开路先锋和崇高愿景）看似教条刻板的训示。其实不然，我们的同事菲利普以及肯尼迪在研究领导者塑造价值观时表示："卓越企业的领导者能够成功地给员工灌输价值观，并不是靠着个人的领袖魅力，而是领导者对价值观的执著、坚持不懈，而且对价值观的执行展现了极高的毅力。我们所研究的卓越企业当中，没有任何一个领导者是靠个人魅力成功，全都是靠坚持和努力才成为大有作为的领导者。"

坚持是至关重要的。我们认为，IBM的沃森、惠普的休利特和帕卡德以及DEC的奥尔森等，这些企业创始人所奠定的价值观能够历久不衰，重要的原因之一就在于坚持。

领导者推行价值观的方式，是经常跟员工在一起。这些领导者大多具备产品设计、制造或是销售的实际经验，对一般工作的内容驾轻就熟。所以对他们而言，在公司四处走动、和员工沟通是很轻松的事情。这些领导者四处去传播"真理"，而不是坐在办公室里。他们花更多的时间四处走访、和员工沟通，特别是基层的新进人员。

《商业周刊》报道指出，联合科技的加里会自己撰写广告文案。加里是销售人员出身，他表示他如此成功（其普惠飞机部门可与通用电气的飞机引擎部门抗衡），是因为“我会积极找机会和顾客相处，我在那些地方从来没有看过通用电气的高层主管”。亚特兰大兰尼尔数据处理公司董事长吉恩 · 米尔纳和其总裁韦斯 · 坎特雷尔也一样。坎特雷尔说：“去年的文字处理器会议上，吉恩跟我是唯一出席的企业总裁和董事长。”波音CEO威尔逊也有同样的理念。有人要找他的时候，常听到的回答是“他还在工厂里”或是“他还在考虑几个重要的设计决策”。

走动式管理是一些政策的重要基石。惠普研发部门主管多伊尔对“亲自参与”的管理风格做了以下的阐述：

> 一个部门自行拟订计划之后（也就是一系列工作目标），管理者和上司就开始动起来，观察、衡量、给予意见和指导。这就是我们所谓的“走动式管理”。通过“走动式管理”，可以判断工作进度是否走上轨道，朝着正确的方向以适当的速度前进。如果你不经常观察员工执行的情形，他们不但会偏离正轨，还会以为你从一开始就不重视这项计划。所以，“走动式管理”就是随时和员工保持联系。走出办公室，在你的管辖区域四处看看很有好处。我所说的“走动式管理”，是说真的四处走动、和人们谈话。这种做法不拘形式，而且是随意的，不过重点是，要在这段时间涵盖所有的区域。员工会觉得你很容易亲近，最重要的是，他们会发现你愿意倾听他们的意见。二来员工们可以随时知道公司在做些什么，尤其是跟他们切身有关的事情。此外，到处走走跟员工聊天，也是很有趣的事情，何乐而不为呢？

关于这点，奥格威也有同感：“不要把人叫到你的办公室来，这样会吓坏他们。相反，你要去他们的办公室，让全体员工都经常看到你。如果董事长从不在公司里四处走动，犹如隐士一般，就会跟员工脱节。”

联合航空的总裁爱德华 · 卡尔森大力推荐亲自参与的管理方式。他说他在接掌联合航空之后，简直是以饭店为家。联合航空曾一年亏损 5 000 万美元，但是卡尔森扭转了这种劣势（至少维持了很长时间）：

> 我一年出差行程大约20万英里，以行动彰显所谓“看得见的管理”。我以前回家度周末的时候经常跟太太说，我觉得好像在竞选公职。我成了空中飞人，只要看到联合航空的员工，就和他们握手。我希望这些人能看到我，觉得可以随便向我提出意见，甚至还可以和我争辩。美国企业面临的一个问题是，主管不愿意走出去倾听别人的批评，结果往往把自己孤立起来，周围的人自然不会和他争辩。他在公司里只会听到自己想要听的话。我把这种情况叫做“企业癌症”……罗布 · 曼戈尔德是联合航空东部营业部资深副总裁，如果他不喜欢我到波士顿、拉瓜迪亚或是纽沃克等地访问，那么这种“看得见的管理方式”就行不通了。他们知道我出去不是为了彰显自己有多伟大，也不是为了打击他们。我是希望让他们感觉到，CEO是个可以亲近、可以谈话的人……如果你和基层人员维持良好的工作关系，就应该不会有太多麻烦。我只要获得新的信息，就会打电话给部门资深主管，说我刚去过奥克兰、雷诺和拉斯韦加斯，我有些资料可以和他们分享。

我们谈过领导者身为“亲自参与”的管理者、典范和英雄的角色。不过只靠一个人的力量显然是不够的，真正重要的是高层管理团队。这些高管必须为公司奠定基调，在灌输关键的企业价值观时，必须口径一致。如塞尔兹尼克所说：“人员的看法一致是非常重要的原则。当大家具备共同、一致的看法时，才会全力捍卫公司制定的政策和执行细节。”卡尔森对此总是身体力行。在他旅行20万英里的那些岁月里，坚持让麾下15名高级主管也跟他一样。在卡尔森任内的前18个月内，他的15名高级主管全都花多达65%以上的时间到各地视察。

高层主管会通过定期聚会来凝聚共识。达美航空和福陆工程的全体资深主管每天都会不拘形式地聚聚，趁喝咖啡时交换意见。开拓重工的资深管理团队几乎每天都聚会一次，天南地北地聊聊，了解一下彼此对工作的看法。强生和麦当劳也有类似随意的聚会。

当然，过度求同可能导致太多人都只会唯唯诺诺。不过请别忘了前国务卿艾奇逊对总统顾问纽斯塔德说过：“总统需要的是信心，不是警告。”对关键性的企业价值观而言，凝聚共识真的很重要。

卓越企业的最后一个共同点，就是领导者懂得激发员工的热忱。惠普公司就是根据主管激发员工工作热忱的能力，来评估他们的工作绩效。百事可乐公司总裁皮尔森表示："在20世纪80年代这10年间，我们面临的最大挑战，就是要确保百事可乐的工作环境依然最能鼓舞人心。"艾默生的奈特也说："除非找到些乐趣，否则你什么工作也无法完成。"奥格威也呼吁公司全体员工："要让奥美广告的工作变得充满乐趣。人们觉得什么事都很无趣的时候，就很难制作出好的广告。用欢笑赶走冷酷，保持随意的气氛，鼓励欢乐的气氛，把阴霾一扫而空。"

明确价值观并为其赋予活力，是领导者最大的贡献。这也是卓越企业高层领导团队最重视的一点。建立价值观并灌输给每一个人，并不容易。因为在所有可行的价值取向中，只有少数几个真正能适合某一家公司。而且灌输价值观更是劳心劳力的工作，需要很大的毅力，不断地到各地视察，长时间工作。不过如果不这样亲自参与，显然也不会有什么成就。

10 坚持本业

20世纪60年代，企业集团大行其道。吉米·林（Jimmy Ling）前往华盛顿出席某反托拉斯委员会，说明为什么没有限制大型企业集团的做法。他拿出一张图表，问道："LTV公司（当时的Ling-Temco-Vought）有多少人了解钢铁业务？"那时他刚买下琼斯-拉弗林（Jones and Laughlin）钢铁公司。答案是什么？他用红笔画了一个很大的零。我敢说，吉米·林现在一定希望这个答案不是零，因为当琼斯-拉弗林钢铁公司的业务一败涂地时，他也随之丧失了对LTV的控制权。

——《商业周刊》前总编辑卢·扬

德州仪器的电子消费品销售额在1982年已达10亿美元，可是10年来一直都无法转亏为盈，后来决定退出消费性钟表业。这个产业的主要竞争对手是卡西欧。有个观察家表示："道理很简单。卡西欧一个售价18.95美元、早上还会以舒伯特的音乐把你叫醒的电子闹铃计算器，并不是得州大学培养电子工程师的目的，他们自然想不出这样的点子。"

《福布斯》的文章介绍酒商休伯莱恩公司（Heublein）在收购肯德基炸鸡连锁店初期所面临的挫败。休伯莱恩公司有位主管表示："在卖酒的行业里，店面看起来怎么样并不重要，地板脏也不会影响到宝狮伏特加酒的销售业绩，反正你可以控制工厂的产品质量。如今我们在全世界买了5 000家炸鸡连锁店，但对于如何经营这行却一点经验也没有。”

这个主题值得大书特书，在此我们只是浮光掠影地提及。事实上，大多数收购案最后都宣告失败。不仅高层主管挂在嘴边的合并协同通常无法实现，合并后的下场也很悲惨。被收购一方的主管通常都会离开公司，留下来的不过是一个空壳，和一些价值不高的资本设备。更重要的是，收购案就算规模不大，也会耗费高层主管大量的时间，让他们无法专注于公司的主业。杜邦购并康龙科石油公司（Conoco）之后，虽然两边各自独立经营，不过我们还是认为，杜邦的高层主管未来几年必须努力学习石油业，才能够充分掌握新收购的公司。

坚持本业VS.多元经营

首先，有关公司性质的指导性价值取向（通常是指质量或服务、以人为导向以及创新），以及亲自参与的经营方式，都和多元化经营战略发生冲突。多元化经营通常会稀释价值观，部分原因是被收购的公司具备不同的价值观，就算重视同样的事情（譬如质量），往往也因为组织发展得过大而逐渐丧失意义。管理层会丧失“感觉”的能力。譬如，由电子产品部门的主管大谈消费品业务的质量，员工是无法信服的。领导者的可信度建立在亲自参与上。如果缺乏承诺、对产品不了解，就无法扭转员工不信任的态度。

我们主要的研究结果很明确，也很简单。企业不管是通过收购，还是内部实行多元化经营进行扩张，只要坚持本业，就能够凌驾于其他业者之上。以单一技术为核心进行多元化的业者最为成功，譬如3M。

成功程度次之的，则是进入相关领域的公司，譬如，通用电气由制造发电涡轮机扩展到制造飞机引擎（也是一种涡轮机）。

最失败的就是跨入许多不同类型业务的公司，这类企业采取并购的做法往往会失败。

虽然有些公司借发展多元化经营，来稳定公司的营业状况，可是草率追求多元化，不管以哪种标准来衡量，都会得不偿失。

我们将这些卓越企业的做法和一般企业进行比较后，也得出这样的结论，而且在观察许多并购案之后，发现学术界的结论也几乎相同。譬如，美国国家经济研究局的迈克尔·戈特率先系统地对美国企业多元化经营进行研究，并于1962年发表报告。这份调查显示，1939~1954年间，企业增加的产品数量和同期销售金额的成长有些关系，不过多元化经营和获利能力不管怎么看都没有绝对的关联。

对企业多元化经营研究得最为详尽的，是加州大学洛杉矶分校的理查德·拉梅尔特。1974 年他发表了哈佛商学院的博士论文《战略、结构和经济表现》（*Strategy, Structure and Economic Performance*）。他以美国大型企业为样本进行研究，发现“主业型”及“相关型”多元化战略（这是他所分八大类当中的两类）“无疑是表现最优秀者”。这两种战略都秉持有限度多元化的原则。以拉梅尔特的话来说，就是“这些企业从事的销售局限于本业、有助于强化本业或是核心技术业务。他们通常会开发新的产品和业务，但是不愿意投入自己不熟悉的管理领域”。他表示这些绩效比较突出的企业，“将他们多元化的战略建立在核心技术或能力之上”。拉梅尔特的分析依据是《财富》500 强企业在 20 年期间的有效样本。

拉梅尔特还根据 10 项财务分析指标对这些样本进行分析，其中包括“净销售额年增长率”、“股票市盈率”、“投资资本税后投资回报率”。

以其中几项指标来说，在 20 世纪 50 年代和 60 年代，绩效最好的企业类别中，股票的投资回报率平均为 14.6%，资本投资回报率为 12.4%，市盈率为 17.5%。表现最差的两大类（包括“无关的业务”在内），股票投资回报率为 10.2%（少了 31%），资本投资回报率为 8.6%（少了 30%），市盈率为 14.7%（少了 16%）。这些发现在统计上都是显著的。安德森进行的相关研究显示，这样的差异在 20 世纪 70 年代更为明显。

拉梅尔特的研究结果非常明确。企业扩充后，越坚守核心技能，绩效越喜人。他的分析并不是说“单纯就好”。过度单纯的业务（也就是只有单一、垂直整合的业务）其实表现很差。我们发现，企业进行一些多元化经营（通过调整来稳固公司经营）的同时，仍坚持本业，往往会有比较好的表现。拉梅尔特的模型足以证明调整的必要性（相关型公司的绩效优于单一业务、垂直整合的公司）以及根据核心技能来管理调整情况的重要性。

随后的各项研究也印证戈特和拉梅尔特的结论。罗伯特·豪根和特伦斯·兰格蒂格 1975 年在《财务学报》（*Journal of Finance*）上发表了一篇研究报告，对一般认为合并案有助创造运营或是战略协同的看法进行研究后发现，这样的协同在公司分别独立经营时是不存在的。他们针对 1951~1968 年间 59 家非集团进行的企业合并案进行研究后，得出的结论是："我们的样本当中几乎没有呈现这样的协同效应……任何股东从合并的两家公司所分到的股份，可能和他分别投资两家公司所分到的股份一样。"

霍根和兰格蒂格的研究唯一确定的是，合并案会让股东投资回报的起伏加大。换句话说，投资两家把资产合并在一个资本结构下的公司，比起分别投资两家独立经营的公司风险更大。

1981 年年底，经济学家克里斯托弗 · 劳伦兹在伦敦《金融时报》发表一篇有关企业合并的文章，名为《先驱者——反合并专家》。文章的结论是："杰出的欧洲企业比较重视专精，而不是多元化经营，比较喜欢进行内部扩充，而不是合并或收购。"这项研究的对象包括了空中客车、地中海俱乐部、奔驰汽车公司以及德利多富（Nixdorf）。

抛给读者这么多难懂的分析报告，实在过意不去，可是看到产业界对合并案如此热衷，我们宁可不厌其烦地说明，其实几乎没有任何有力的实证可以支持多元销售组合的做法。

一个接一个的案例显示，企业要从事不熟悉的业务有多么困难。国际电话电报公司（ITT）就是典型的例子。多年来该公司一直是股票市场上的宠儿，享有令人称羡的成长记录。吉尼恩凭着他的聪明才智和努力，让这家庞大的帝国屹立不倒。不过在吉尼恩离开之前，这个庞大的帝国在许多方面就已经开始分崩离析。ITT 创始人贝恩上校所建立的公司大体而言是一家国际电话公司，所以当吉尼恩接手时，公司对许多新的收购案在心态上仍有些排斥。有位评论专家表示："他们在智利经营电话公司的技巧，对他们经营大陆面包店或是喜来登饭店并没有什么帮助。"ITT 原本很成功地将欧美科技输往第三世界国家，可是在 20 世纪 70 年代初期，电信产业开始革新，旧市场逐渐没落，并为电子交换机和通信卫星市场所取代。ITT 虽然身处电话产业，却没有做好准备，到最后连本业都岌岌可危。

小心经营和本业无关的企业

ITT 的例子随处可见，特别是那些经营和本业无关的企业。譬如，泛美集团原本的经营绩效不错，可是在收购联艺影业公司之后，却亏损连连。泛美集团的基础业务在于金融机构（譬如保险公司），对经营电影业没有概念。

这类问题当然不是局限于大集团，我们发现许多石油公司各种多元化经营的努力也纷纷触礁。美孚石油公司多元化经营的第一项创举就是收购马可百货公司（Marcor），但因不熟悉零售业，结果自然很悲惨。根据20世纪70年代末期许多评论专家的观察，埃克森石油公司的新事业也尝到败绩。埃克森原本是众所景仰的企业。《商业周刊》甚至在介绍埃克森的封面报道里指出，他们将是AT&T和IBM等巨擘在通信产业里的劲敌。不过埃克森也曾经面临很大的难关——这还是客气的说法。

埃克森所囊括的小企业一开始规模都很小，企业家们也能完全按照自己的方式经营，结果非常成功。埃克森总公司的高层主管也注意到这点，于是决定"出面帮忙"，把新加入的事业导入大型企业常见的错误方向——旋即对这些公司进行"合理化"，"按逻辑"进行合并，以获取"市场协同"，另外也提供财务方面的"协助"，从总公司派出高级财务主管协助这些小公司管账。可是对那些企业家而言，埃克森施行这些合理化的时机还不够成熟，于是纷纷离开，结果留下来的不过是些基础设备。面对成长快速的市场，公司业务只能在后面苦追。

就算是经营相似的行业，对不熟悉的领域还是会碰到极大的困难。譬如，通用电气原来做发电机，后来也做飞机引擎，结果很成功，可是西屋公司却惨遭挫败。西屋公司以为"涡轮机就是涡轮机而已"，于是把飞机引擎业务的管理纳入发电机的组织之内。结果原来飞机涡轮机的容错率跟电子发电机有很大的差异。通用电气的格哈特 · 纽曼以及杰克 · 帕克认识到这点，于是把通用电气已经成熟的飞机引擎业务独立于电子发电机的组织之外，在麻省林恩设厂，并邀请了解飞机涡轮机设计和生产限制的专家工程师，因此大获成功。西屋公司则惨遭失败。

通用电气和西屋这样的例子比比皆是，许多电机业者转入电子产业也碰到类似的情形。电机产业的流程跟电子业的差异很大。1965年名列前10位的真空管制造商，到了1975年，没有一家登上前10位大半导体制造商之列。像是通用电气、RCA以及Sylvania等电机产业巨擘早期被奉为管理典范，但也无法顺利实现技术突破而告失败。通用电气和RCA试图进入计算机产业，同样也落得惨败。理论上来说，由电机业迈入电子业，应该只需在技术上跨出几小步即可，毕竟电子就是电子，没有什么差别。可是实际上，对大型企业而言，几小步就相当于一大步，差别非常之大。

如果通用电气与西屋公司在飞机涡轮机和发电机涡轮机的故事，算是业务性质相近的例子，那么美国国家航空公司和泛美航空公司的合并案呢？这两者之间的业务几乎没有差别，完全处于同样的产业。可是合并结果却完全不是那么一回事。泛美航空是国际线的佼佼者，但却错误估计了美国国家航空公司的国内线结构，以为可以作为泛美的国内支线，于是买下一批国家航空公司的DC10 型飞机，结果因为DC10 型飞机的机型根本不适合飞那种混合路线，致使情况出奇糟糕。这个问题早在双方合并之前就已经存在，并对国家航空公司的命脉造成威胁，只不过泛美在收购之前没有注意到，因而没能消除这一威胁。

看到这儿，各位想必会有这样的疑问：卓越企业是如何避免这些陷阱的？答案很简单。卓越企业不会双脚都踏到水里试探水温，他们会先伸出一个脚趾头试探，发现情况不对，就立刻收回。一般来说，卓越企业主要是通过内部扩充逐渐进行多元化，每一个步骤都在其管理能力之内。

我们发现，这些卓越企业的做法，和学术界对多元化的论点不谋而合。如我们前面所说，强生创始人约翰逊即将卸任之前，对继任者提出这样的建议："绝对不要收购任何你不知道该如何经营的业务"。宝洁前任CEO哈尼斯也说，"这家公司从来没有偏离过自己的本业。我们尝试过很多领域，但是绝对不要成为大企业集团。"

尽管如此，卓越企业可不是死守本业而已。3M公司拥有 5 万多种产品，而且每年推出的新产品种类超过 100 种，不过它都是以基本的上漆和黏合技术作为基础。3M的核心特质在许多层面都超越了其他企业，不过另一方面，这又是很典型的特色。高层领导团队主要是由化学工程师所组成的，他们几乎全部都在销售领域历练过，对产品的用途有实际的体验。所以公司的核心理念——以 3M的技术在产业利基领域为顾客解决问题——充分反映在高层管理的结构上。

3M重视化学工程师，在其他卓越企业也可以看到类似的情况。在惠普，如果不是电子工程师，几乎不可能有成功的机会；在福陆或是柏克德工程公司，如果不是机械工程师，同样很难晋升到高层核心；在波音则必须是航天工程师才有机会；在宝洁则须具备产品管理的经验；在IBM则必须具备销售经验。这些只是进入高层的门槛而已。在顶尖企业里，资深管理团队的人才不是具备某种特殊的技术背景，就是在某个专业领域具备极为深厚的修养。

请看以下这些例子：

- **波音公司**：《华尔街日报》报道指出："观察专家表示，波音公司的优势来自对商用客机市场的关注，公司90%的营收都来自这个市场。有位主管表示：'其他同业过于忙碌于争取军机的订单，波音则是以客机为先。'"
- **福陆工程**：董事长福陆表示，"我们无法满足每一个人。"
- **沃尔玛**：沃尔玛卓越的成长记录，得益于公司采取强大的利基策略。公司遍布十几个州，坚持自己最熟悉的业务。所以尽管凯马特等业者具备更强大的财力以及更丰富的经验，它仍能顺利超越这些产业巨擘。
- **迪尔公司**：迪尔公司总裁罗伯特 · 汉森表示："我们坚守自己熟悉的顾客群"。《福布斯》的报道也指出，"多年来，迪尔公司的绩效一直凌驾于主要竞争对手国际收割机公司之上。国际收割机公司的业务区分为卡车和农具机械两种。迪尔公司则正好相反，他们知道自己的主业在哪里、顾客是谁，以及他们要的是什么。"
- **阿莫科石油公司**：《华尔街日报》有篇报道将阿莫科石油公司的成功战略和其竞争对手的战略进行比较指出："阿莫科石油公司董事长约翰 · 斯韦林根表示，'今年主导石油业界大型收购案的策略是，收购其他业者的储备要比自行内部开发便宜得多。不过我们可不这么认为。'"

卓越企业几乎都是靠内部扩充和力量实现成长。少数几个收购案，也都有同样的脉络可循。他们收购的都是小公司，所以并不会影响到公司本身的特质，而且收购对象的规模很小，如果失败，公司可以出售或是剥离，也不会造成重大的财务损失。

有几家公司虽然是通过收购而成长壮大，但是还是采取"小就是美"的策略——特别是艾默生电气以及比特丽斯食品公司（Beatrice Foods）。这两家规模分别达40亿美元和100亿美元的行业巨擘，主要靠收购规模在2 000万~5 000万美元的企业而成长壮大。人们常说："收购5亿美元的公司不会比收购5 000万美元的公司更难吸收，所以最好收购一家大公司，而不是分成10次收购小公司。"不过艾默生电气以及比特丽斯食品公司显然并不信这套。他们不断进行筛选，每次都浅尝即止。他们收购小公司之后，通过不拘形式的交流以及自然而然的融合，为公司的核心业务增添新力量（譬如专业技术）。这些新力量也都顺利融入公司之中。

同样，惠普或3M也是采取这种逐步收购小公司的做法，收购的公司规模通常在100万~1 000万美元之间，而且过程透明，以此为公司增添新技术。不过收购对象的规模都刚好易于管理，以及早顺利地加以整合。他们有时候只是收购几张聘用合同。所以小型收购案可以成功，就算是重大的新策略也是以无数个小型收购案为基础推行的。

简单来说，这就是卓越企业的做法。他们的确会进行收购，不过是以实验的性质进行收购和多元化发展。他们买下小公司，或是成立新业务……每一步都是在自己能够管理的能力之内……并且控制相关的风险。如果结果不理想，他们也愿意退出。

即使是卓越企业，还是有些收购失败的例子。许多公司因为收购属于中等规模的企业而失败，有些甚至因为收购大型企业！这种种例子充分显示出，就算是卓越企业，收购中型规模的公司往往还是会产生许多问题。

事实上，卓越企业在跨入差异性比较高的业务时，也可能面临特殊的问题，因为他们当初赖以起家的公司文化比较重视狭隘的企业能力。3M打入中型规模利基（约为1 000万美元）的能力无人可及，尽管如此，3M还是有些领域无法驾驭。以下是几个卓越企业失败的例子。

3M：3M一直无法在消费品业务发挥技术优势。有些分析师表示，3M的产品单位小而零碎，让公司无法进行大规模的产品促销活动，因而只得对少量消费品下赌注。所以3M虽然有些产品大获成功，不过大致而言，消费品业务的获利情况并没有其他产品来得好。此外，3M曾试图打入“未来办公室”领域，但面临一些困境。问题跟消费品很类似。这些比较精密的“未来办公室”产品属于“系统产品”。同样，3M的部门享有高度的自主权，可是复杂的系统产品开发和销售却需要部门间密切的联系，这和3M的风格正好相反。

惠普：我们提到过惠普在掌上型计算器的初期营销方面曾经面临困难。惠普的故事跟3M很类似。在仪器和电子产品业务方面，惠普知道如何服务专业顾客，即中等规模企业的市场利基。可是售价9.95美元的计算器市场，却不是惠普的范畴。同样，惠普在电子手表市场也表现得很糟糕。这样的错误其实是可以理解的。惠普以为一般消费者都会被这项新奇的电子产品所吸引，其实不然。德州仪器一个售价 8.95 美元的手表就把惠普打得落花流水。这个产业里许多公司试图转入大众电子产品领域，纷纷惨遭失败。美国国家半导体公司是芯片制造商，试图进入消费品（也是手表）时一败涂地。飞兆半导体公司亦是如此。

德州仪器：我们稍早就说过，日本工程师开发出的具备闹铃功能、可以播放舒伯特音乐的计算器，不是德州仪器的工程师能想得出来的。除此之外，德州仪器在电子消费品领域也有问题。电子消费品当中有些利润不错，譬如Speak's Spell（一种电子拼字玩具）。不过有人可能会说，这些产品利润不错，是因为技术和同业相较之下还“够新奇”。这种芯片一旦普及（就如同电子手表和掌上型计算器的芯片一样），德州仪器可能再度因为日本业者的挑战而惨败。

宝洁：有位评论专家曾经说过，宝洁并不擅长纯粹赶时髦的消费品。宝洁追求的是质量。除非他们知道某个产品具有独特的优势，否则不会贸然推出新产品，或是把旧的产品重新配方推出。所以有位长期观察宝洁的观察家指出，牙膏产品一度流行加入绿色线条，只要加上就可以卖得很好，可是宝洁却很难办到。此外，宝洁为了品客薯片产品投资好几亿美元，却收效甚微。同样，这个例子也显示宝洁执著于追求质量并不是噱头。品客薯片是宝洁典型的例子，符合宝洁对于质量的追求，薯片整整齐齐地排列在圆桶罐里，可是从消费者的观点来看，这个点子显然并不讨好。

西尔斯百货：多年来，西尔斯百货公司在“物美价廉”的旗帜下一直经营得有声有色。可是他们却觉得应该走高档路线，结果惨败。商业评论作家戈登 · 韦尔表示：“就像假设麦当劳推出沙朗牛排，把巨无霸汉堡的售价提高，然后淘汰一些比较普通的汉堡产品。西尔斯的成长策略就是这样。简单来说，西尔斯试图同时做两件事情，结果失败了。”

以上这种种例子，让业者开始对 20 世纪 60 年代热门的多元化发展产生质疑，因而纷纷走回头路。譬如《华尔街日报》在 1981 年年底刊登一篇文章名为《高露洁努力恢复 10 年前的景象：摆脱许多收购来的业务，并致力于加强传统的核心产品》的文章。

高露洁昔日CEO戴维 · 福斯特收购体育用品、食品以及成衣公司，试图摆脱业界巨擘宝洁的阴影，可是这种做法并未成功。在那波疯狂收购的热潮当中，高露洁买进了许多大麻烦，结果为了收购那些获利能力已经过了高峰期的业务，使得本身传统产品线的利润直线下降……后来接任的CEO基思 · 克兰果断退出，将福斯特高达9.35亿美元收购来的业务线大多分割出去，损失的成本金额至少有9 650万美元……他还对管理层进行组织重整，调整广告预算，把重心放在基本产品线的生产和获利能力上……

福斯特曾经说过："传统产品线的市场大多受限于人口的增长，公司所采取的新方向最令人兴奋，而且最具生产力的层面在于开发有别于这些传统产品线的新产品项目。"

有位广告部门主管表示："这些收购案都是出于虚荣心，在Kendall公司（医药供货商）和Riviana公司（稻米生产商）之后，其余的都不值得一提。"而且，高露洁在福斯特执掌期间，致力于推出新产品，结果也大多惨遭失败。当时它经常以快捷方式推出新产品，仿佛自己只是经销商，而不是开发自有产品……高露洁一位前任顾问表示："宝洁就不会犯这样的错误，在这个市场，你得生产单纯、功能性的产品。高露洁的分支实在太多。"

高露洁果断退出后终于挽回颓势，不过类似的故事在业界不断上演。很多公司觉得自己的业务成长太慢，于是决定扩大经营，但却不了解自己收购的业务，买下的公司不是正好处于高峰期，就是已经过了高峰。这些收购案纯粹是虚荣心作祟，他们对这些业务根本不了解。最糟糕的是，收购新公司后，为了管理新公司而分心，使得原已岌岌可危的本业更是饱受威胁。就跟高露洁一样，他们以"快捷方式"推出新产品（扩增的产品线或是经过重新配方后推出市场的旧产品），但又因为情况不好而提前退出，让公司陷入不断恶化的旋涡之中。

不过幸好许多企业都认识到这点，纷纷转售收购来的业务。1980年年底《纽约时报》有篇报道介绍利顿、德事隆，以及GAF等公司出售资产的故事。类似的故事层出不穷。譬如1981年《商业周刊》有篇文章指出，ITT从1979年以来卖掉旗下33个事业单位；1981年《福布斯》更是发专文指出，联合食品公司在5年当中卖掉50个事业单位；《纽约时报》有篇文章讨论英国GEC大举出售当初收购来的事业单位（文中引述公司董事长的话说："我们可以说涡轮机跟开关设备相关，开关设备则和转换器相关，转换器和控制器相关，控制器则和电灯相关。可是电灯跟涡轮机并没有直接的关联"）；《福布斯》在 1981 年的报道中再度指出，从 1972 年以来，孟山都公司CEO汉利亏损金额超过 8 亿美元，才"得以回归基本面"；《福布斯》另外有篇文章则表示，利顿必须出售资产才能够"回归共同的核心技术"。

这种现象不是排山倒海而来，特别是在里根时代，联邦交易委员会已明确暗示几乎任何形态的合并案都没有问题。不过根据我们对卓越企业的观察，"回归基本面"的行动都是好消息。

11 组织单纯，人事精简

企业组织一旦庞大，就会变得复杂，于是大多数大型企业开始设计复杂的体系和结构，并雇用更多员工，来应对这样复杂的系统，错误就是从这儿开始的。这种解决方案并不符合企业的本性，如果公司单位众多，人事要尽量保持单纯。这当中存在很明显的矛盾。一方面，规模一大就会复杂，以复杂的体系或是结构加以处理，是很合理的做法；可是另一方面，公司要能够顺利运作，就需要事事透明，让所有员工有所了解，这表示公司要让诸事保持单纯。

我们经常以矩阵组织结构来说明企业错误的处理方式。矩阵结构的构想或许有其优点，可是当企业从事多项业务时，发挥功能的组织，如财务、销售、制造部门等就多了。公司可以根据产品类别，也可以根据市场细分，或是根据公司设厂或是销售据点的地理区域，来进行组织，并且保留财务、销售和制造等基本功能。不过如果公司试图把这些功能全部纳入正式组织中，那就成了至少是四次元的矩阵结构，会让人搞不清楚。

让人进退两难的是，这个世界的确这么复杂，只要是大型企业，都有这样的矩阵结构。当你加入其他组织方式，譬如项目中心等临时组织，情况会变得更复杂。这时候你还要经理干什么？

就算无法把矩阵结构里所有可能的层面都纳入正式组织内，有些公司还是决定让产品经理和工程等功能的经理享有和部门经理同等的职权。可是我们觉得，这还是很容易让人混淆。员工不清楚到底该向谁报告。最严重的问题在于，在“平衡”的名义下，好像所有的事情之间都扯上了关系。公司结构非但无法让人弄清楚事情的优先次序，反而自动淡化优先次序，结果组织瘫痪、动弹不得。这种结构就等于告诉基层人员：“事事都重要，全都要加以重视。”这样的信息会让人们无所适从。

卓越企业当中，除了波音等项目管理公司之外，几乎都不会采取矩阵结构。不过即使是在首创矩阵组织的波音公司里，矩阵管理方式也很特殊。他们是采取二元式的管理：有人是项目小组的成员，负责完成小组所交付的任务（几乎是一直如此）；有人是某个技术部门的成员，必须追踪产业动态，确保公司拥有业界最先进的技术。员工加入某个项目小组，就不会搞不清楚自己到底要不要为项目结果负责。答案当然是要负责。

维持单纯的形式

坦白地说，我们并不是那么重视波音公司和美国航空航天局等初期采用机构所称的“矩阵管理”。这些系统能够发挥作用，关键和其他卓越企业的结构能够顺利运作的道理是一样的。一次元组织（也就是以产品、地区或功能为主）具有一目了然的优点。我们担心的是人们滥用这些概念，要想搞清楚谁负责什么、在什么样的情况下该做些什么（“这件事情我应该向哪个老板报告？”或是“我要通知每一个人吗？”），以及让所有的事情井井有条，都成了不可能的任务。这种组织会滋生出坐拥庞大权力的员工，让所有事情都尽可能复杂、模糊（这些员工成了矩阵里各方的“交会点”，譬如当产品和功能单位间产生冲突时，他们就扮演仲裁者的角色）。

卓越企业如何避免这种情况？答案不止一个，不过基本方法就是维持单纯的形式。我们发现，大多数卓越企业都有一个基本的单位（此单位形态可能是产品部门），以此为基准而建立全公司的框架，每个人都可以轻易了解这个基准，从而处理复杂的日常工作。明确的价值观也能够为公司建立根基稳定、简化的基础。

除了基本形态保持单纯之外，我们还发现，卓越企业在处理因环境迅速变迁而产生的问题时相当有弹性。由于他们具有统一的组织主轴，所以能充分运用小型部门或是其他小型单位，更有弹性、更为经常或是更富有流动性地进行组织重整。而且，他们也更容易利用临时性的形态，譬如工作小组以及项目中心。他们可以重新整理这些小组，但是几乎不会触动分支机构（当然，还有其他特点可以保持组织的灵活，譬如，人事政策强调人员的工作保障，并协助员工避免过度依赖所属的组织单位）。

我们发现，最常见的单纯形态是根据产品类别进行组织。不过有些公司则是维持旧式的功能部门，以避免矩阵组织。菲多利和柯达都是如此。另外像麦当劳等公司，则纯粹是根据餐厅、分店或是工厂作为基本的组织单位。

强生公司是说明单纯组织形态的好例子。这家公司致力于简化组织，并赋予各部门自主权。如前所说，强生公司规模达50亿美元，分为150个独立的部门，每个部门的平均规模略高于3 000万美元。这些部门都称为“公司”，各有“董事长”统领。这些“公司”分为8个事业集团，每个集团最多各有20家“公司”；同属一个集团的公司可能是同属一个地理区域或是产品类似。不过这些公司都没有自己的股票，尽管如此，他们的“董事会”成员仍非常活跃，让各部门免于受到公司总部不必要的干扰。《沃顿杂志》（*Wharton Magazine*）专家评论指出：“强生总公司的行政人员很少，也不像通用电气那样经常派专家到各分支机构视察。”

强生公司的销售和利润大约40%来自消费品业务，所以各部门组织形态令人一目了然：大约分成55个消费品部门，各自负责自己的营销、经销以及研究。人们总以为，消费品制造商需要大规模的活动才能主导市场，但是强生的做法彻底颠覆了这样的传统思维。这些部门的数量可以少一些，各部门的规模可以加大，不过CEO伯克对此的看法和许多其他卓越企业极为相似：

> 我们定期研究组织整合的经济效益。如果把消费品的经销网整合，虽然账面上可能会多出几块钱的效益，可是这样的效益必须非常大，我们才会真正付诸实施，因为我们相信，如果某部门经理可以掌控其业务的各个层面，他就会经营得更有声有色。我们也相信，人们以为规模经济有助于提升效率，可是这些效率都只是假象。一旦创造了庞大的巨兽，缺乏效率的问题也随之出现，而你还不知道问题出在哪里。就算管理层发现了这样的问题，也会因为缺乏权限而无法积极斩草除根。

由这类理念所推动的单纯形态，跟我们的研究个案非常相似。以下这些做法有助于以产品部门作为基本单位的组织充分发挥功能：

1. 绝佳的部门完整性。每个部门都有主要的功能，包括产品开发、财务以及人事。

2. 不断成立新部门，并且鼓励这种做法。强生公司 1972 年前只有 80 个部门，但 10 年后已有 150 个部门。（我们觉得这点很厉害，因为大多数公司的做法正好相反：鼓励建立大型、阶层式的巨大王国。）

3. 提供指导原则，说明新产品或是产品线要在什么样的情况下，才能自动成为独立的部门。譬如，在 3M 公司，是当产品营业额达到大约 2 000 万美元的水准时。

4. 定期调动各部门人员，甚至产品或是产品线，并且避免像其他大多数公司那样引起人员的不安。

有趣的是，组织精简并非只出现在擅长打入中等规模利基市场的企业，或是像强生、惠普、艾默生电气、DEC、德纳及 3M 等自行创造利基的公司，虽然小型产品部门这种单纯的形态在这些企业最为明显。不论属于什么产业或是什么规模，我们访问过的企业几乎全都极为重视对基层人员授权，并极力捍卫和充分提高员工的自主权。他们必须有相当单纯的组织形态，才能够配合这样的做法。这在正式的矩阵结构里是不可能的事情。

基础结构形态单纯，其实有助于促进组织的弹性。这应该是因为基本形态很明确，基本框架可以更有弹性。我们观察的卓越企业都更善于运用工作小组、项目中心以及各种特殊组织，而且好像总是在进行组织重整。事实上的确如此，只不过他们通常不会触动根本的形态。波音就是个很有意思的案例。在该公司，项目结构往往被视为矩阵结构的雏形或是主要部分。不过事实上，波音每一个项目经理都享有极大的自主空间。波音将技术结构以下好几个层级的人员结合起来，让他们负责重大项目，下属的薪水往往比他们还高。波音对这种做法颇感自豪。

在我们看来，卓越企业的结构形态单纯，伴随而来的就是精简的人事，特别是在企业总公司层级。如前所说，这两个特质似乎相辅相成。在单纯的组织形态下，公司只需少数员工就可以把事情办得妥妥当当。

的确如此，我们访问过的卓越企业，绝大多数在总公司都没有几个人员，而且他们的人员也不是坐在办公室里核对工作，而是四处视察，实地解决问题。重点是，他们的行政人员比较少，实际操作人员比较多，结果也就是我们所说的“100 原则”：“除了极为罕见的情况之外，总公司通常无须超过 100 人”。

- 艾默生电气拥有 54 000 名员工，总公司人员却不到 100 人。
- 德纳公司雇用 35 000 人，总公司人员在 1970 年有 500 人，但 10 年后已逐步减少到 100 人左右。
- 规模为 60 亿美元、提供多元油田探勘服务的史兰伯杰公司，虽然其经营范围遍及全世界，但是总公司人员却只有 90 人。

麦当劳总公司的人员也很少，他们秉持创始人克罗克的信念："我认为企业管理应该掌握'越少越好'的道理。"规模为 10 亿美元的英特尔，总公司几乎没有行政人员。公司把行政人员的职责以临时任务的形态分配给各部门主管。价值 20 亿美元的沃尔玛公司的创始人沃顿表示，他主张总公司应该空空如也的原则："重点是到各分店倾听大家的意见。"奥丽达公司是亨氏公司旗下经营得相当成功的子公司，规模 10 亿美元。他们的总裁没有任何行政人员，规划人员就更不用说了。他只有秘书帮忙，还有部门经理偶尔予以协助。这是我们见过的构想最用心的战略规划之一。

这个原则也适用于一些小型的卓越企业。譬如罗姆，该公司掌管 2 亿美元的业务，但是总公司只有大约 15 个人。当埃姆接掌 4 亿美元的阿克姆克利夫兰公司时，他对总公司行政人员居然多达 120 个人感到极为惊讶。经过几个月之后，他就把人数减少到 50 人。

这些例子里的数字都让人印象极为深刻。不过行政人员仍然极为重要。首先，公司里应该保留哪些功能？在许多卓越企业里，这个答案是一个也不保留。产品开发通常是总公司或是开发小组的事，不过在强生、3M、惠普等卓越企业，这个功能的职权完全下放给各部门。德纳也以分权的方式，让采购、财务以及人事等功能的权力下放到工厂层次，德纳对这样的做法深感自豪。战略规划固然是属于企业总公司的职能，福陆工程虽然业务规模高达 60 亿美元，但是总公司的规划人员却只有 3 人。3M、惠普以及强生的总公司都没有规划人员。卓越企业里，几乎所有的功能都大量采取分权方式，把权力下放到各部门层级。

柏克德工程的研发部门相当活跃，不过公司坚持，就算是专门领域的研发人员也要从事一线生产工作。他们的研究人员当中，许多都来自生产线，任务完成后还会回到一线。IBM 管理层坚持行政人员必须每三年轮调一次的原则。公司行政人员的工作几乎都是由前线主管处理，而不是"专门的行政人员"。此外，轮流担任行政人员的人都知道，在三年之内，他们还会回到原岗位。这样的安排可以有效遏制公司系统过于复杂。如果你知道三年内会用到这套系统，你担任行政人员这段短暂的时期内，自然不可能制订出专制的行政体系。DEC和3M都秉持类似的原则。这两家公司的行政人员，除了极少数法务和财务人员之外，几乎都是来自前线人员，而且会再回到前线工作。

另一个相关的问题是管理层的多寡。几十年前，美国人坚信最优化控制范畴的概念，传统上以为没有人可以控制5~7个人以上的员工。日本人则认为这是一派胡言。有家银行好几百个分行经理都是向同一个人报告工作。扁平的组织是有可能做到的。日本和美国企业最大的差别在于美国中间管理层级的数目。丰田汽车公司在董事长和第一线领班之间的管理层只有5个，可是在福特汽车却有15个。

现在让我们看看联合航空公司前任董事长卡尔森的沙漏理论。大多数企业的中层主管所扮演的角色不过是阻碍构想的交流，除此之外并无实质的作用。卡尔森表示，中层主管就好像海绵一样，人数越少，越能够让员工积极参与执行任务。

许多企业大刀阔斧砍掉不需要的层级和人员。福特汽车公司在过去24个月中，为了赶上日本业者的竞争力，把中层主管人员裁减掉26%，总裁唐纳德 · 彼得森则认为这只是开头而已。当企业开始认真探讨其实无须哪些层级和人员的时候，一砍就是50%或75%，这并不是什么罕见的做法。

未来的“形态”

哪种组织特性能够发挥最大的功效？每一种组织形态都有其优缺点。让我们逐一探讨：

- **功能组织**。传统消费品公司通常都采取这种形态，这种组织效率高，擅长基本工作，可是并非特别具有创意或是创业精神，适应能力也不够快，特别容易错过重大的变化。
- **部门组织**。通用汽车公司的斯隆就极力推崇这种组织。这种形态适合处理基本工作，而且适应能力通常比功能组织好。不过，这种组织难免会变得太大，会遭遇规模过大的组织可能面临的所有问题。而且，部门组织往往会变成中央集权和分权制度的混合体。

- **用来处理各种压力的矩阵组织。**事实上，这是应对部门结构过度复杂的形态，是当今最常见的形态。不过这种形态几乎在极短的时间内就会阻挠创新活动。尤其是不易执行基本工作，因为职权结构特别弱。它一步步陷入混乱，很快就变得官僚、缺乏创意，长期方向通常都不够明确。
- **以特别委员会的形态处理多重压力，以免产生永久性的官僚机构。**不过如果大家都只注重眼前的问题，忽略基本工作，也会陷入混乱的局面（当大家都忙得不亦乐乎的时候，公司传统的旧有优势也随之消耗掉了）。
- **如同明茨伯格所称的“使命形态”，通过非结构性的方式促进稳定，麦当劳就是如此。**这套理论主张这种结构可以配合公司价值观（前提是公司的价值观妥当无误）的各种实验。如果的确如此，一切都可以顺利进行。不过就跟其他以教条为基础的“结构”一样，这种方式也可能变得比功能组织眼界短浅、组织僵化。

基于以上原因，我们要介绍一种混合的组织方式，结合上述形态的优点，说明追求卓越的企业可能采取的组织结构。这种形态可以响应上述三大需求：基本组织需有效率、不断创新，以及确保能够应对重大威胁，以免僵化。所以我们在此介绍的结构形态是基于“三大支柱”，分别满足这三大基本需求。其中之一是“稳定”支柱，以满足对基本工作效率的要求。第二个支柱是“创业精神”，以满足不断创新的要求。另一个支柱则是“破除旧习”，以满足避免僵化的需求。

在下页的图里，稳定支柱维系一个单纯持久的基本形态，并且建立和保持广泛、历久弥新又有弹性的价值观。一般而言，单纯的基本形态应是以产品为基础的部门，而昔日单纯部门化的组织结构可能是最理想的形态，不论是现在或未来都是如此。这点也表明，我们偏好以产品而非矩阵来划分组织。我们谈过的所有重点——对产品和服务的创业精神、对产品和质量的热爱、通过“以人为本”的精神专注于公司运营和生产力——都让我们倾向以产品或是市场为导向。这样的形态不但单纯、比较明确，也直截了当，而且更为实际、更为朴实。

稳定支柱第二个特点在于以“使命形态”呈现的根本价值观。在组织结构的领域谈论价值观好像有点奇怪，不过请记住，结构最广义的定义，是指沟通模式。譬如，当我们想到IBM、惠普或是德纳公司的稳定形态时，会立刻体会到他们对于稳定价值观的需求和渴望。

创业精神支柱的核心是“小即是美”。企业通过不断成立新部门，或是将各种新的活动纳入到新部门中，以维持组织的“小规模”。“小”被视为持续适应环境变化的必要条件，代价是偶尔牺牲效率。不过我们见过的许多例子都显示，效率的优点往往被高估。

创业精神支柱的另一个特点是评估制度及运用行政人员。当组织形态单纯，且无须依赖大量整合体系时，企业以更单纯的系统和行政人员来经营，便能够生存。（庞大、中央集权的行政人员，主要的功能在于发挥其协调专长。）各部门可以自给自足，完全具备他们需要的行政支持，譬如采购、运输、人事、财务。

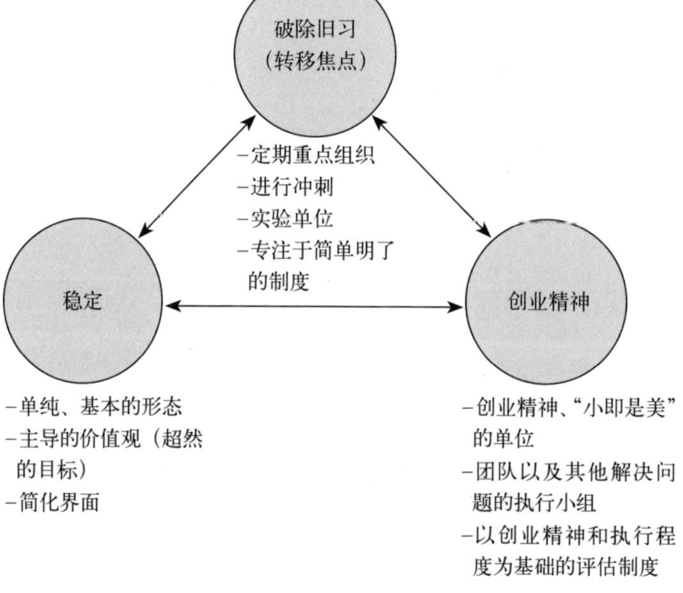

卓越企业组织结构的三大支柱

第三个支柱，也就是“破除旧习”的支柱，包括定期重整组织，以及以“临时”组织克服特定的问题（通用汽车的缩编工作是由项目中心负责）。不过我们所说的定期重整组织是指：（1）愿意在旧有部门变大、出现官僚心态时，定期“分割”出新部门；（2）愿意在各部门间调动产品或是产品线，以充分运用特殊的管理人才，或是适应市场调度的需求（3M特别精通此道，而且当产品在部门间调动时，很少会出现领土之争）；(3) 愿意从高层人才抽出适当人选，组成项目小组，解决几个中央组织的问题或是执行中央组织亟待处理的任务，而且谨记这些任务仅为临时性质；(4) 必要的时候，真心愿意重整组织以及重新调动各单位（不过维持基本、核心的形态不变）。

这些“破除旧习”的结构技巧是化解矩阵组织问题的解药。从理论上说，永久性的庞大行政组织可以从各层面解决所有可能的问题。不过定期重整组织既可以克服不同的压力，又能避免成立过于庞大的永久性结构。至于分割出产品或是产品线的做法，同样也可以应对不同的压力，同时维持基本形态的完整性。

因此，这三大支柱“理论上”解决了那些导致走上矩阵组织的问题，而且可以克服伴随矩阵组织而来的各种疑难杂症。总而言之，在许多卓越企业里，这三大支柱也和管理体系密切配合。

12 宽严并济

宽严并济是卓越企业管理方式“八大特质”里的最后一项，是上述所有各点的总结。经过整理之后我们发现，这个重点涵盖了前面谈过的大多数理念。基本上，这是企业中央集权以及高度个人自主权并存，亦即我们所说的“鱼与熊掌兼得”。秉持这种原则的企业，一方面可以紧密控制，另一方面也能赋予一般员工自主权、创业精神以及创新。他们靠“信念”，也就是通过价值观完成目标。我们的同事菲利普以及肯尼迪也说过，大多数经理都视此为瘟疫，避之唯恐不及。他们也极为注重细节，就如同亚拉巴马州独一无二的足球教练贝尔 · 布赖恩特所强调的：“要把所有最细枝末节的事情做对”。

宽严并济是什么意思？大多数商界人士只要一谈到价值观、文化等，眼光就呆滞下来。不过这话题却会让我们眼睛一亮，让我们想起开拓重工前任董事长布莱克。他这么阐述开拓重工对顾客的承诺：“48 小时内零件换修服务遍及全球每个角落”。我们还回忆起明尼苏达州圣保罗市某天冷到零下 51℃，3M的爱德华和我们畅谈公司里随处可见“不理性的推介人”。我们也想起麦克弗森在斯坦福大学生动的演说，学生问他成功提升德纳公司生产力的秘诀是什么，他伸出手，立起手掌说：“就是不断推、不断推。我什么能犯的错误都犯过了。不过我还是努力不懈地往前推”。你们可能怀疑他是否当真，但这的确是他成功的秘诀。

想想看老沃森，他辛苦地跟农夫推销钢琴一整天之后，还得到纽约的总部跟老板报告。然后再想想他后来的成就以及成功的原因。各位不妨再想想万豪酒店创始人马里奥特当初在华盛顿特区开设第一家食品店的情景。在他 82 岁高龄时，虽然当初的食品店已经成为规模 20 亿美元的庞大企业，他还是会担心饭店大厅清洁与否。埃德 · 卡尔森曾经是西方国际饭店的服务生，就像是 1929 年的富兰克林，想想看他日后成为了什么样的传奇人物。

融入价值观

卡尔森谈起价值观时一脸严肃。沃森也一样，他认为价值观就是这么重要。万豪酒店的马里奥特、麦当劳创始人克罗克、惠普的休利特和帕卡德、李维斯的施特劳斯、彭尼百货公司的彭尼、强生前任董事长约翰逊，都将他们的价值观融入生命之中，并在自己的公司里施行这套观念——重视顾客、赋予自主权、让员工有表现的空间、开门政策、追求质量。不过他们每一个人都极为注重严格的纪律。他们丢下许多绳子，有些部属会积极利用，有些却会拿来作茧自缚。这些卓越的企业家知道，也接受这样的可能性。宽严并济的原则就犹如这些绳子。不过在前面的分析当中，这其实是指公司文化。现在，文化是这些元素当中“最软性”的东西。分析文化工作主要是由人类学家和社会学家负责的，可谁会信任他们呢？商人肯定是不会相信的。文化也是“最硬”的元素。尽管IBM工作保障计划的精神与此相反，但要是违反“IBM代表服务”的原则，你可能丢掉饭碗。DEC更是疯狂（软性）、混乱没有组织（软性）。一位同事说：“DEC的人不知道他们在为谁工作。”不过他们的确知道质量的真谛，他们生产的产品必须能发挥应有的功能（硬性），也就是“软硬兼施”。

德州仪器的哈格蒂表示：“目标、战略和战术系统”在德州仪器能够发挥作用，完全是因为它具备“创新的文化”（软性）。3M董事长李尔更逢人便提这个激励人心的传奇故事：原本惨败的人如何经过几十年不断的尝试、努力，最后终于当上公司副总裁。这个故事所说的也就是3M公司宽严并济、软硬兼施的文化。

前面谈到许多软性的特质和宽松的特质。我们说过像俱乐部或是像校园般的环境、有弹性的组织结构（增加新部门、突破性的临时机制、定期重整组织）、志愿者、狂热的推介人，赋予个人、团队以及部门极大的自主权、定期和深入的实验、正面的意见回馈，以及强大的社会网络。这些特质都强调在略为失序（宽松）的环境里尝试新事物的兴奋感。

不过卓越企业也以严谨著称，也就是以文化为导向，通过文化进行控制。大多数卓越企业都具备极为严谨的共同价值观，以行动为中心（包括实验本身），强调经常沟通以及非常迅速的意见回馈，所有的事情都秉持共同的原则。

精简的文书工作（宝洁的一页备忘录）以及对事实的注重，也是一种既严密又不会令人退避三舍的控制。如果你只需提供三项数据，你必须确定这些数据都经过严密核对。卓越企业都有一两项主要的纪律原则，这也是衡量“严谨”的重要指标。3M管理层的成员大多数具备化学工程师的背景，福陆工程公司则多是机械工程师，这个事实充分展现出卓越企业对现实面的注重，也是一种严密控制的形式。

有趣的是，注重外部、外界观点，以及注意顾客，可以说是最严谨的特质之一。如果业者真心注意顾客所说的话，密切注意顾客需求的动向，该公司就宛如一艘纪律严谨的舰船。另一个严谨的特质是同事压力。譬如德纳公司一年两次的“地狱周”、餐具制造商特百惠每周举行的业务庆祝大会。这虽然不是通过大规模的形态以及无数的变量进行控制，但却是一种最强硬的控制方式。如麦克弗森所说，要骗过领导很容易，但别想骗过同事。这些看似矛盾的概念，实行起来完全不矛盾。

就拿质量和成本的取舍，或是小和大的抉择（也就是“效益”和“效率”的取舍）为例。在卓越企业，这些概念根本无须取舍。通用汽车曾有位铸造工厂的经理成功地让工厂转亏为盈。他把满是污垢的铸造厂漆成白色，并且坚持追求高品质（以及内部整顿、安全），他表示只要这样做，成本自然会下降。如他所说，“如果一开始品质就很好，就不会有事倍功半的问题。”在卓越企业里，品质最重要，这是他们最重视的字眼。品质引导大家注重创新，为每个顾客的每项产品尽最大努力，因此，品质能够刺激生产力，使员工自动自发，并引导公司注意外界变化。追求“最好”的产品，是影响组织内每个功能的一股动力。

同样，效益与效率之间的矛盾在卓越企业里也消失于无形。大家都相信，高品质的东西必须手工制造，小规模生产。另一方面，如果要成本效益，最好兴建大型工厂以追求规模经济。不过卓越企业可不是这样，他们几乎凡事都秉持“小即是美”的原则。小规模生产事实上最有效率，员工的斗志、生产力都很高，而且会和同事沟通（竞争），这是大型工厂的员工所无法比拟的。工厂、项目小组、部门都是如此，甚至整家公司也不例外。我们发现，在这个重要的方面完全没有冲突可言。从长远来看，小规模、质量、刺激、自主以及效率，都是同一类字眼。当企业针对顾客的需求，追求质量、服务、创新、成果分享、参与、刺激以及对外解决问题的导向时，成本和效率的效果自然会水到渠成。

公司的营收会先反映这样的现象。不过一切开始动起来时，就可以充分发挥成本控制和创新效益这两个平行的目标。

令人意外的是，执行和自治这两个矛盾的概念也是似是而非。这种现象随时随地都可见到。譬如，有些研究上课情形的报告指出，最有效的课堂都纪律严明：要求学生准时上课，定期交作业，老师按时批改作业。另一方面，一般而言，这些课堂也强调正面的意见回馈，表扬优良的报告，老师会指导、赞美学生。同样，当我们看麦当劳或是其他大多数卓越企业时，也发现自治是纪律的产物。纪律（几个共同的价值取向）会提供框架，在真正重要的领域对员工有一贯的期望，这也是员工信心的来源（譬如进行实验）。

所以，有一套关于纪律、细节以及执行的共同价值观和规则，就形同一种框架，在这样的框架下，可以自然地推行自治。3M经常有许多实验，这是因为公司有严谨的框架，其中包括定期大量沟通（一切都在控制之中）、工程人员具备共同的价值观、高层管理团队极为重视为顾客解决问题，而且几乎每一个高层主管都是基层销售人员出身。

事实上，3M 是我们见过最严谨的公司之一，甚至比吉尼恩执掌的ITT还要严谨。ITT有数不清的管理规则和评估条件，却导致员工和上司之间大玩捉迷藏的游戏——只想钻漏洞，和其他一线主管联手，以免让行政人员所组成的“纠察队”给抓到。太多紧迫盯人的不当管制会扼杀自治精神。不过3M、惠普、强生，或是麦当劳以少数共同的价值取向为基础所形成的纪律反而比较严谨，会吸引全公司实施高度的自治和积极创新。

此处提到的纪律规则，其本质很重要。卓越企业的“规则”都有正面的意义，与质量、服务、创新和实验都有关。他们的焦点在于建立、扩大，和大多数公司注重的控制和限制正好相反。大多数人似乎都不了解，规则可以激发正面的特质，同时抑制负面的特质，而正面特质的作用要大得多。

兼顾内外

即使对外和对内导向之间出现矛盾，在卓越企业都可顺利化解。道理很简单，这些企业既是对外导向的，也是对内导向的。在对外导向方面，他们渴望为顾客提供最好的服务、质量，并以创新的方法为顾客解决问题；在对内导向方面，则是指每一个人都注重质量管制，而不只是质量管理部门的责任。服务标准也由每个员工自我监督。内部竞争所激发的好胜心，让公司得以茁壮成长，而密集的沟通、家的感觉、开门政策、不拘形式的气氛、弹性和流动性、公平分配资源等，全都凸显出“以人为本”这个重要的内部导向重心。

卓越企业培养人才的技巧，让我们想起第三章谈到的重大矛盾：“我们追求保障，也想出类拔萃”，也就是精神分析学家欧内斯特·贝克所说的“必要的紧张”。这个矛盾在卓越企业同样也得以顺利化解。卓越企业通过提供意义和利益，不仅交给员工任务，更让员工觉得自己很了不起。这样一来，每个人都成了推介人、实验家和领导人。公司提供一套指引的信念，并营造一种兴奋的感觉，让员工觉得自己身处最优秀的团队，自己生产的商品或是提供的服务质量都攸关公司的成败。卓越企业便由此激发出一般员工最大的潜能——像大前研一所说的“前线工作者”，以及日本京都半导体公司董事长稻盛和夫所说的“让能力只有常人50%的人也能充分发挥潜力”。卓越企业期待能力平庸的员工也能发挥潜力、贡献构想、勇于创新顾客服务，改善产品质量。简而言之，公司希望每个人，就如同德州仪器有9 000位领导人参与计划一样，都能够有所贡献，绽放个人的光芒。除了崭露个人头角之外，他们也属于杰出团队，例如，开拓重工、IBM、3M、迪士尼。

最后一点是关于短期和长期“取舍”的矛盾。我们再度发现，卓越企业没有这个问题，但这些卓越企业并非真正的“长期计划者”，他们不会一下就拟定5年的长期计划。他们的正式计划书通常没有什么细节，甚至根本没有这种计划书（各位还记得吗？许多卓越企业在总公司根本没有正式的规划人员编制）。

不过这些公司都有自己的价值观，不论是什么样的情况，都秉持同样的原则。(还记得其价值观的内容吗：质量、创新、不拘形式、顾客服务、人）。然而，他们在执行的时候却极为注重细节，把每分钟、每小时、每一天，都视为实现价值观的机会。

最后要讲的是一种奇怪的矛盾，我们称为“智愚法则”。当今许多管理者，譬如受过工商管理硕士课程培训的经理，可能聪明反被聪明误。他们根据预期价值公式的最新数字，见风使舵，玩弄有几百个变量的模型，设计出复杂的奖励系统、组织矩阵结构，还弄出200页的战略计划、长达500页的市场条件说明书，可是实际的产品开发工作却停滞在第一阶段。

我们“愚蠢”的朋友则不一样。他们不懂为什么不是所有的产品都有最高质量，为什么不是所有的顾客都能获得个人化的服务，就算是卖薯片也不例外。如果公司卖的啤酒当中，有一罐发酸，他们会将此视为个人的奇耻大辱（还记得喜力的故事吗？）。他们实在不懂为什么不能定期推出新产品，或是员工为什么不能每隔几周就提供一些建议。这些头脑简单的家伙实在很单纯。单纯有时候有负面含义，不过这些**带领卓越企业的人却有这么一股单纯的傻劲**。他们对员工的能力有着超高的期望，认为所有的产品都可以达到最高质量。不论顾客身在米苏拉、蒙大拿，还是曼哈顿，他们都认为可以为顾客提供高质量的服务。他们还认为，几乎每个员工都可以定期贡献建言。这样的想法的确单纯。不过这很可能正是激发成千上万名员工积极贡献的真正关键。

当然，最重要的还是这种单纯的傻劲用在哪里。我们前面提到的价值取向包括对外导向、对服务和质量的注重、以人为本、不拘形式的气氛，而这些焦点很可能就是值得发挥傻劲的地方。研究战略流程的顶尖学者詹姆斯 · 奎因在接受我们访问时说：“员工有心在某方面‘争第一’是很重要的”，不过他并不太在乎究竟是哪一方面。

可是很多人都不了解这点，总有一大堆实际的、合理的、无法避免的、疯狂的理由，让这些重要的价值元素无法充分发挥力量。只有那群头脑简单的人，像沃森、休利特和帕卡德、克罗克、玛斯、奥尔森、麦克弗森、马里奥特、普罗克特和甘宝以及约翰逊才会坚持这股单纯的傻劲，而他们的企业也因此而更加成功。

本书能极具可读性，完全要感谢约翰·考克斯以及詹尼弗·弗特尼克。约翰将原本冗长的初稿去芜存菁，对稿件付梓成书作出了极大的贡献。詹尼弗在我们的写作过程中提供了非常多的协助。詹尼弗起先是我们的研究助理，协助收集各项资料。不过后来我们发现，她对于文字处理具有极高的敏锐度，在编辑和校对文稿上都极为细心。不过更重要的是，她还一再提醒我们哪里有结构性的问题，哪些话缺乏事实根据，并且帮我们找出赘句。詹尼弗像对待自己的作品一样，投入大量的时间和精力协助我们完成本书。

麦肯锡咨询公司也很支持我们对卓越企业的研究。在许多同事的协助之下，我们的研究结论更为鞭辟入理。我们特别感谢其中几位同事。沃伦·坎农以及罗恩·丹尼尔对我们的研究一直很有信心，就算当初没有别人看好，他们对我们依然深信不疑。乔恩·卡曾巴赫从一开始就一直鼓励我们。阿伦·肯尼迪则协助我们激发出许多新的想法。慕尼黑的赫伯·亨兹勒在我们刚开始研究时，就深信其中的价值，并且协助我们在他客户的公司里对这些想法进行实验。

此外，麦肯锡的朱利恩·菲利普斯、唐·戈格尔、吉姆·贝内特、吉姆·巴鲁恩、雷雅特·高普塔、比尔·普顿斯、罗恩·班克罗弗特、戴维·米恩，以及比尔都大力支持，而且协助我们修改有关卓越企业的资料。

组织效能领域的大师，包括康奈尔的卡尔·韦克、吉恩·韦伯、斯坦福大学的哈罗德·李维特，以及卡内基梅隆大学的赫伯·西蒙颠覆数十年来的传统思想，带给我们极大的启发。我们虽然无缘领略大师的风采，但是透过西蒙教授的著作，仍从他们强有力的论述当中学到许多宝贵的心得。

很显然，对这份研究贡献最大的人是我们在这些卓越企业中的好友。其中有三位特别重要。德纳公司前任董事长雷内 · 麦克弗森对我们的启发，无人能出其右。他在德纳公司的故事说明了执著的力量。惠普的约翰 · 杨在我们研究工作刚开始的时候，只要有需要就会抽出时间协助，更重要的是，他不吝于提供我们当时急需的鼓励。3M的泰特 · 埃尔德（后来到了联合公司）让我们充分了解创新的真谛。

其他重要的人物还包括波音的斯坦 · 利特尔；西屋公司的斯坦 · 亚伯拉罕森；艾默生电气的阿伦 · 吉尔伯特；施乐的肯 · 斯塔尔、花旗银行的拉里 · 斯莫尔以及杰克 · 海尔肖恩、通用电气的韦尔奇、IBM营销副总裁巴克 · 罗杰斯。他们为研究提供了许多宝贵的资料，可是他们对这项研究工作的信心，比这些资料更为重要。

我们曾对200多个团体讲过这些文稿资料，其中上百位无名的与会者同样也非常重要。他们提供许多其他像是DEC或IBM的故事，不论是认同，还是否定，都有助于使本书的论点更为精辟。

在这些人当中，许多都是我们在斯坦福大学商学院的学生。本书对于商学院多有批评，但是我们针对的是教职员，而不是学生。这些学生对美国企业的管理质量极为重视。斯坦福斯隆计划的学生加里 · 贝洛原本服务于通用汽车公司，他给我们的研究工作带来很大启发。本书“以人为本”这一章内容就有许多他的贡献心得。

西门子的马克斯 · 冈瑟以及赫曼 · 格拉赫也值得特别一提。他们对本书初期的研究工作很感兴趣，积极支持我们的调查，还不厌其烦地提出重要问题，他们的质疑对我们论述的修正极为重要。

像这样的著作并不是当前研究和同事协助就可以问世的，而是一辈子历练的产物。基于这点，汤姆特别要感谢他的母亲伊夫林 · 彼得斯，她的谆谆教诲激发汤姆对这份研究工作旺盛的好奇心，并感谢迪克 · 安德森、布莱克 · 里尔和沃尔特 · 明尼克等初期提供许多宝贵意见的大师。罗伯特也要特别感谢他的母亲弗吉尼亚 · 沃特曼，他对于卓越的初期理念就是来自母亲；他的父亲罗伯特 · 沃特曼教导他行动的价值，并且以身作则让他了解为人正直的重要性。

我们要将本书献给吉恩、路和朱迪。斯坦福的吉恩 · 韦伯对汤姆的支持延续了将近 15 年之久。《商业周刊》总编辑卢 · 扬更是亲自关切本书论述（本书说的其实就是关怀和承诺）。朱迪 · 沃特曼是鲍勃的启蒙老师，他让鲍勃了解到热情以及“不理性”对人生的重要性。

特别要感谢那些夜以继日整理初稿、打字、校对的人员，其中包括珍妮特 · 科利尔、南希 · 凯布尔、南希 · 兰德、帕蒂 · 布利那，以及西尔维亚 · 欧斯特曼。我们也要感谢凯 · 丹，他不但帮忙打字，还担任作者的行政助理，协助我们在忙乱的工作中保持冷静。

最后要感谢的是Harper & Row出版社的罗宾 · 雷诺兹。她发掘了我们，协助我们初期的研究工作，在我们需要的时候（经常如此）踢我们一脚，偶尔也会鼓励（往往让我们感到汗颜）我们继续向前。罗宾，谢谢你对我们这么有信心。

我们要特别感谢戴维 · 安德森，他对卓越企业的研究工作有着非常特殊的贡献。戴维当时在麦肯锡服务，后来暂时离开麦肯锡，在斯坦福攻读博士学位。本书有许多实地访谈都是由他组织、进行的，而且，初期对于卓越企业进行的财务研究也由他协助。更重要的是，戴维充分贡献他的智慧，提出、塑造了许多关键性的理念。对于许多重要理念（优缺点）强烈的响应，更是我们测试论述的试金石。譬如，戴维大力阐述产品推介人的角色，以及所谓具有特定自主权的职位，并且让我们注意到控制权的相关文献。他对于关键论述的积极热忱，带给我们极大的启发和安慰。

此外，本书研究工作进行当中，戴维也经常参加、主办各类相关研讨会。最后要说的是，戴维是本书“坚持本业”这一章的主要撰稿人。

■信经典■

“竞争战略之父”

迈克尔·波特

■系列作品■

国家竞争优势 上

ne Competitive Advantage of Nations

美）迈克尔·波特 著

出版时间：2012年8月

SBN：978-7-5086-2936-0

定价：88.00元

国家竞争优势 下

The Competitive Advantage of Nations

（美）迈克尔·波特 著

出版时间：2012年8月

ISBN：978-7-5086-3376-3

定价：75.00元

竞争论

On Competition

（美）迈克尔·波特 著

出版时间：2012年8月

ISBN：978-7-5086-3420-3

定价：88.00元

中信出版社·CHINACITICPRESS

■信经典■

商业战略管理的领路人 | 信息时代的精神领袖

加里·哈默 | **克里斯·安德森**

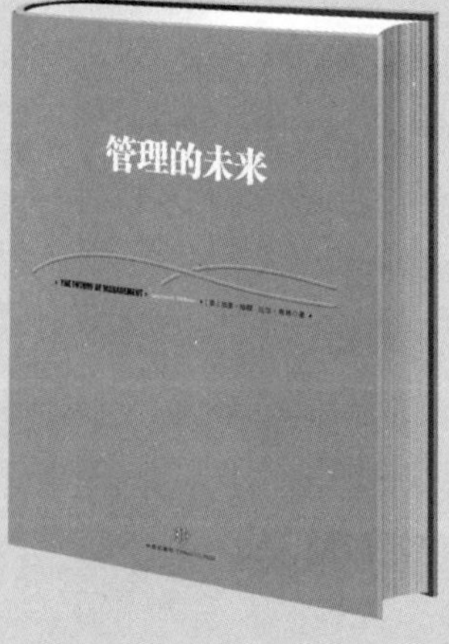

管理的未来

The Future of Management

（美）加里·哈默 著

出版时间：2012年9月

ISBN： 978-7-5086-3406-7

定价：58.00元

长尾理论

The Long Tail

（美）克里斯·安德森 著

出版时间：2012年9月

ISBN: 978-7-5086-3441-8

定价：68.00元

免费

Free

（美）克里斯·安德森 著

出版时间：2012年10月

ISBN: 978-7-5086-343

定价：68.00元

中信出版社·CHINACITICPRESS